上海对外经贸大学马克思主义学院
马克思主义理论学科建设系列

上海人力车夫群体研究

近代中心城市潜在革命动力初探

罗国辉 著

上海远东出版社

图书在版编目(CIP)数据

上海人力车夫群体研究：近代中心城市潜在革命动力初探 / 罗国辉著. —上海：上海
远东出版社,2022
ISBN 978 - 7 - 5476 - 1886 - 8

Ⅰ.①上… Ⅱ.①罗… Ⅲ.①城市交通运输—研究—上海—近代 Ⅳ.①F572.89

中国版本图书馆 CIP 数据核字(2022)第 248713 号

责任编辑 李 敏
封面设计 徐羽心

上海人力车夫群体研究：近代中心城市潜在革命动力初探

罗国辉 著

出　　版 **上海遠東出版社**
　　　　　(201101 上海市闵行区号景路 159 弄 C 座)
发　　行 上海人民出版社发行中心
印　　刷 上海锦佳印刷有限公司
开　　本 635×965 1/16
印　　张 19.25
字　　数 180,000
插　　页 1
版　　次 2022 年 12 月第 1 版
印　　次 2022 年 12 月第 1 次印刷
ISBN 978 - 7 - 5476 - 1886 - 8/F・708
定　　价 68.00 元

序

　　上海对外经贸大学罗国辉副教授的专著《上海人力车夫群体研究：近代中心城市潜在革命动力初探》一书几经修改，行将出版，获此佳音，十分高兴。2005年到2010年，作为罗国辉的研究生导师，我见证了他在校园硕博连读、勤于拼搏、勇于攀登的艰辛奋斗历程。本书最初的样态就是他的博士学位论文，既体现了作者母校上海师范大学中国近现代史学科硕士点、博士点的社会史特色，也展现了新革命史的风格。毫不夸张地讲，本书是学习和运用历史唯物主义的佳作之一。

　　众所周知，群众路线是中国共产党长期革命和建设经验的总结，是历史唯物主义的生动体现。然而长期以来，很多研究者较多关注中国共产党依靠技术工人，而较少关注其对近代都市苦力阶层，包括人力车夫、码头工人、清道夫等群体的发动。事实上，这些"无技"工人同样对上海的革命运动产生了重要影响。作者选择近代上海人力车夫群体作为研究对象，考察其在革命运动中做出的贡献，本身就具有较高的学术研究价值。就本书而言，有以下特点。

　　第一，研究视角新颖。对于近代上海庞大的人力车夫群体，以往较多的研究者集中在评判人力车在城市公共交通中的地位，评述人力车夫的生存状况、人力车夫的救济等，较少从人力车夫群体在革命中的作用这一角度进行研究，有关中国共产党与人力车夫关系的研究成果更少。本书作者另辟蹊径,在充分吸收学界已有学术成果的基础上,探讨了中国共产党对人力车夫群体的动员以及成效。本书披露了中国共产党希望把人力车夫群体由潜在的革命力量转化为现实的革命基础,而对其进行积极深入的动员的历史史实;这对于进一步拓展中共党史研究领域,推进上海工人运动史研究的深化,有着十分重要的学术意义。

第二,内容丰富、结构清晰。本书共分五章,各章主题鲜明,主线突出,层次分明。作者分别从近代上海人力车夫群体的概况、人力车夫群体的生存实态、人力车夫群体与近代上海社会的互动、人力车夫群体的革命意向等方面,多维度全方位呈现了一幅动态画卷。作者具有较强的问题意识,围绕近代上海人力车夫群体的整体概况及建构形象,近代上海人力车夫群体多维互动历史场景,中国共产党对人力车夫的引导、领导以及成效如何等问题进行了深入系统的研究。具体路径是从人力车夫群体构成、生存状态入手,把这一群体纳入错综复杂的社会关系网络中加以考察,仔细分析他们与市政当局、车商既有抗争也有妥协的关系,同时探讨了人力车夫与车霸、警察、帮会之间的互动关系,最后落实到人力车夫群体在革命运动中的贡献。

第三,资料翔实、图文并茂。由于城市社会下层群体属于失语群体,资料零碎分散,收集困难,研究更是难上加难。以往研究不多,其主要原因之一是由于资料缺乏。作者知难而上,花费了大量时间和精力,在资料的收集与运用上付出了艰辛的努力。本书大量使用了第一手档案资料和《红旗日报》《申报》《时报》《上海革命历史文件汇集》等确凿史料,此外还运用了很多鲜为人知的小报资料,同时也没有忽略散文、小说、竹枝词等文学资料。作者不仅发掘了不少新资料,而且对资料进行仔细的甄别考证,大大增强了本书的可信度。置于书中的 30 多幅图片,有不少是首次使用,不仅可以佐证文字的可靠性,而且也增强了可读性。

　　近代以来,上海是我国最大的城市,上海工人阶级是中国工人阶级的领头羊,诞生在上海的中国共产党是工人阶级的先锋队,有着雄厚的群众基础。作者通过自己别开生面的研究,从学术上再次有力论证了这一点,在我看来,这就是本书的最大价值所在。当然,研究无止境,正如作者所言,因主客观等原因,本书只是初步探究,书名中"初探"两字也有此意。相信所有不尽人意之处,在本书出版后仍会得到作者进一步的改进。是为序。

邰　雍

2022 年 12 月 12 日

目　录

绪论　/1

第一章　近代上海人力车夫群体概况　/13
　　第一节　近代上海人力车业发展轨迹　/13
　　第二节　近代上海人力车夫群体构成　/30
　　第三节　近代上海人力车夫群体心理　/46

第二章　近代上海人力车夫群体的生存实态　/51
　　第一节　流动的风景线　/51
　　第二节　城市夹缝中的生存状态　/62
　　第三节　公众眼中的人力车夫形象　/96

第三章　城市社会管理与近代上海人力车夫　/107
　　第一节　市政机构对车夫的管理　/107
　　第二节　人力车商对车夫的管理　/146
　　第三节　冲突与妥协：人力车纠纷的思考　/165

第四章　人力车夫群体与近代上海社会　/178
　　第一节　人力车夫与市民的互动　/178
　　第二节　人力车夫救助：以互助会为中心　/195
　　第三节　近代上海废除人力车运动　/214

第五章　近代上海人力车夫群体革命意向　/228

　　第一节　近代上海人力车夫斗争　/228

　　第二节　工人运动中的上海人力车夫　/240

　　第三节　潜在力量：动员车夫斗争的成效　/256

结语　/285

参考文献　/288

后记　/296

绪　论

人力车作为近代交通工具的一员，在当时的各大城市里都随处可见，在公共交通中占有十分重要的地位。它是一种依靠人力的交通工具，一般有两个轮子；以拉人力车为职业的人就是人力车夫，车夫拉车飞奔是近代中国城市的标志性图景。中国共产党自成立之日起就十分注意发展包括人力车夫在内的城市下层工人运动，为了更好地把人力车夫群体由潜在的革命力量转化为现实的革命基础，中国共产党对其进行了积极而深入的动员。

一、学术史回顾

任何学术研究成果都是在前人研究和积累的基础上做进一步的攀登，本书的研究也不例外。本书在选题、立意、结构设计等方面都得益于前辈学术成果的启迪，因此有必要对他们的相关研究做一简要的回顾。

（一）现代化进程中的人力车夫群体

人力车是早期城市化在城市交通上的一种普遍表现。马陵合在《人力车：近代城市化的一个标尺——以上海公共租界为考察点》中，以上海公共租界为考察点，通过剖析市政当局对人力车管理制度的"改良"和指导人力车夫的"自助"，揭示中国近代城市化的痼疾与畸形；同时，从人力车夫的生存状况这一特殊视角审视近代城乡关系以及城市下层民众的边缘特性。[①] 王印焕在

----

① 马陵合：《人力车：近代城市化的一个标尺——以上海公共租界为考察点》，《学术月刊》2003 年第 11 期。

《交通近代化过程中人力车与电车的矛盾分析》中认为，人力车与电车冲突的根源，主要在于取缔人力车的同时，如何安置好众多人力车夫的生计，政府处理不好这一问题，将会把自己带入革命的漩涡之中。① 邱国盛在《从人力车看近代上海城市公共交通的演变》中认为，虽然人力车的种种优势使其在机械化公共交通工具被引入之后，仍然在上海的公共交通中扮演重要角色，但是，作为一种依靠人力拉动的交通工具，人力车的废除又是历史的必然。②

杨齐福在《民国时期城市苦力的多维研究——以沪宁杭城市人力车夫为考察中心》中，从城市化角度揭示人力车夫存在的时代背景，以底层视角反映人力车夫的群体状况，在日常生活中折射人力车夫的整体形象，进而凸显民国时期城市苦力的边缘场景。③ 王印焕在《民国时期的人力车夫分析》中认为，在人力车退出历史舞台的过程中，人力车夫又因就业机会极少而成为时代变革的障碍与受害者；走向革命，可以说是他们在被逼无奈下的必然选择。④ 郑忠、王洋在《城市边缘人：民国南京人力车夫群体探析》中认为，人力车与人力车夫在中国近代城市社会中所发挥的作用及惨痛的生活遭遇，或多或少反映出中国近代早期城市化的曲折发展历程与矛盾处境。⑤

孔祥成在《现代化进程中的上海人力车夫群体研究——以 20 世纪 20—30 年代为中心》中，从描述人力车夫群体的构成、生存状况着手，分析民国社会各界对其的评价，进而反思其历史命运

①　王印焕：《交通近代化过程中人力车与电车的矛盾分析》，《史学月刊》2003 年第 4 期。

②　邱国盛：《从人力车看近代上海城市公共交通的演变》，《华东师范大学学报（哲学社会科学版）》2004 年第 2 期。

③　杨齐福：《民国时期城市苦力的多维研究——以沪宁杭城市人力车夫为考察中心》，《福建论坛（人文社会科学版）》2013 年第 6 期。

④　王印焕：《民国时期的人力车夫分析》，《近代史研究》2000 年第 3 期。

⑤　郑忠、王洋：《城市边缘人：民国南京人力车夫群体探析》，《南京师大学报（社会科学版）》2012 年第 3 期。

与归宿，以加深对民国社会的理解与认识。① 徐希军在《1930 年代安庆人力车夫生活实态研究》中认为，人力车夫问题所反映的是中国近代化进程中产业结构的不合理、进城务工与留乡耕种的收入差异，最根本的还是城市交通的落后为人力车夫提供了生存空间。②

（二）救济视角下的人力车夫群体

弱势群体的社会救济问题一直是困扰着中国社会的重大问题。严昌洪在《从弱势群体特征看民国时期人力车夫救济制度》中认为，人力车夫是民国时期亟待救济的一个弱势群体，具有生存资源匮乏、生存状态恶劣、生存地位边缘化、生存心理脆弱等弱势群体特征；政府和社会采取多种方式救济人力车夫，其间，救济方式出现了从传统向现代转型的趋势。③ 马陵合在《城市特殊群体社会救助制度的历史考察——以人力车夫为例的研究》中认为，自民国初年起，要求废除人力车的呼声渐高，但是客观形势决定废除人力车只是社会舆论和市政当局的良好愿望，通过救助改善人力车夫的生存状况成为自然选择。④

杜丽红在《从被救济到抗争：重析 1929 年北平人力车夫暴乱》中认为，南京国民政府接管北京后，国民党北平市指导委员会设立了总工会，将人力车夫组织起来，运用政治方式予以救济；在总工会的支持下，他们向市政当局请愿、示威，获得了一定的权益，但是，人力车夫不过是国民党内政治斗争的工具而已。⑤

---

① 孔祥成：《现代化进程中的上海人力车夫群体研究——以 20 世纪 20—30 年代为中心》，《学术探索》2004 年第 10 期。
② 徐希军：《1930 年代安庆人力车夫生活实态研究》，《安徽史学》2017 年第 6 期。
③ 严昌洪：《从弱势群体特征看民国时期人力车夫救济制度》，《江汉论坛》2008 年第 10 期。
④ 马陵合：《城市特殊群体社会救助制度的历史考察——以人力车夫为例的研究》，《近代史学刊》2007 年。
⑤ 杜丽红：《从被救济到抗争：重析 1929 年北平人力车夫暴乱》，《社会科学辑刊》2012 年第 1 期。

郭世强、武颖华在《陪都西京时期西安人力车夫救济研究》中，通过分析人力车夫救济方式由传统向近代的转变，认为处于近代城市转型时期的西安，政府对于社会福利活动由"参与"向"主导"和"控制"转变，而近代公共福利事业也实现了由建立在个人捐赠基础之上的传统的民间慈善向以团体占主导地位、非个人负责的公共事业的转变。①

池子华在《近代中国城市"底边"社会研究——以人力车夫为中心》中，从人力车夫来源构成、年龄构成、劳动状况、生存状态等方面，再现城市"底边"社会的生活场景，认为人力车夫为"农民工"的一种职业流向，人力车业的兴衰，折射出近代中国社会变迁的时代风貌。②

（三）人力车夫群体与近代中国社会

近代中国人力车业治理面临理念和制度的困境。马陵合在《近代人力车业治理的理念与制度困境》中认为，近代中国人力车业不仅存在存续与废止的纠结，也存在政府、车商与车夫之间的冲突，其间，还伴随难以定型的针对人力车夫的救助制度。③ 严昌洪在《马路上的对抗——民国时期人力车夫管理问题透视》中认为，政府当局和租界当局为缓解人力车夫问题带来的社会压力，不仅加强了对人力车夫的日常管理，还协调人力车夫与各方面的关系，解决人力车夫与车行、与其他交通行业之间的矛盾冲突，在取缔人力车过程中也对人力车夫施以各种救济。④ 杜丽红在《近代中国的城市治理：以北京人力车夫问题为中心》中认为，北

---

① 郭世强、武颖华：《陪都西京时期西安人力车夫救济研究》，《历史教学问题》2017 年第 2 期。

② 池子华：《近代中国城市"底边"社会研究——以人力车夫为中心》，《城市史研究》2006 年。

③ 马陵合：《近代人力车业治理的理念与制度困境》，《中国高校社会科学》2019 年第 2 期。

④ 严昌洪：《马路上的对抗——民国时期人力车夫管理问题透视》，《湖北大学学报（哲学社会科学版）》2010 年第 2 期。

京市政当局对人力车夫问题的治理表明，城市治理的基本路径是：一种社会现象所蕴含的社会性引起了普遍关注，经过专业学者的研究和专业话语的包装，成为一项带有公共性价值的社会问题。①

何建国、谢永栋在《近代城市发展中的规范与危机：1934 年上海人力车纠纷探析》中，以上海公共租界为切入点，从城市市政管理的角度，探寻在城市的发展过程中，车商、人力车夫以及管理当局三者之间的关系，揭示城市发展中所存在的社会问题。② 田彤在《行政管理与劳资关系的调适——以 1934—1942 年沪公共租界人力车业改革为论例》中认为，由行业属性决定的互为关联的机制，制约着行政管理机关干预劳资任何一方的权益；始于1934 年 5 月、止于 1942 年底的上海公共租界人力车改革事件，在一定程度上为这一论断提供了例证。③

汤蕾在《战后汉口人力车夫的生存合力（1945—1949）》中认为，汉口市政府、人力车夫职业工会和人力车商及其同业公会构成了管理人力车夫的多重权力网络，面对影响人力车夫生存的内外矛盾，三个管理方之间相互博弈，管理方与被管理方不断互动，使得人力车夫的利益在管理中得到很大程度的体现。④ 蔡亮在《近代上海人力车产业的兴衰探微》中认为，每当市政当局意图取缔人力车时，总是遭到车商与车夫们的一致反对，最终不了了之；但在行政命令无效的同时，人力车却被技术革新的产物——三轮车所取代，逐渐步入历史。⑤

---

①　杜丽红：《近代中国的城市治理：以北京人力车夫问题为中心》，《区域史研究》2021 年第 1 期。

②　何建国、谢永栋：《近代城市发展中的规范与危机：1934 年上海人力车纠纷探析》，《兰州学刊》2011 年第 2 期。

③　田彤：《行政管理与劳资关系的调适——以 1934—1942 年沪公共租界人力车业改革为论例》，《近代史学刊》2018 年第 1 期。

④　汤蕾：《战后汉口人力车夫的生存合力（1945—1949）》，《华中师范大学学报（人文社会科学版）》2007 年第 6 期。

⑤　蔡亮：《近代上海人力车产业的兴衰探微》，《都市文化研究》2016 年第 1 期。

（四）中国共产党与人力车夫关系研究

人力车夫作为近代中国苦力工人中较为庞大的一群，以其悲惨的状态、坚决斗争的精神而受到工运史研究者的关注。刘秋阳在《论都市苦力工人的阶级属性与特点》中认为，都市苦力工人与产业工人一样，是中国工人阶级的一个重要组成部分，其数量甚至曾超过产业工人，同时也是城市社会的一个重要组成部分，但是他们又有自己的特点。[1] 阎建宁在《试论工人运动中的人力车夫——以民国时期的上海为中心》中认为，从理论上讲，人力车夫们应该有很高的政治觉悟，能够积极地参加反帝反封建的各种罢工运动，而实际上，他们很少参加罢工，其斗争的锋芒主要指向经济领域，而不是政治领域。[2]

邵雍在《1935 年上海法租界人力车夫罢工初探》中认为，中国共产党在针对上海人力车夫的工作方面，总体上说并没有少花力气，但未能统一领导、协调上海两个租界的人力车夫的斗争，也没有在法租界的人力车夫中建立基层支部。[3] 严锴、严昌洪在《中共武汉地方组织与 1921 年汉口人力车夫大罢工》中认为，在开展罢工的过程中，共产党人注重将政治斗争与经济斗争相结合，指导建立了武汉地区第一个现代工会，促使人力车工人克服个体劳工的散漫性，积极组织和团结起来，成为日后革命斗争中的一支有生力量，在历次武汉工人运动中发挥出重要作用，从一个侧面说明了"自从有了中国共产党，中国革命的面目就焕然一新了"的历史真理。[4]

刘秋阳在《民主革命时期中共对城市社会下层的认识与启

---

① 刘秋阳：《论都市苦力工人的阶级属性与特点》，《中国劳动关系学院学报》2008年第 5 期。

② 阎建宁：《试论工人运动中的人力车夫——以民国时期的上海为中心》，《湛江师范学院学报》2009 年第 1 期。

③ 邵雍：《1935 年上海法租界人力车夫罢工初探》，《社会科学》2009 年第 1 期。

④ 严锴、严昌洪：《中共武汉地方组织与 1921 年汉口人力车夫大罢工》，《广东社会科学》2022 年第 5 期。

蒙——以对人力车夫的认识启蒙为例》中认为，人力车夫的经济
地位和社会地位较低，缺乏文化知识，中国共产党在把人力车夫
转化成现实革命力量的过程中，实际上经历了对车夫进行教育、
启蒙的过程。[①] 严昌洪在《近代人力车夫群体意识探析》中认为，
人力车夫群体通过相互之间的微弱联系和与外界的比较形成了同
行意识、同乡意识和穷人意识等初级的群体意识；经过知识界的
启蒙和共产党的教育，他们的群体意识提升到阶级意识、民族意
识的高度，并为无产阶级的解放、为捍卫国家和民族的利益进行
了积极的斗争。[②] 此外，还有一些学术著作和学位论文也对人力
车夫群体进行了研究。[③]

从上述研究成果中，我们不难看出，近年来不少学者对于人
力车夫群体研究给予了相当的关注，对于人力车夫群体内部结构
等问题均予以较为详尽的考察、分析和有益的思考。作为一个相
对专门的知识体系，人力车夫群体的研究呈现了越来越丰富的内
容，与此同时，这一领域依然存在若干问题，值得进行更深入的

---

　① 刘秋阳：《民主革命时期中共对城市社会下层的认识与启蒙——以对人力车夫
的认识启蒙为例》，《党史文苑》2006 年第 20 期。

　② 严昌洪：《近代人力车夫群体意识探析》，《华中师范大学学报（人文社会科学
版）》2007 年第 6 期。

　③ 代表性的著作（内容涉及人力车夫研究）有宋钻友、张秀莉、张生：《上海工人生
活研究（1843—1949）》，上海辞书出版社 2011 年版；张玲：《苏北人与上海革命运动
（1921—1949）》，人民出版社 2016 年版；严昌洪主编：《近代中国城市下层社会群体研
究——以苦力工人为中心的考察》，湖北人民出版社 2016 年版；刘秋阳：《近代中国都市
苦力工人运动》，湖北人民出版社 2008 年版；张致森：《徘徊在城市边缘：二十世纪三四
十年代成都人力车夫研究》，湖北人民出版社 2018 年版；［美］史谦德：《北京的人力车夫：
1920 年代的市民与政治》，周书垚、袁剑译，江苏人民出版社 2021 年版；［美］裴宜理：《上
海罢工——中国工人政治研究》，刘平译，江苏人民出版社 2001 年版；［美］卢汉超：《霓红
灯外——20 世纪初日常生活中的上海》，段炼、吴敏、子羽译，上海古籍出版社 2004 年版。
代表性的学位论文（内容涉及人力车夫研究）有蔡亮：《近代闸北的苏北人（1900—
1949）》，上海师范大学硕士学位论文，2006 年；汤蕾：《多重权力网络下的近代中国人力
车夫——以 1945—1949 年的汉口人力车夫为中心》，华中师范大学硕士学位论文，2006
年；张小阑：《上海公共租界人力车业改革研究（1934—1936）》，华东师范大学硕士学位
论文，2011 年；应聂萧：《中共职工学校对上海苏北人的政治动员（1924—1927）》，上海交
通大学硕士学位论文，2011 年；李伦：《中共早期在人力车工人群体中的动员》，华中科技
大学硕士学位论文，2021 年。

探讨。

第一，人力车夫研究成果颇多，但仍有很多具体的内容值得深入研究。如关于人力车与电车的矛盾冲突，虽然有学者涉及，但对人力车与脚踏街车之间的竞争还没有人深入研究。当然，类似这样的情况有很多，笔者试着在人力车夫群体研究的薄弱环节，做进一步的努力。

第二，就研究的角度而言，本书力求在前人的基础上有所突破，对中国共产党与人力车夫的相关资料进行梳理，探讨中国共产党对车夫的领导以及动员成效。前文所述有关人力车夫的研究成果，研究视角主要集中在几个方面：人力车在城市公共交通中地位的评论；人力车夫生存状况的评述；人力车夫的救济等。本书则深入分析市政当局、车商与车夫之间的互动，探讨中国共产党与人力车夫的关系。

第三，以往的研究成果往往只偏向人力车夫群体的静态研究，本书则注重人力车夫群体的动态研究，力图展现出一幅动态的画卷。如作为社会秩序的一种反映，本书重点分析了人力车夫与市民、车霸、警察、帮会之间的关系，呈现出多边互动的场景。此外，在资料的运用上，本书除运用档案和报刊资料外，也试着运用散文、小说、竹枝词等文学材料，还尝试运用图像资料来分析说明问题。

二、研究的视角

回顾历史，中国共产党始终保持同人民群众的血肉联系，才攻克了一个又一个难关，取得了一个又一个胜利。近代都市苦力阶层，包括人力车夫、码头工人、清道夫等，对上海革命运动产生了重要影响，亦做出了历史贡献。本书选择近代上海人力车夫群体作为研究对象，侧重于民国时期的上海人力车夫群体。"在人力车夫身上，凝聚着民国社会的多种信息，既反映了劳苦大众的贫困生活，又牵涉到社会的各个层面，还托衬出了交通事业近代化过程中所遭遇到的前进与保守均难取舍的两难境地。"① 本书的研究主要围绕着三个问题意识而展开。

第一个问题意识，近代上海人力车夫群体的整体概况及形象究竟是什么样？以往的研究者研究人力车夫群体，较多集中在二十世纪二三十年代，没有能够很好地展现上海人力车夫群体的整体概况。本书试图用档案、报刊以及图像等资料，来建构人力车夫群体的整体形象。

第二个问题意识，在基本史实构建的基础上，人力车夫社会存在的动态图景到底是什么样？人力车夫与社会的多边互动，既增强了人力车夫与社会之间的联系，又是一种社会秩序的反映。本书试图把人力车夫置于错综复杂的社会关系网络中加以考察：既包括市政当局与车商、市政当局与车夫、车商与车夫之间的抗争与妥协；也包括人力车夫与市民互动，人力车夫与车霸、警察、帮会之间的关系。通过对人力车夫与社会的多边互动的描述，力图展现这一社会群体的动态画卷。

第三个问题意识，中国共产党对人力车夫的引导、领导，成效如何？中国共产党很早就关注包括人力车夫在内的都市苦力工人，希望把城市下层的力量转化为现实的革命动力。因主客观原因，要把人力车夫的潜在力量转化成现实的革命力量并非易事，但中国共产党对人力车夫的领导，仍然起到了一定作用。

无论从章节的安排，还是段落层次设计，以上三个问题始终贯穿于行文里，这也是本书研究的思路。在此基础上，本书具有如下学术价值与现实意义：

第一，把社会史与城市史、革命史相结合，推动社会史研究视角进一步深化，把城市下层社会群体研究提升到较高位置。近年来，城市史研究呈现一派繁荣景象，主要集中在城市现代化与城市化、近代城乡关系方面，虽然相关研究有关于城市结构的内

---

① 王印焕：《民国时期的人力车夫分析》，《近代史研究》2000 年第 3 期。

容，但经济方面居多，而城市社会、城市管理的研究相对较少。笔者希望借此研究，一方面拓展近代上海城市社会史的研究深度，另一方面深化人们对下层社会群体的认识。

第二，"对历史上众多社会群体的研究，不仅能够重新透视各个历史时期社会转型与变迁的特点，而且还能填补过去史学研究中的一些空白或是弥补某些薄弱环节，因而具有重要的学术价值和理论意义。"① 从某种程度上说，上海在中国历史上具有典型的代表性。上海是近代中国第一大城市，也是典型的近代崛起城市。人力车夫是随着人力车引进而出现的一个庞大的下层社会群体。本书拟在吸取学者已有研究成果的基础上，利用有关调查、研究成果，再结合当时报刊资料，做些基础性的工作，着力归纳有关人力车夫的数据，描述人力车夫的生存状况，并结合当时的社会状况分析人力车夫问题具体之所在，从而加深对城市社会的认识。

第三，近代上海人力车夫受尽了剥削和压迫，为了能够生存，他们进行了各种各样的斗争，展现了英勇顽强和不屈不挠的革命斗争精神。中国共产党从成立起就关注人力车夫，带领人力车夫参加各项斗争，并希望把包括人力车夫在内的城市社会下层转化成现实的革命动力。从实际看，人力车夫为改变自身的命运也做出了努力，但由于各种原因，其身上确实存在一些不足，这在一定程度上限制了人力车夫群体的革命性，他们只是近代中心城市潜在的革命力量。

三、史料的选择

档案资料是本书使用的史料之一。上海市档案馆馆藏大量公用局、社会局、警察局和租界等档案，这些档案资料有关于人力车夫主要来源、工作状态、经济状况等的记录，尤其是公共租界

---

① 朱英：《从社会群体透视社会变迁》，《华中师范大学学报（人文社会科学版）》2007 年第 6 期。

和法租界档案，有关于人力车夫相关信息的详细记录。

报刊资料是本书使用的史料之二。上海图书馆藏有大量的报纸和期刊，尤其是小报。据上海图书馆馆藏中文报纸目录的不完全统计，1912—1949 年上海一地的报纸先后就有近 1 580 种。[①]当时关于人力车夫的调查报告，也散见在这些报纸和期刊上。尤其是《申报》，载有大量关于人力车夫的相关报道。《申报》于1872 年 4 月 30 日创刊于上海，至 1949 年 5 月 27 日终刊，它记录了我国近现代社会历史情况，保存了大量有价值的资料，可供多方面的研究和利用。通过对这些报刊资料的收集，笔者不仅获得了对本书的总体认识，而且订正了以往研究中的一些似是而非的问题。

文学资料是本书使用的史料之三。本书还使用了大量的文学资料，如散文、小说、竹枝词等。文学是我们探索社会真实和社会思想不能忽视的史料，把文学作为史料，在历史研究中，意味着把思考的重心放在了人们日常生活展开的场景上。[②] 在这一点上，笔者认为文学资料可加以利用，关键是如何运用，采取什么样的方法使用。

图像资料是本书使用的史料之四，用来辅助分析说明问题。这些图像资料主要来自于各画报、漫画杂志。近年来，图像资料在历史研究中的地位和价值越来越受到人们的关注。本书在运用图像资料时，主要是把它作为文字的补充或作为文字的佐证。

四、出版说明

本书所使用的近代报刊资料，其报道内容有多个标题的，注释引用时，一般以主标题为主。另外，在使用资料的内容时，尽可能照顾原文，将明显的重字、颠倒字、白字，直接删去和改正，

---

① 熊月之主编：《上海通史》（第 10 卷），上海人民出版社 1999 年版，第 223 页。
② 张伟兵：《文学作为史料：探索社会真实的另一种路径》，《华中师范大学学报（人文社会科学版）》2007 年第 1 期。

如遇个别字词和现代通用汉字不同时，一般以现代通用汉字为主。

　　本书在史料选择上，主要以档案资料和报刊资料为主，以文学资料和图像资料为辅。因公共租界与法租界在对人力车的政策上有很大相似性，所以就租界档案而言，多选取公共租界方面的档案。

　　需要说明的是，由于当年中国共产党在上海处于地下状态，保存下来的历史资料极少，尤其是关于人力车夫的资料更少，见诸报刊的也仅限于一些大罢工斗争，且零碎分散。本书尽可能收集一些资料，如《红旗日报》《上海革命历史文件汇集》等，探讨中国共产党与人力车夫的关系。同时，囿于资料短缺，所选择的史料可能局限于某一段时间。

第一章
近代上海人力车夫群体概况

近代以来，上海从中国的一个东南重镇逐渐成为商贸、金融、工业交相发展的综合性经济中心，在全国的经济中占有举足轻重的地位。19世纪中后期，上海是中国的航运中心、外贸中心、金融重镇；到20世纪30年代，上海已发展成为集航运、外贸、金融、工业、信息中心为一体的多功能经济中心。[①] 而交通是人类生产活动能够进行的必要条件，是社会经济发展、尤其是城市发展的重要前提；上海城市的形成、发展和兴盛，与交通的发展紧密联系、相辅相成。作为交通工具之一的人力车，曾在近代上海城市交通中发挥了重要作用。

第一节　近代上海人力车业发展轨迹

上海开埠以来，随着城市范围的扩大和人口的密集，经济活动愈加繁忙，人们对城市客运交通的要求日益殷切，各种交通工具先后进入上海。人力车是一个时代的缩影，它在便利人们出行的同时，也逐渐扩大人们的活动范围，节省人们的出行时间，加快城市内部人们活动的速度。

一、人力车的传入

人力车是近代中国城市中普遍的交通工具。人力车在日本试

---

① 熊月之主编：《上海通史》（第1卷），上海人民出版社1999年版，第18页。

制成功后，开始向世界各地传输。人力车输入上海始于 19 世纪 70 年代，上海也是较早输入人力车的城市。① 人力车在上海又被称作"黄包车"，或者"东洋车"，如"一辆轻车人力拖，街衢来往疾如梭。几方照会悬厢后，人以东洋两字呼"②。

二轮小车近上海新创设之举也，租界通衢皆已见。斯新式妆饰华丽，乘坐舒服，想实适于时需也。其车来于东洋……若与本地之独轮车相比，则亦有长有短。其所短者在于仅能载一人，而其长处则于坐者较便。且本车粗陋，自尊者多不屑于乘焉，若不能家内自置一轿，则每苦逼于步行矣。今设二轮车，想于此类大为得便宜之举也。所望者惟车数之日渐增多耳。③

1873 年，法国商人米拉（Menard）从日本来到上海，一心想效仿日本获利丰厚的人力车公司。6 月初，他向法租界公董局提出"手拉车"营业专利十年的申请；后经法公董局与英、美租界工部局商定，除否定专利外允准发照。8 月，《申报》报道了人力车即将出现的消息，"沪上西人共拟创设一公司，集本银二万，赴东洋购小车九千辆，运至上海"④。1874 年 3 月 24 日，米拉优先获得公董局所发照会 12 张，准许经营人力车 300 辆，于是米拉开设了租界市政当局承认的第一家人力车公司。⑤ "我国有人力车的行驶，还是在清末时由日本传入我国，于先国人用以代步，进而为商人依式制造出租营业，由少而多，遍及国内，于是我国的人

---

① 据说人力车是 19 世纪中叶一位美国传教士柯卜发明的。当初先在日本试用，后来渐渐地传入中国和南洋群岛一带。因此有人说"人力车是由日本传来"的。参见伍锐麟、白铨《中国人力车夫的研究》，岭南大学社会学系社会调查所 1939 年，第 1 页。

② 郁慕侠：《上海鳞爪》，上海书店出版社 1998 年版，第 221 页。

③ 《记新式小车》，《申报》1874 年 1 月 29 日。

④ 《拟购东洋小双轮车》，《申报》1873 年 8 月 18 日。

⑤ 上海市出租汽车公司党史编写组编：《上海出租汽车、人力车工人运动史》，中共党史出版社 1991 年版，第 74 页。

力车便在这时呱呱诞生了！"①

　　上海所通行之人力车，多不知其创办之始，实则创自同治年间。初出时不过二三百辆，轮高身阔，可容二人，后因日久弊出，至有男女苟且等事，捕房以事关风化，即行取缔，改小车身，只能容坐一人，相沿已久。不数年，复有泥城桥堍日通公司发明钢丝胶皮轮三弯式车出现，其价五分以至数角，华人因价贵多不坐，所以皆停息在大英总会门首及黄浦滩一带，专揽洋人生意，其余各马路中则不多见，故旋即消灭。继有铁轮之东洋车竞起，约八九千辆之多，价亦低贱，凡有法租界照会者，由大自鸣钟至十六铺小东门等处价仅十六文，如英租界四马路至该处亦不过三十文而止。其后车价日涨，车辆日渐朽败，至庚戌、辛亥间黄包车出现，此种车辆由巡捕房逐渐收回照会，至今租界中遂至绝迹。此人力车创始及沿革之大略也。②

　　1874 年，租界境内先后开设人力车公司约十家，拥车约千辆，车商（车主）均系外国人，一般由中国人当包头承租转放，人力车行业开始形成。不久，有些外国人将车子卖给中国人经营，同时，中国人也开设作坊，仿造人力车，出现了中国人购置车辆开设的车行。③ 19 世纪末 20 世纪初，人力车在上海迅速发展后，又逐渐传入中国的沿海和内地其他城市。

　　人力车引入上海后，为更好地适应上海各种道路状况，也进行了一系列的改良。大致可以分为以下两个时期。

（一）黑色铁轮时期

　　人力车最初之形象为黑色车身，轮盘围以铁箍，构造异常粗

---

　　①　上海市公用局关于人力车各项组织会会务等事项案，上海市档案馆藏：Q5—5—615。

　　②　陈伯熙：《上海轶事大观》，上海书店出版社 2000 年版，第 292—293 页。

　　③　上海市公用事业管理局编：《上海公用事业（1840—1986）》，上海人民出版社 1991 年版，第 249 页。

劣。初期输入上海的人力车，结构部件很粗笨，车壳、车厢装在两只高大轮盘的中间；车轮上面没有挡板，带起灰土飞扬或泥浆四溅，木制的轮盘围上铁圈，行驶时辘辘作声，震动强烈。① "原始型的人力车，两轮高大，与马车后轮相去不远，车轮用木制，行动时辘辘作声，车身也感震撼。"② 由于那时上海马路是石子石块砌成，车行路时隆隆作响，颠簸得十分厉害，乘客乘坐很不舒服。"上海的人力街车，改称黄包车，乃是最近二十多年的事；二十余年前的上海人力车，并非黄色，俗称东洋车，车身漆成黄色，车轮并无胶皮，周缘包着一道铁箍，在崎岖不平的石路上行着，坐得久些，两腿就会发麻。"③

据《沪游杂记》载："东洋车，双轮旁转，前支两木系一小横木，一人挽而曳之。人以价廉，随地雇坐。"④ 1892 年，人力车采用钢丝轮以代替木轮，改铁圈为橡胶胎，但因投入运营后，营业状况不好，未能推广。

现时通行之所谓黄包车者，莫不以钢丝为轮，自用之车（即包车）更无论矣，而并不名之为钢丝车，乃二十年前即已有之。其时人力车率用木轮，极奢华者始用钢丝，盖为值不资而取其行时无辘辘之声喧耳也。惟木轮无橡皮，行则隆隆响震，无待警告行人自知避让，钢丝则不然，车夫又不惯警告，每有冲撞行人之弊，故工部局亦提议禁用约十余年，至前五六年始间有用之者。后有大力者组织黄包车公司，既装钢丝轮，推行日广。数年以来，木轮裹铁车已成罕见，而工部局钢丝车之禁天然取消矣。⑤

　　① 上海市公用事业管理局编：《上海公用事业（1840—1986）》，上海人民出版社1991 年版，第 250 页。

　　② 《人力车沧桑史——从诞生到死亡》，《申报》1946 年 8 月 23 日。

　　③ 汪仲贤、许晓霞：《上海俗语图说》，上海大学出版社 2004 年版，第 101 页。

　　④ 葛元煦：《沪游杂记》，上海书店出版社 2009 年版，第 71 页。

　　⑤ 陈伯熙：《上海轶事大观》，上海书店出版社 2000 年版，第 292 页。

1906 年，从日本运进上海一批铁轮车，车轮嵌橡皮，坐垫有靠背，接着又出现一批木轮嵌橡皮的车辆，这两种车子虽比不上钢丝轮橡胶胎美观、舒适和轻捷，但它们相对地造价省、租金低、车资廉，乘坐的人很多，因而盛行一时。[①] 直至 1911 年打气橡皮轮之新式人力车推行来沪时，黑色铁轮车才逐渐被工部局禁止。

（二）黄色橡皮轮时期

从 1910 年起，租界当局即以人力车铁轮损路太甚为由，在验车时吊销了大量铁轮车的执照，强行推广橡胶轮车，到 1913 年底，租界境内全部换成了橡胶胎或橡胶充气胎的人力车。[②]

最初马路上行驶的人力车都仿日本构造，车身很高，双轮用铁皮包镶，行路时隆隆作响。因为系日本式，故沪谚呼叫"东洋车"。后来黄包车产生（因车身是黄色，故名黄包车），车身比较低矮，人坐其中较为妥适，车轮用橡胶胎做成，行时声浪很低，起初都为有产阶级购作包车，故有"包车"之名。等到此种车子盛行后，原有旧式的铁轮东洋车，就逐渐归于天然的淘汰。[③]

人力车经过这样的改进，行车时轮声就变得很轻细，车身也十分平稳，乘客乘坐时免除了屁股的震颤之苦。1938 年 11 月，租界当局又规定自 1939 年元旦起，人力车要"将车杠、车身距离缩小，靠背因棉花遇雨，易污乘客衣服，改用马棕，两面加置漆布包搁手，搁脚布不用，加铁条三个，以免滑跌，车灯改铜灯为

---

① 上海市公用事业管理局编：《上海公用事业（1840—1986）》，上海人民出版社 1991 年版，第 251 页。

② 上海市公用事业管理局编：《上海公用事业（1840—1986）》，上海人民出版社 1991 年版，第 251 页。

③ 郁慕侠：《上海鳞爪》，上海书店出版社 1998 年版，第 84 页。

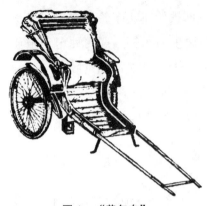

图1　"黄包车"

图片来源：《上海公路运输史》，
上海社会科学院出版社 1988 年版。

铅皮黑漆灯"①。至此，人力车的样式才得以最终固定。改造后的人力车，小巧方便、车费低廉。人力车改用充气轮胎，是历次人力车改进中最重要的一步，由于其摩擦系数小，人力车起动、转弯较轻便，减轻了拉车人的劳动强度，而且车速较快，乘车者也觉得平稳舒适，从而为人力车的继续盛行增添了有利条件。② 人力车的构件包括：车胎、钢丝、轴心、钢珠、帆布、钢架、木料、漆布和零件等。③ 人力车的顾客大都是中等阶级以下的人。冷街僻巷，凡是公共车辆不能直达的地方，人力车依旧是人们唯一的代步工具，尤其是下雨天，随处可以听见"黄包车! 黄包车!"的叫声。④（见图1）

二、人力车业的发展

公共交通的发展是城市现代化的重要组成部分，人力车被引进到上海，尤其是改装以后，很快便一发不可收拾地流行开来，其原因除了人力车自身所具备的优势之外，上海城市交通市场的不断扩大为人力车提供了较大的生存空间也不容忽视。

（一）人力车对旧式大众化交通工具的超越

随着上海城市发展，商业进一步兴起，人们的出行活动逐渐

① 《人力车式样实行改良》，《文汇报》1938 年 11 月 28 日。
② 上海市交通运输局公路交通史编写委员会主编：《上海公路运输史》（第一册），上海社会科学院出版社 1988 年版，第 65—66 页。
③ 《人力车沧桑史——从诞生到死亡》，《申报》1946 年 8 月 23 日。
④ 《人力车沧桑史——从诞生到死亡》，《申报》1946 年 8 月 23 日。

增多，对运输和出行工具的需求大增，各种交通工具遂先后流行
于上海，如轿子、马车、小车及人力车等。人力车的机械构造具
有廉价、快捷、方便、省力的特征，使人力车在一定程度上实现
了对轿子等旧式交通工具的超越，从而推动了城市公共交通向前
发展。

1. 轿子

轿子，古称"肩舆"，是中国古代普遍使用的代步工具。明末
清初，轿子风行上海，乘坐者大多是官吏士绅。上海开埠后，在
相当长的一段时期内，轿子仍是主要的短途客运工具（见图2），
按坐轿者的身份不同，轿子分为二人抬、三人抬、四人抬和八人
抬多种。

图2　轿行

图片来源：《沪游杂记》，上海书店出版社2009年版。

上海雇轿随处皆有轿行，脚价甚昂，一永日非千文不可。自
东洋车盛行，大为减色，向之千文者今则六七百文。轿夫以苏州、
无锡人为佳，上身不动，坐者安稳。其次扬州人，不过脚步稍缓。
若本地人抬轿，则一路颠簸，轿中人浑如醉汉矣。[①]

---

① 葛元煦：《沪游杂记》，上海书店出版社2009年版，第103页。

轿子虽在历史上盛行，但这是一种役使人力代步的落后交通工具，随着马车和人力车的盛行，大众对快速轻便的交通工具产生了普遍兴趣。同时，随着电车、公共汽车和私人小汽车及出租汽车的发展，以及资产阶级民主革命思潮的兴起，轿子被社会舆论视为"老古董"，是一种社会不平等的落后现象，受到革命潮流的冲击，人们不愿雇乘，因而加速了它的衰退。① 20 世纪 30 年代前后，上海的轿子逐渐退出了历史舞台。从此，轿子不再被作为上海市区公用代步工具，只是在传统婚礼仪式中偶尔作为迎娶新娘的花轿。

2. 马车

马车是在 19 世纪 50 年代从欧洲输入上海的。输入初期，马车乘坐者基本上是外国人；随着马车不断输入和大量仿制，华人也开始乘坐马车游观街市。随着车辆的增多，马路上越来越多地出现交通堵塞与行车事故，这成为市政管理的重点工作。

首先，车辆随意停放，经常造成交通堵塞，给居民的出行带来极大不便。马车的迅猛发展，无疑缓解了上海的城市交通，给行人带来很大方便，但也给行人的安全带来威胁，给城市交通管理制造了许多麻烦。② 在福州路、四川路和广东路那些繁华而又狭窄的马路上，为了争取更多的客源，马夫们随处停放马车候客，经常导致交通堵塞，给居民的出行带来极大不便。

其次，驾驶马车超速行驶造成了很多交通事故，严重威胁到居民的人身安全。由于市中心道路上行人日益增多，马车疾驰其间，给行人的安全带来了威胁。马车经常肇事，有撞伤踏死老幼的，有撞断煤气灯杆的，撞翻路边设摊的，甚至发生翻车，使人望车生畏。（见图 3）

---

① 上海市公用事业管理局编：《上海公用事业（1840—1986）》，上海人民出版社1991 年版，第 241—242 页。

② 熊月之主编：《上海通史》（第 5 卷），上海人民出版社 1999 年版，第 156 页。

图3　"驽马伤人"

图片来源：《点石斋画报》，上海画报出版社 2001 年版。

　　沪城西北为徐家汇，其地有静安寺，每于四月八日，寺僧为浴佛之会，大开坛场，凡男妇之礼佛而来者，不可胜计。本年于进香日，天朗气清，游人如织，雕轮绣毂，络绎争驰。午后有客，驾四轮马车一乘，意气扬扬，挥鞭前进。离寺门半里许，马忽惊逸，其势狂奔，道旁边有佣妇与一村婶，同坐羊角小车，其声轧轧然，在前行走，马夫不善驾驭，急欲勒住马缰，不料马四蹄乱蹴，掀倒佣妇小车，碾伤该妇之颈，又撞翻东洋车二辆，车中坐客二人，甲伤左手，五指俱裂，乙则自腰及足，并有伤痕。一时人声鼎沸，观者如堵墙，该马夫策马飞驶而逸。①

　　虽然马车装饰华丽，行驶快捷，但遭到了比它出现更晚的人力车冲击，最后惨遭淘汰。进入 20 世纪 30 年代，马车业务更为

---

　　①　吴友如等：《点石斋画报》（第二册），上海画报出版社 2001 年版，第 61 页。

清淡,连从业人员的最低生活也难以维持;有的马车行将马和车向外地转移,有的出卖给外地,仅在闸北近郊,还留有一部分。①可见,马车已经逐渐退出了历史的舞台。

3. 小车

小车,又称独轮车、羊角车、手推车。(见图4)"小车独轮在中,两木在后,一人推之,通行已六七载。坐人运货轻便特甚,价更廉于东洋车。然推物远飏,往往不免车后安置物件,宜防串窃。马路定例,往车向左,来车向右,不容紊乱。即空车停歇亦有定处,东洋车亦然。"② 小车曾因结构简单、使用灵活、收费低廉,在清末几乎包揽了上海市区的货运业务,后因老虎车、榻车承担大宗市区货运,小车转向近郊市场。③ 进入上海初期,小车

图4 "小车夫劳动之可怜"

图片来源:《沪游杂记》,上海书店出版社 2009 年版。

---

① 上海市公用事业管理局编:《上海公用事业(1840—1986)》,上海人民出版社1991 年版,第 247 页。

② 葛元煦:《沪游杂记》,上海书店出版社 2009 年版,第 72 页。

③ 熊月之主编:《上海通史》(第 9 卷),上海人民出版社 1999 年版,第 18 页。

一般是用来载运货物，后来有的用以载客运人。由于乘坐方便，收费低廉，一般市民出行时，雇乘小车的也日益增多，小车业很快发展起来，车辆不断增多。但自人力车兴起后，由于人力车的行驶速度和乘坐舒适性优于小车，乘客逐步转向人力车，用于客运交通的小车不断减少，特别在闹市区，雇乘小车的人更少。[1]

> 沪上行驶的各式车子，当推小车创始为最早。清季同治初年，首先发现小车（欲呼"狗头车"），系独轮的，车夫在后推动。起初只揽载货物，并可坐人，嗣后才有脚踏车、东洋车和马车等等，到了清季光末宣初，更有汽车、电车相继出现。到了近年，最早出现的独轮小车早已落伍了，现在这种车子的数量越趋越少，所有的只装载货物、运送东西，坐人简直是很少。不过在闸北各工厂一带上工、放工时候，还有几部小车子，两面坐满着女工在路上驶行，除此以外，已难得看见了。[2]

从上述分析可以看出，轿子作为开埠前的主要客运工具，其速度明显不及后来的人力车，而且运价也高出人力车。此外，人力车与马车相比，价钱便宜得多，与小车相比则速度快，既平稳又气派，因而自产生以后，大有取代其他人力、畜力交通工具之势。人力车可以通行大街小巷，为乘客提供上门服务，改善城市交通环境，并为涌入的流动劳动力提供就业机会。

20世纪三四十年代，人力车这种比轿子先进、比机动车要落后得多的交通工具，在日本虽还可找到它的踪迹，却已寥寥无几，已渐趋于消灭状态，然而在中国的情形就不同了。"它不只没有减少的趋势，反而日益增多，几乎在较为进步一点的市镇里，触目皆是，而变成中国街道上特有的点缀品。这便可以表明我国交通

---

① 上海市公用事业管理局编：《上海公用事业（1840—1986）》，上海人民出版社1991年版，第242—243页。

② 郁慕侠：《上海鳞爪》，上海书店出版社1998年版，第179页。

的不发达，在目下机械的运用时代中，我们还未能脱离人力运用时代的躯壳。"[①]

（二）城市人口的增长以及路况条件的改善为人力车提供了生存空间

开埠以后，上海城市人口结构逐渐演变为以国内外移民为主的开放性和动态性发展的人口结构；各种移民流入，使人口吸纳地的上海人口数量以空前的跳跃式方式增长。根据统计资料显示，新中国成立前近百年间，因地区扩大等因素，整个上海地区的人口增长了9倍左右，净增长的人口数亦近500万人，这不仅在我国其他各大城市中没有发生过，而且在世界城市人口史上亦是罕见的。[②] 当时，上海人口数每年都在迅速递增，人们出行繁忙，对交通的需求越来越多。以有轨电车为例，1912年上海电车公司共有电车107辆，年载客40 734 233人次，1921年则增至190辆，年载客119 558 769人次，"现在上海有轨电车乘客拥挤，市内交通只得兼用人力车之类经济上不太合算的交通工具"。[③]

吾国经济因衰弱积疾，交通不能充分发展，都邑之往来少砥直之大道，更无摩托车辆之制造，代步之交通工具除船舶、独轮车外，其他较为普遍经济者更属罕见，是故人力车之需要应时而生，盖其适时适地之宜也，其构造之方法与需料简单而坚固，应用轻便而快捷，可以在较小道路上行驶，不如独轮车和船舶之笨呆而迟缓也，再者其制造之费用低廉尤为吾国经济力量所能及，其应用可作中短途之旅行，正合吾乡村镇城间交通之需，加一劳资之低贱，亦为消费者所能偿价，于此资本、劳力、消费三者之

① 伍锐麟、白铨：《中国人力车夫的研究》，岭南大学社会学系社会调查所1939年，第1页。
② 邹依仁：《旧上海人口变迁的研究》，上海人民出版社1980年版，第3页。
③ 徐雪筠等译编：《上海近代社会经济发展概况（1882—1931）——〈海关十年报告〉译编》，上海社会科学院出版社1985年版，第216—217页。

适当分配，故人力车业之发展遂一创百起，以为全国人民不可少之交通工具。①

城市道路网络的初步形成为人力车使用提供了必要的前提，为城市公共交通迅速发展奠定了基础。各国租界设立后，都分别筑路、修建码头，在界内各自为政，并不断对界外进行扩张，因此，所谓"划定界线"也多次向外扩充；随着租界内新式马路的兴筑，市管辖地区道路也在逐步发展，南市、闸北、吴淞等地区先后修筑道路。②"道路是为交通而修筑的，晚清上海的道路经历了土路、碎砖路、碎石路到柏油路的变迁，与此相适应，上海的交通工具也经历了从轿子到马车、人力车再到电车的急剧代谢。"③ 所以，当时这些道路的修建，不仅为人力车行驶提供了便利条件，也使人力车营运空间范围大大地扩展了。

（三）走街串巷的人力车，便利了市民生活

首先，乘坐人力车为大多数人财力之所胜。大街小巷中奔驰的人力车，改变了上海交通落后的状况，为市民的出行带来了莫大的便利。更为重要的是，人力车始终都是一种为城市各阶层服务的大众化交通工具。对居家度日的一般市民来说，乘车价格是他们考虑选择交通工具的要素之一，在多数情况下，甚至还会跃居首位。各种交通工具，人力车"核其费用，且反比电车或公共汽车为合算"④。

其次，人力车夫既可提供上门服务，又可为乘客找到所要求的去处。人力车因适应性强，到处可雇，能在偏僻和狭窄的街巷中行驶，车资又低，仍为社会所需要，在城市客运中依然保持着

① 上海市公用局关于人力车各项组织会会务等事项案，上海市档案馆藏：Q5—5—615。

② 杨文渊主编：《上海公路史》（第一册），人民交通出版社1989年版，第17页。

③ 熊月之、罗苏文、周武：《略论近代上海市政》，《学术月刊》1999年第6期。

④ 《车商决不领新证 租界交通殊可忧虑》，《申报》1934年7月29日。

独特的位置。① 它用不着生硬地挤撞，便可以轻松自如地通过每一个拐角，在城里无数弯曲而狭窄的街道小巷中穿梭，而这是电车和公共汽车绝对做不到的。人力车还有一个优势在于，如果一个乘客随身携带有较大较重的行李，那乘坐人力车又可以将行李放于车上，还可以由车夫帮着将行李提到家门。"人力车亦交通中之最重要者，通商大埠，无不有之。缘电车虽轻速而价廉，但有不可以载重，而汽车、马车又复为价甚昂，故一肩行李，杂件二三，非人力车不为功也。"② 由于行车道路的多样性和复杂性，当一些洋行大班或富商巨贾乘坐人力车时，并不知道目的地在何处，这时人力车夫又可为乘客找到所要求的去处。所以，人力车发挥其小而轻便的优势，穿梭于巷子与胡同之间极为方便，颇受乘客欢迎。

最后，城市中有许许多多狭窄的巷子，电车和公共汽车的辐射网难以覆盖。电车和公共汽车所共同具有的特征是，按照固定的路线行驶，一旦形成，并不轻易更改。电车或公共汽车，行驶的时候必须依一定方向与路线，而人力车则不论宽大马路或狭隘小街，无不可达，驰骋无阻。近代上海的公交路线设置，在相对冷僻的街道多未设立线路，但是乘客的出发点与终点有时并不一定在公交路线附近。正是由于人力车自身的优势，直到它要被废除之时，冷街辟巷，凡是公共车辆不能直达的地方，人力车依旧是人们首选代步工具。（见图5）从这个角度来讲，人力车并非是在与电车或公共汽车竞争，而是在对近代上海城市完整的客运交通系统进行有益的补充。

总而言之，由于人力车的大众化交通工具性质以及以上所提到的种种优越性，它的兴起对上海交通方式的变革产生了深远的

---

① 上海市交通运输局公路交通史编写委员会主编：《上海公路运输史》（第一册），上海社会科学院出版社1988年版，第65页。

② 《人力车杂谈》，《申报》（增刊）1926年9月18日。

图 5　拉车的车夫

图片来源:《二十世纪三十年代上海洋楼与民俗》,
天津人民美术出版社 2003 年版。

影响。人力车虽然算不上交通工具现代化过程中的主角,但它却以自己独特的方式在近代上海留下深深的烙印。

三、人力车业的没落

虽然人力车在推动近代上海公共交通发展方面,起了巨大的作用,且也便利了市民的生活,但是随着城市交通的发展,废除人力车这种早期现代化过程中的过渡性交通工具又成为历史必然。"人力车目前在中国的位置自然不错,但是现在汽车业的发达已显明为它所代替,任何武力的阻止,对于文化的传播,都是没有效的。将来,从现在起的将来,虽不能说在那一定的时间,但是人力车业无论如何,在将来是要被别的工具所代替的,也好似人力车代替轿子一样。"①

---

①　李文海主编:《民国时期社会调查丛编·城市(劳工)生活卷》(下),福建教育出版社 2005 年版,第 1199 页。

上海人力车的废除之所以被提上日程，最重要的原因之一在于，人力车对城市交通的消极影响越来越明显。在各种交通工具日益增多的情况之下，人力车所造成交通阻塞、单位载客量所占道路面积过大等问题也日益显露，因此，社会对废除人力车的呼声越来越高。一方面，人力车其全国性的废除被提上议事日程。国民政府提出要在全国范围内禁绝人力车，"限三年内禁绝，惟可视实际情形分期办理，以当地状况及劳力供应情形，决定每期取缔数量"①。另一方面，上海准备用半机械化的三轮车以取代人力车。由于这种新式载客三轮车具有种种的优越之处，所以它得到了上海大众的普遍欢迎。正是三轮车的大量出现，使得后来废除人力车得以真正地展开。

三轮车，又叫三轮客车，即三轮脚踏车。（见图6）它的成本

图6 三轮客车

图片来源：《上海出租汽车、人力车工人运动史》，中共党史出版社1991年版。

不高，易于装配制造，易于骑踏操纵，所以大量地出现在上海道路上营业，成为上海主要交通工具之一，很快地形成了三轮车行业。② 由于政府的大力提倡，三轮车逐渐取代人力车，成为上海市区最主要的人力载客工具。三轮车是半机械化的交通工具，与人力车相比，多少体现了一些人道。

三轮车是战后新兴的交通器具，因为当时汽油缺乏，汽车不能行驶，三轮车便代而兴起，因兴起年代不多的缘故，所以全上海，到现在为止，只有一万二千辆左右，白牌照会（即营业三轮车）约占百分之八十，黑牌照会（即自用人力车）占百分之二十。

① 《人力车夫改业 规定安置办法》，《文汇报》1946年11月28日。
② 上海市出租汽车公司党史编写组编：《上海出租汽车、人力车工人运动史》，中共党史出版社1991年版，第76页。

在战时，三轮车完全为少数车主所占有，车主和车夫完全是一种雇佣关系，后来车夫自己感到剥削的沉重，大都抛岗（即自己购买三轮车上街做生意，差不多二三个车夫合伙买一辆，到现在，差不多大都都是这种抛岗的车子了），平均一辆三轮车，有两三个人轮流上街，连三轮车夫的家属、公司老板、修车者、制造者统计在内，要有十多万人依靠着一万多辆三轮车生存。①

在"中央规定取缔人力车期限届近"的情况下，国民党上海市党部确定以三轮车代替人力车来加快上海人力车的废除。"决议以单人后座三轮车来代替被淘汰的人力车，规定办法如下：（一）今后车辆须分区域行驶，闹区不准双人三轮车出入，改由单人三轮车接替。（二）须赶紧登记现有人力车照及车夫姓名，一车暂以车夫三人为限，以为改装单人三轮车的根据。（三）希望人力车夫在改驶三轮车前有一实习机会，同时规定三项原则：（1）在遵照取缔原则下，将本市人力车逐渐改装成单人三轮车；（2）要改良三轮车一切弊端，务使乘客安全，而不妨害交通；（3）分期分批改造人力车为单人三轮车，同时分期分批淘汰人力车，以两者数量相同为原则。"②

表1 1945—1948年黄包车与三轮车消长情况表

车种（辆） 年份	黄包车	三轮车	两类车合计
1945年	24 532	11 022	35 554
1946年	24 803	16 911	41 714
1947年	15 907	25 890	41 797
1948年	2 969	32 105	41 797

资料来源：上海市交通运输局公路交通史编写委员会主编《上海公路运输史》（第一册），上海社会科学出版社1988年版，第232页。

---

① 《上海五十万人将起恐慌》，《工商通讯》1946年第3期。
② 上海市公用局关于人力车各项组织会会务等事项案，上海市档案馆藏：Q5—5—615。

1946 年 10 月，上海市长吴国桢宣布，决定分批分期将淘汰的人力车改装为单人座三轮车。① 此后由于战乱，人力车的废除又一度停止，直至政权灭亡，国民政府都没有能在上海完成对人力车的废除。（见表 1）上海解放后，人民政府规定人力车不得改装三轮车，要求淘汰人力车。直到 1956 年，上海最后两辆人力车被送进博物馆，才结束了人力车在上海八十二年的历史。

第二节　近代上海人力车夫群体构成

人力车夫拉车飞奔，一直是近代中国城市标志性的图景。从人力车夫群体构成，包括自身背景、群体数量、年龄构成等的变量组合中，可以透视上海人力车夫的特点，考察他们在社会转型中的主动选择与被动适应。

一、庞杂的来源

近代上海人力车夫群体之所以庞大，一方面，由于新式交通工具没有充分发展，人力车作为补充，成为人们主要的出行代步工具；另一方面，农村劳动力源源不断地进入城市，造成劳动力的"过剩"，很多人找不到工作，只好出卖自己的苦力，尤其拉车是当时比较好的选择。上海工部局人力车委员会曾调查了五十名左右人力车夫以前从事的职业，"农夫三十人，纱厂工人六人，商人三人，苦力四人，更夫三人，渔夫一人，船夫一人，木匠一人，学校教师一人，制面包者一人"②。这其中，所谓纱厂工人、商人、更夫等等，必定也有许多是以前的农夫。从上面分析中可以

---

① 上海市公用事业管理局编：《上海公用事业（1840—1986）》，上海人民出版社 1991 年版，第 253 页。

② 上海市公用局关于人力车问题研究委员会文件，上海市档案馆藏：Q5—5—1618。

看出，上海人力车夫群体的出身背景表现出根源单一和来源庞杂的特点。

（一）城市贫民

城市贫民居住的地方一般都远离城市生活的中心，地处偏僻，而且居住地基本固定。城市贫民自身教育素质的低下、经济的窘迫，使他们失去了从事体面职业的机会，就算是进工厂做工，对大多数的贫民而言只是奢望而已，为了生计，他们不得不选择拉人力车等职业。

据统计表明，各大城市人力车夫来自城市的比例分别是：杭州42.03%，南京43.04%，上海29%，北京76%，成都37.86%。[1]从这组数据中，可以看出上海人力车夫来自城市贫民的比例较其他城市为低。在上海，城市中有固定职业或稳定收入的居民一般不会去拉人力车，只有没有固定职业，家境贫寒，为了养家糊口的贫民阶层，才会去拉人力车。

（二）进城农民

近代上海人力车夫大多是从破产的农村流落到城市谋生的农民，他们失去了土地，完全沦为无产者，成为生活在大城市社会底层出卖苦力的劳工。近代中国农民之所以走上流离的道路，很大一部分原因是贫困。流民是指丧失土地而无所依归的农民、因饥荒年岁或兵灾而流亡他乡的农民、四处求乞的农民、因自然经济解体的推力和城市近代化的吸力而流入都市谋生的农民，尽管他们有的可能还保有小块土地。[2]因农村经济衰落而生计发生困难的农民，备受生活之鞭的驱使，不得不背井离乡，常常进城拉车，以便补贴家用。

因为帝国主义商品经济的侵略，土豪劣绅的重利盘剥，贪官

---

① 邱国盛：《北京人力车夫研究》，《历史档案》2003年第1期。

② 池子华：《流民问题与近代社会》，合肥工业大学出版社2013年版，第4页。

污吏的横征苛敛，再加以连年天灾人祸，到处干戈，农村怎末会不破产！破产的结果，农民无以为生，成千成万的农民，便这样的被抛出了农村了，而投入了各大小城市。上海是农民们最大谋生目的地之一，这样，上海的人力车夫便不愁没有来源，尽管生活是怎样的苦，总比束手待毙在农村里好得多了，所以仍是源源而来。上海人力车夫的逐年加多，正是农村急剧地崩溃的反映。①

上海人力车夫大多数来自周围农村，在他们的家乡，外来力量破坏了农村经济的平衡，农业不再能维持大量的人口，水旱灾害和内战匪祸降低了土地的生产力，于是农村人口便因贫穷而显得过剩，因此许多农民不得不离开土地，选择新的职业。"人力车夫是晚近农村破产底下压榨出来的一种产物，即是说农民被迫离开农村来出卖劳力，所以它的增加，乃是农村破产程度深刻化的透视。"②

从 19 世纪中叶上海迅速发展开始，人力运输即被认为是苏北移民的行业，这一历史现象的产生与苏北地区的天灾人祸有着密切的关系。中国是一个灾害频发的国家，近代中国更是处于历史上的"灾害群发期"，灾害连绵不断，大灾、小灾不已，致使灾民遍野。据统计，1912—1937 年，各种较大的灾害有 77 次之多，计水灾 24 次、旱灾 14 次、地震 10 次、蝗灾 9 次、风灾 6 次、疫灾 6 次、雹灾 4 次、歉饥 2 次、霜雪之灾 2 次。③ 这些灾害对人民的生活与生存构成了极大的威胁。

近现代以来，苏北人大批移居上海，除了上海繁华的诱惑力之外，还与苏北与上海相距较近有关。一般来说，移民上海数量的多寡与距上海的远近成反比，所以旧上海的移民中，来自江浙

① 《替人力车夫说几句话》，《新生》（周刊）1935 年第 20 期。
② 蔡斌咸：《从农村破产所挤出来的人力车夫问题》，《东方杂志》1935 年第 32 卷第 16 号。
③ 邓云特：《中国救荒史》，上海书店出版社 1984 年版，第 40 页。

一带居多。① 上海的人力车夫中，苏北人占绝大多数，他们在上海的城市交通事业中发挥了难以替代的作用。来自苏北的盐城人力车夫和广州木匠、宁波铜匠、扬州剃头匠一起，共同构成了旧上海人们最为熟悉的下层劳工形象。②

（三）失业人员

20世纪二三十年代，虽然上海确立了全国经济中心地位，但是在经济快速增长的同时，上海的失业形势相当严峻。③ 1934年，上海市政府辖区内的就业人数为 1 961 875 人，而无业者达 303 000 人，无业人数所占比例为 15.44%。④ 根据1946年的资料，在全上海290余万就业人口（包括在校学生）中，失业人口接近14万人。⑤ 甚至有些失业人员在走投无路的情况下，酿成自杀惨剧。如闸北虹镇东市小河浜中，有人发现一具男尸，年约26岁，形似工人模样，"经据情报告警所，派警前往查察，结果悉该男子居于附近顺金里127号灶披间内，前曾在华生电器厂做工，近因失业，复感经济困难，故投河自杀，家中尚有老母云"⑥。

在经济凋敝的环境下，根本无法杜绝失业民众的产生，不论是工厂里的失业工人，还是入城的贫民，都在为人力车夫提供着源源不断的后备力量。还有的人力车夫曾是军人，由于军队解散，找不到工作，不得不以拉人力车为生。

盐城人于玉琨，年三十四岁，前在本埠拉黄包车为生，于八年前，在某军事机关招兵时出外从军，后在江西缉私营由兵士升

---

① 郭绪印：《老上海的同乡团体》，文汇出版社2003年版，第782页。

② 陈樱：《民国时期上海苏北人问题研究》，中国文史出版社2005年版，第350页。

③ 关于该问题的研究，参见陈文彬《1927—1937年上海失业人群再就业状况述略》，《安徽史学》2004年第3期。

④ 熊月之主编：《上海通史》（第9卷），上海人民出版社1999年版，第140页。

⑤ 邹依仁：《旧上海人口变迁的研究》，上海人民出版社1980年版，第34页。

⑥ 刘明逵、唐玉良主编：《中国近代工人阶级和工人运动》（第七册），中共中央党校出版社2002年版，第666页。

至连长，任职七年，并在江西娶得一妻钱氏，今年二十六岁，曾生男孩一口，年三岁，取名正林。现是项军队，业已解散，而于玉琨亦在被裁之列，故于去年八月间，携带妻子等来沪，一家数口，暂居闸北中兴路都天庙附近瓦平房内，近来因生活维艰，所以重操旧业，仍旧拉黄包车度日。①

从以上分析可以看出，人力车夫大都出身农村或城市的贫困阶层，生存资源的匮乏使他们很难实现向上的社会流动，只得长期拉车，奔跑于上海各条街道上。应该指出的是，人力车并没有给车夫带来富裕，相反虽然他们终日奔波劳累，却始终在贫困线上挣扎。

二、数量、年龄及籍贯

在近代上海，自人力车成为社会普遍流行的公共交通工具后，人力车夫群体的内部结构和基本生存状况保持了较高的稳定性。分析人力车夫的数量、年龄以及籍贯，可以透视人力车夫群体的内部结构。

（一）车夫的数量

人力车夫是一个流动性极强的群体，很难对其数目做出一个精确的统计。②"溯自人力车之肇始，迄今凡四十余年，全国城镇皆有此种车辆赖为主要之交通工具，全国车辆之确数，虽未详密统计，然其数必为可观也。试以全国交通最发达之都市上海言，其占交通之地位亦属首要，人力车业之所以如是普遍发达，其主

① 《当过七年连长　回来拉黄包车》，《申报》1937 年 5 月 29 日。
② "第一，国人之注意此种问题，乃为晚近的事，并没有以往的材料记载下来可供吾人参考。第二，人力车夫为自身利益计都反对登记，于是各地方当局无从查考。第三，有的都市如上海、南京等处虽有统计，但多根据车照，就是根据车行的营业车辆。可是几个人拉一辆并无一定，因此车夫的数目更难计算了。第四，车夫的营业是流动性的，每一车行每日的租户也有多有少，车夫多少很难知道。"参见谷士杰《中国的人力车夫问题》，《劳工月刊》1936 年第 5 卷第 4 期。

要之因素，由于环境之促成也。"① 1884 年，公共租界人力车捐照月均 2 000 辆，到 1909 年升至 8 471 辆；1924 年 8 月，公共租界捐照数高达 13 411 辆。② 1925 年，据相关从业者说："上海公共租界，现有公用人力车照万张，法租界多三千余张，华界约多千余张，而向公共租界捐有公用人力车照者，多兼捐有华界及法租界车照，即上海共有公用人力车约万三千余辆，以四人共拉一车计，约共有人力车夫五万余人。"③ 根据 1928 年"中国劳工年鉴"所载，当时人力车和车夫数额，每日车租和每月车捐，如表 2 所列：

表 2　各地人力车和车夫数

地别	车数	车夫数	租金	车捐
上海	10 000	50 000	公共租界每日 8 角 5 分；华界及法租界每日 520 文；华界 360 文	公共租界及法租界每月各 2 元；华界每月 1 元
北京	35 000	55 000	平均每日 30 枚	每月 40 枚
南京		7 500	新车每日小洋 4 角；旧车每日钱 560 文	车捐每月洋 2 元 3 角 3 分；代行每月洋 5 角。统由车夫交纳
安庆	600—700		每月 440—540 文	每月 1 元
芜湖	700		每日 660 文	每月洋 1 元钱 330 文
南昌	340—350		每日 800 文	每月 1 元
汉口	租界内 1 500		每日 880 文或 920 文	每年执照费 5 元；每月马路捐 5 角
	华界内 1 466		每日 1 000 文	每年验照费 5 元；每月警捐 2 400 文或 3 000 文；每月马路捐 2 400 文

① 上海市公用局关于人力车各项组织会会务等事项案，上海市档案馆藏：Q5—5—615。

② 熊月之主编：《上海通史》（第 9 卷），上海人民出版社 1999 年版，第 19 页。

③ 《上海人力车夫之调查》，《申报》1925 年 12 月 22 日。

地别	车数	车夫数	租金	车捐
武昌	1 200		每日 980 文	每年验照费 5 元；每月马路捐 2 400 文
汉阳	钢丝车 159 木驾车 130		钢丝车每日 1 040 文 木驾车每日 640 文	钢丝车每月马路捐 2 400 文；木驾车每月马路捐 1 800 文每年验照费均 5 元
长沙	2 378	4 000	新式车每日 620 文；旧式车每日 560 文	每月 4 600 文
成都	4 416	7 000—8 000	包车每日洋 1 元 1 角；普通车每日洋 5 角	每月洋 6 角
广州	3 000—4 000	7 000—8 000	平均每日洋 6 角 7 分	
福州	3 000	6 000—7 000	每日 500 文	每月 1 元 200 文
太原	1 000		新车每日 2 角 5 分；旧车每日 2 角	
大连	1 400		每月 5 元—8 元（日金）	每月日金 1 元 5 钱
杭州			每班小洋 2 角 5 分	
天津			每班大洋 2 角	
宁波	300		每日小洋 2 角	
江都		200		

资料来源：刘明逵编《中国工人阶级历史状况（1840—1949）》（第一卷第一册），中共中央党校出版社 1985 年版，第 664—665 页。

表 2 所列租金一项，除大连按月计算外，其余均按日结算；其征费则因各地货币制度不同而有大洋、小洋、钱文之别。[①]1934 年，上海市政府公用局做了《办理真实人力车主免费登记经过》的统计报告，社会局也做了《上海市人力车夫生活状况调查报告书、本市人力车夫估计表》，估计当年有人力车 23 306 辆，

---

① 刘明逵编：《中国工人阶级历史状况（1840—1949）》（第一卷第一册），中共中央党校出版社 1985 年版，第 665 页。

车主 4 814 户，车夫 78 630 名。[①]

到 1940 年，"车，在公共租界有九千六百辆，在法租界约有一万辆；车夫，在公共租界有四万四千，在法租界有五万以上。除开沦陷的南市、闸北不算，仅就两租界里，我们随时随地都可看见的相当十万数目的车夫"[②]。由此可见，人力车夫的数量日渐庞大。作为一种劳动强度大、收入微薄且社会地位极其低下的职业，人力车夫与苦力、粪夫、清道夫相差无类，当时就有人将他们列为"夫役"一类。

（二）车夫的年龄

拉人力车是一种重体力劳动，因此干这项工作的人大多是年富力强的人，一般年龄为 20 至 40 岁之间。"盖拉车生涯是又苦又费力的一种工作，所以非得年富力强的人，不能胜任。但是我们又见到其中有老的少的，老的竟有六十六岁的，少的居然也有十一岁的儿童（上海一千车夫的统计）。"[③] 表 3 是各地车夫年龄统计：

表 3　各地车夫年龄统计表

地名	二十岁以下	三十岁以下	四十岁以下	五十岁以下	六十岁以下	六十岁以上	不明	合计
成都	38	125	115	59	18	—	23	378
上海	130	310	291	190	69	10	—	1 000
北平	4	8	17	4	3	—	—	36
济南	5	35	47	9	—	—	4	100
广州	204	2 127	1 939	818	155	10	—	5 253

资料来源：伍锐麟、白铨《中国人力车夫的研究》，岭南大学社会学系社会调查所 1939 年，第 9 页。

1930 年，复旦大学社会学系调查了人力车夫 3 898 人，其中

---

① 上海市出租汽车公司党史编写组编：《上海出租汽车、人力车工人运动史》，中共党史出版社 1991 年版，第 74—75 页。

② 《人力车夫的生活》，《申报》1940 年 5 月 20 日。

③ 伍锐麟、白铨：《中国人力车夫的研究》，岭南大学社会学系社会调查所 1939 年，第 9 页。

早班 1 456 人，晚班 2 278 人，整班 164 人。"人力车夫的年龄，多数是在 21 岁与 35 岁之间，共 2 307 人。内中 21 岁至 25 岁者 816 人，26 岁至 30 岁者 924 人，31 岁至 35 岁者 567 人。次多数是 16 岁至 20 岁的年轻人，计有 480 人。再次是 41 岁至 45 岁的中年人，计有 253 人。至于 50 岁以上的老年人，因体力已衰，拉车是不胜任的。51 岁至 70 岁者仅有 84 人。人力车夫的平均年龄，是 28.6 岁的年富力强者。"① 又上海市社会局曾对 304 名人力车夫的年龄进行调查，发现以 26 岁至 45 岁者为最多，约占全体 71%。（见表 4）"盖人力车夫全恃体力劳动，非年壮力强者不能胜任；本市乡区及华界人力车夫，固亦有未成年者及衰老者，迫于生计而操是业，然为数尚少。"②

表 4　车夫年龄比较表

车夫年龄	车夫数	百分比
16—20 岁	11	3.63
21—25 岁	29	9.54
26—30 岁	53	17.43
31—35 岁	62	20.39
36—40 岁	55	18.09
41—45 岁	47	15.46
46—50 岁	26	8.55
51—55 岁	15	4.93
56—60 岁	2	0.66
不详	4	1.32
总计	304	100.00

资料来源：上海市社会局编《上海市人力车夫生活状况调查报告书》，上海图书馆藏，第 14—15 页。

---

① 陈达：《我国抗日战争时期市镇工人生活》，中国劳动出版社 1993 年版，第 371 页。

② 上海市社会局编：《上海市人力车夫生活状况调查报告书》，上海图书馆藏，第 14 页。

从年龄层次和性别构成上看，上海人力车夫主要是由青壮年男性劳力充当的，这和人力车行业对体能和耐力的高强度要求是相适应的，而且上海人力车业的竞争非常激烈，体弱不适者被大量淘汰。

（三）车夫的籍贯

近代上海的人力车夫大多数是江北同胞，虽然也有本地人，但是占极少数。很早就有人观察到，苏北人在江南各地主要"做小贩，做工厂，做黄包车夫，做一切下贱的事"；上海人力车夫的籍贯多为苏北东台、盐城、阜宁、高邮、泰县等处，少数为南通、海门。[①] 据上海市社会局对 304 名人力车夫籍贯的调查，除不详者 3 人外，计山东省 6 人，湖北省 1 人，余均系江苏人，占全体 96%强。江苏籍中，除宜兴 2 人，上海 1 人外，余皆来自大江之北，中以盐城人最多，占全体 40%强；次为东台、阜宁、泰县三籍，共占全体 49%强；再次为江都、高邮、宝应、江浦、宿迁、通州、泗阳、淮安、海州等县。[②]（见表 5）

表 5　车夫籍贯比较表

省　县	车夫数	百分比
江苏　盐城	124	40.79
东台	91	29.93
阜宁	46	15.13
泰县	14	4.62
江都	4	1.32
高邮	3	0.99
宜兴	2	0.65

[①] 朱邦兴、胡林阁、徐声合编：《上海产业与上海职工》，上海人民出版社 1984 年版，第 674 页。

[②] 上海市社会局编：《上海市人力车夫生活状况调查报告书》，上海图书馆藏，第 11 页。

省　县	车夫数	百分比
宝应	2	0.65
江浦	2	0.65
宿迁	1	0.33
通州	1	0.33
泗阳	1	0.33
淮安	1	0.33
上海	1	0.33
海州	1	0.33
山东　掖县	3	0.99
临邑	2	0.65
济南	1	0.33
湖北　汉口	1	0.33
不详	3	0.99
总计	304	100.00

　　资料来源：上海市社会局编《上海市人力车夫生活状况调查报告书》，上海图书馆藏，第12—13页。

　　人力车夫从事的是一项重体力活，长期过重的体力劳动会很快摧毁一个健壮劳力的身体。很多人力车夫因过度劳累而死亡。"沪上的人力车夫，据最近调查，包括黄包车、小车在内，共有二万七千多人。考其籍贯，都属于江北之盐城、高邮、南通、靖江、崇明各县为多。工作的艰难、生活的困苦，为各业工人所无，全靠两手用力，两脚奔波，缺一不能。所得的微利，以维持其苦生命。前听某医生说：'不论年壮力强的车夫，倘继续十年的拉车生活，没有不发生肺病和冒血而亡。'因为天天在路上奔波，心肺早已震荡得非常厉害，故肺病和冒血也是当然之事。"① 所以，人力车夫的苦境是一个经常被提及的话题，他们衣衫褴褛，脚穿草鞋，

----

　　① 郁慕侠：《上海鳞爪》，上海书店出版社1998年版，第85—86页。

有时干脆赤脚，无论阴晴雨雪，终年奔波在街头。

三、群体特征的表现

人力车夫不分白天黑夜，不论刮风下雨，成年累月奔忙在街道上；不能说坐车的个个都是富翁，但拉车的一定都是贫苦的人。他们在交往过程中，通过心理与行为的相互影响，产生一些共同的观念和态度，逐渐形成了这个群体的特征。

（一）经济上的贫困性与脆弱性

从经济收入上看，人力车夫属于城市中的赤贫群体。他们"凭天生二条腿，黎明跑到黑暗，不过得五六角钱，上有高堂下有妻子以供养，斯为黄包车夫之苦相"①。在酷暑烈日之下，人力车夫照常要不顾死活地奔跑；在风雨雪落的冬天，受着生活的驱使，不得不去干牛马似的活。

在微薄收入支撑下的人力车夫，其生活状况如何呢？首先，人力车夫的生活，应该说在劳力中最艰苦的了。人力车夫除了吃饭时有些微的安闲外，其余几乎没有停留的时间。即使是这样，拉人力车也很难维持一个车夫家庭的生计。

生活必须的四个字——衣、食、住、行，他们比您是打了一个对折，只须两个字——食、住而已。先谈食：他们已经再无可简单地，两双手是常常代替着您的叉、刀或筷，一手端着茶碗，一手拿着大饼，蹲在街头，就完成您所谓的"面包问题"了，这样也要三角。倘使坐上饭摊，快快活活的叫一碗黄豆芽，吃三碗饭，却需半元。再经过消化作用，待到排泄，还需两分。自然，这只是个人生活。谈到家，就连到住：就是您常常在报上看见的某角落火烧，烧去棚户几十、几百或千余，这就是他们的家所在了。②

---

① 《众生相》，《红杂志》1922年第50期。
② 《人力车夫的生活》，《申报》1940年5月20日。

据上海市社会局调查发现，车夫拉车净收入，平均每月不及9元，而家庭生活费之支出，约需16元，"以竟日奔波，血汗所获，终难维持，而欲免家庭老幼之冻馁，不得不就家庭其他收入，以资挹注"①。由于人力车夫在生活上的贫困，他们不得不拼命拉车，以维持最低生活。除了一身筋肉，车夫被社会剥夺得精光，就是这样的赤贫者，还要受到乘客白眼，警察打骂，政府罚款。

图7　巡捕撬人力车照会的情景

图片来源：《上海出租汽车、人力车工人运动史》，中共党史出版社1991年版。

他们的境遇，还有一种苦处，就是很容易触犯禁纲。在交通繁盛的地方，跑快了，要惹事体；停顿了，要碍交通；夜晚不点灯、行路错方向，都是犯法的。有了这种事故，便要受三种处分：（一）吃巡捕、巡警的棍棒；（二）摘去车照，重的调消，轻的罚钱了事；（三）连人带车，提到官署。当车夫的吃棍棒，不过忍痛须史，倒还罢了；消了车照，罚了钱，可就断生路，至少也有一二天没饭到口；捉到官署，是更吃不消的了！②（见图7）

人力车夫经济承受能力的脆弱性导致了其心理的脆弱性。如"向挽黄包车之江北人徐坤荣，年二十九岁，家住法租界康悌路七

① 上海市社会局编：《上海市人力车夫生活状况调查报告书》，上海图书馆藏，第46页。

② 刘明逵编：《中国工人阶级历史状况（1840—1949）》（第一卷第一册），中共中央党校出版社1985年版，第669页。

三六号平房内，因连日霉雨绵绵，生意不免稍受影响，经济遂见支绌，于昨晚七时余，其妻向徐索钱不遂，发生口角，坤荣因遭氏谩骂不止，忿懑于怀，竟服生烟自尽"①。大多数人力车夫都挣扎在生存线上，无法改变自身的际遇。当时对人力车夫的贫困生活有过一则民谣："买米一顶帽，买柴怀中抱，住的茅草屋，月亮当灯照。"②

（二）身份来源上的地域性

近代上海是一个五方杂处的移民城市，各地方的人聚集上海，脱离了原有的血缘、地缘网络，进入一个全新的陌生世界。人力车夫之由来大都以各地农村破产，于是农民背井离乡，相率而来，冀以汗血劳力，维持生计，从表面上看，人力车夫分开作业，平时不停地奔波于城市各处，但是考察其内部结构，他们却表现出很大的地域性。

农村破产的结果，使都会的人口突然增加，况且这"黄金地"的上海，物质的丰富，早够一般人的视为发财的所在，虽然他们到上海并没有这样的奢望，也许他们只望能得到"噉饭"之地，但都会的空虚，早就发了救命号，工厂的烟囱停了烟，机器也早生了锈，于是他们在"路路不通"之下而作车夫。据说，车夫大都是江北人，他们既没有受过教育，当然无专门谋生的技能了，因此只得干着这种牛马的生活。③

在身份来源上，上海的人力车夫明显表现出地域性的特点。从苏北来的车夫，在与城市人的比较中，明确意识到自己是乡下人，他们很容易与来自同一个地方的车夫认老乡，苏北的方言甚

---

① 《生活压迫下　黄包车夫自尽》，《申报》1930 年 6 月 22 日。
② 上海市出租汽车公司党史编写组：《上海出租汽车、人力车工人运动史》，中共党史出版社 1991 年版，第 84 页。
③ 《餐风露宿日夜奔波之上海人力车夫生活》，《工商新闻》1934 年第 12 期。

至成了该行当的流行语，苏北籍人力车夫多住在虹口、闸北、杨树浦等地的棚户区，他们好像乡村里聚族而居一样，互相照应，依靠同乡的关照获得精神慰藉，以减少孤独感。在上海的苏北人还建立了名为"江北同乡维持会"的同乡团体。1919 年 3 月，上海租界人力车夫因反对增加车租举行同盟罢工时，江北同乡维持会为人力车夫的艰难生活而呼吁："伏查此种车夫，大都江北贫民，以劳力糊口，值此米珠薪桂已属艰难，设再加增车租，势必生计日绌。该苦力俱系乡愚无知，以致相率罢工，情殊可悯。本会为维持苦力生计起见，不得不代为呼吁，乞贵谳员迅赐函劝各公司车主，免于加租，照常营业，则苦力者咸有赖焉。"①

（三）工作上的流动性与分散性

造成人力车夫工作上的流动性，不仅有客观因素，也有主观的因素，以农民出身为主的车夫本身就是不稳定的一群人。如许多车夫每年春天要回家乡干农活，待到秋收结束以后再返回上海，这些人是真正的农民—工人，当其他农民背井离乡来到城市寻求活路时，他们在家乡的土地上还留有一腿，只要条件许可，绝大多数车夫都会返回家乡，有些甚至一去不复返。② "江北一带秋收尚稔，苦力贫民在乡易于糊口，都不愿来沪谋生，或改操别业，以求温饱，因此车夫日渐减少，造成今日车辆过剩之现象。"③ 以拉车为季节性工作的农民固然要在农忙时返乡种地，而那些因灾祸而流落进城拉车的农民，也很难在城市生根，大多身在城里，心系乡下，一旦灾荒过后，往往要返回农村，重建家园。

为了招揽乘客，人力车夫没有固定的工作地点，他们分散在城市的各个角落。一方面，人力车夫不像产业工人集中于某一固

---

① 刘明逵，唐玉良主编：《中国近代工人阶级和工人运动》（第二册），中共中央党校出版社 2002 年版，第 318 页。

② [美]裴宜理：《上海罢工——中国工人政治研究》，刘平译，江苏人民出版社 2001 年版，第 312 页。

③ 《南市人力车 搁置日增》，《申报》1937 年 5 月 24 日。

定的地点工作，他们为了招揽更多的乘客，不得不奔跑于城市的每一个角落；另一方面，人力车夫大多数没有属于自己的车子，只得向车行租车，他们分属于各个车行，车行对他们的管理又极其有限，而人力车夫本身在建立工会之前，也没有紧密的组织，大多独来独往，奔跑于街头。

（四）生存地位上的底层性

作为城市社会的弱势群体和阶层，人力车夫的足迹遍及整个大上海，他们为实现交通近代化做出了贡献，自己却在都市中被异化，在生存空间中被边缘化。

大部分人力车夫居住在环境恶劣的棚户区。旧上海棚户区居民的主体，是当时社会上最贫穷的阶层，包括一大批从事沉重体力劳动的码头工人，以及人力车、三轮车和榻车工人等，恶劣的居住环境集中反映了他们悲惨的处境。"极端的贫困，无穷的痛苦和灾难，大量的芦席草棚和破旧小船伴随着垃圾、污水和蚊蝇、蛆虫，许多居民饥寒交迫、贫病死亡；这种种，便是旧上海聚居着百万人口的棚户区的基本面貌。"[1] 还有的因房租昂贵，无力赁租，"大都如猪一样七八人或五六人挤卧于一丈纵横、三四尺高，放车者用以搁置车辆之屋内搁楼上。其窝内虽有无数之大肚臭虫，乘彼等酣睡时原出吮吸啃咬，但彼等因拉车之过度疲劳，已不复能感觉痛痒矣"[2]。

人力车夫生活贫困，社会地位低下。在城市中，人力车夫的收入状况在贫民阶层当中有很大的代表性，他们不分白天黑夜，不论刮风下雨，成年累月奔忙在街道上，所得收入仅得一饱。对于他们来说，最难忍受的尚不是工作的劳累，而是工作机会的短缺与飘忽不定。他们生活资料的来源，几乎完全依赖于每天的劳

---

① 上海社会科学院经济研究所城市经济组：《上海棚户区的变迁》，上海人民出版社1962年版，第9页。

② 蔡斌咸：《从农村破产所挤出来的人力车夫问题》，《东方杂志》1935年第32卷第16号。

动所得，失业一天便会导致生活难以维持，几天无收入则会威胁到他们的生存。人力车夫储蓄力极薄弱，大多数车夫入不敷出，毫无储蓄。由于车租高，收入太低，车夫真正付不出车租时，便有放印子钱的拿钱借给他们。"只消几次借过这种印子钱之后，这车夫便永远没有还清这笔债务的日子了"；"黄包车夫一有债务，便时常会没有饭吃，结果是做了瘪三，饿死在弄堂里边，所以上海各处弄堂里边的路倒尸每年常有一二万具之多"。①

人力车为人力所拉，终究抵不过机械化的交通工具。在交通近代化还没有充分发展的情况下，人力车还保留着自己的生存空间；随着交通近代化的进一步发展，机械取代人力成为不可逆转的趋势，拉人力车这种职业，被边缘化是历史进步的必然。

第三节　近代上海人力车夫群体心理

社会心态是社会群体具有一定广泛性、共同性的心态。人力车夫是上海城市的一面镜子，折射出那个时代的特色，研究人力车夫群体心态，可以清晰地把握其心理发展的过程，有助于深化对人力车夫群体的立体认识。

一、维持生存始终是首要的心态

近代人力车夫问题主要由劳动力需求与供给不平衡导致，人力车夫多处于半失业状态，所以维持最基本的生存一直是人力车夫首要的心态。

人力车夫不分白天黑夜，不论刮风下雨，成年累月奔忙在街道上，很难维持生存，能够拉人力车，他们倒认为是一件幸运的事。"更有令人酸鼻的，就是无论酷暑严寒，他们都不得不去拉

---

① ［美］霍塞：《出卖上海滩》，越裔译，上海书店出版社2000年版，第102页。

车，好像有一条无形的鞭子时时刻刻在他们身上抽着。总而言之，他们终日辛劳所换到的生活，只是饥寒交迫，对于所有人类最基本的生活条件，全是言语所不能形容的恶劣！而且，这种恶劣生活，还是汗和血为交换的条件；否则，就连这种恶劣的生活，也尝不到了。"① 衣、食、住的消费是最起码的，可他们只能维持生存，仅仅免于死亡。"上海车夫，多为江北一带之穷苦小民。如家中人口不多，妻子能出外佣工或作女工，尚可敷衍度日。但有不少家庭上有父母，下有子女，专指车夫所得，维持家计，其生活即大困苦。日班若赚钱不多，便须再拉夜班。"②

人力车夫生活上的拮据和贫困，导致他们抵御风险的能力很差。"人力车夫生活之痛苦，尽人皆知，惟其最痛苦者，厥惟一旦患病，不能拉车，阖家生活即无所依靠，年老衰弱者，既不宜拉车，又无力返乡改业，一家生计，辄濒于绝境，如遇家人死亡，更乏资安葬，遭逢火灾，全家荡然，此种情形，实难言宣。"③ 人力车夫收入微薄，而且很难确定，如果遇到夏日阴雨连绵、冬日狂风大雪时，行人很少，收入也就更少了。那时候，他们自己都没法养活自己，只能去寻求救济，或者被迫借债，或者典当以解决生活，虽然知道借债的利息都很高，但不得不饮鸩止渴。因此，很多车夫都深陷债务之中，他们不得不拼命拉车，以维持最低生活。

二、自卑的心理和悲观的情绪

人力车夫由于其特殊的地位与身份，在权力、教育、社会关系等社会资源占有方面处于劣势。在拉车的过程中，人力车夫不仅备受车主的剥削和压迫，有时还要受到乘客的欺侮、捕房的虐

---

① 蔡斌咸：《从农村破产所挤出来的人力车夫问题》，《东方杂志》1935 年第 32 卷第 16 号。

② 刘明逵编：《中国工人阶级历史状况(1840—1949)》(第一卷第一册)，中央党校出版社 1985 年版，第 670—671 页。

③ 《车夫互助会 互济工作概况》，《申报》1936 年 11 月 26 日。

待，容易形成悲观的情绪和自卑的心理。

人力车夫群体大都是未受过教育、缺乏熟练技巧的贫穷之人，只能靠出卖劳动力和其他低等的谋生手段维持生存。他们之所以成为人力车夫，除了人力车业是当时较大的苦力行业，有一定的需求之外，最主要的还是因为城市本身的吸纳能力有限，对于这些没有技能、缺少文化的破产农民和灾民，城市无力提供更好的工作岗位，因而凭其劳力加入人力车业来填饱肚子就成为他们来到城市的当务之急。他们经常处于精神生活空虚的状态。"生活只要吃得饱，穿得暖就是了"；"挨骂受气的工作，使得他们有点麻木，只要有工作能生活就好了"。"苦"就是他们的生活中心。苦与命，好像是相连的，好像是前世注定的。这一种苦命的观念，在人力车夫的头脑里，非常强烈。因此，缺乏理性思维能力的人力车夫群体自然地把不幸的生活状况归结为"上天"的震怒，很容易产生悲观情绪。从人们对他们不平等的态度中，人力车夫明确意识到自己是城市里地位最低下、生活最穷苦、被压在底层的一群人，自然而然就会产生自卑的心理。（见图8）

图8 "拉车无力"

图片来源：《沪游杂记》，上海书店出版社 2009 年版。

人口的大量迁入带来了近代上海城市的繁荣，也给新移民带来了生存压力和心理上的孤独。人力车夫对社会所提供的生活场景与发展机会感到悲观失望，他们对自己的生活状况感到不满，尤其是与富人比较后出现心理的失衡，然而，通过个人努力改变命运的机会却是渺茫的。在长期的郁郁不得志中，他们产生无助、无奈、无力感，最后归因于自己的"命不好"，而"认命"反过来又使贫困内化为一种消极心态和暗示。于是，他们因对生活不满而愤怒彷徨，悲观消极，往往以赌博、饮酒来麻醉现实的痛苦，遂使生活更加沉闷。① 现实的无情，使得许多人力车夫难安于生活，在他们的心里，实在染上可悲的颜色，他们看不出光明的前途。

三、寻求改善生活水平的心理

人力车夫为了养家糊口，整日奔忙劳碌，为了自己和家庭的生存而努力拉车。"人力车夫乃最苦之血汗劳动者，终日奔走街头，而所获仅能得一饱，欲使妻子免于饥寒且不易得，其苦况盖可想见矣。"②

对处于社会底层的车夫来说，向上层社会流动的机会很小，但是他们往往会加入一些组织，希望改善生活水平，提高地位。流入城市的移民首先要在自己的阶层中寻求支持，结社组团就成了化解风险、维护自身利益、提高生存能力的选择；上海苏北籍人力车夫多依靠同乡的关照获得精神慰藉，并建立了名为"江北同乡维持会"的同乡团体，互相扶持。"他们一到上海时，直往相熟之车工友住处而去，如无住处，自当由相熟人招待一切，并不费多少钱。"③

---

① 朱邦兴、胡林阁、徐声合编：《上海产业与上海职工》，上海人民出版社 1984 年版，第 673 页。

② 刘明逵编：《中国工人阶级历史状况（1840—1949）》（第一卷第一册），中央党校出版社 1985 年版，第 670 页。

③ 上海市公用局关于人力车问题研究委员会文件，上海市档案馆藏：Q5—5—1618。

在上海这样的国际大都市，一个没有文化的人力车夫通常要学会认字，至少要认识一些路名和数字，包括阿拉伯数字和传统的中文数字（认地址时会反复使用），还要学些"洋泾浜英语"（与外国乘客做生意时使用）。所以，"马路上的黄包车夫，亦均能说得一口上好洋泾浜的英国话"①。

他们的智识是那么浅薄，只知道外国人个个是阔老，也辨不清哪个是犹太人，比自己同胞要吝啬得多；哪个是白俄（俗名罗宋人），他们是没有国籍的，比同胞还要穷。居然也一例的视同英美人一般，见了他们，就在路旁伏了下来，形状和雌鸡求偶的一般可哂。居然满口洋泾浜，什么"麦大姆""买司丹""力克吸"等等不伦不类的招待名词，听了益发使人好笑。②

人力车从传入到废除，经历将近一个世纪，它的兴起对上海交通方式的变革产生了深远的影响，应该说它在上海整个客运交通体系中占有重要的地位。人力车夫是随着人力车的引进而出现的一个庞大群体，他们是城市中弱势群体的重要组成部分，在城市发展过程中为城市的进步和繁荣做出了贡献。人力车夫的足迹遍及整个大上海，虽然人力车夫备受剥削和压迫，但在这一行业中，他们也找到了生存的机会。对于人力车夫而言，人力车是他们立足城市的一根"救命稻草"；应该说明的是，人力车并没有给车夫带来富裕，虽然他们终日奔波劳累，却始终在贫困线上挣扎。

---

① 徐大风：《上海的透视》，《上海生活》1939 年第 3 期。
② 碧翁：《上海的人力车夫》，《上海生活》1940 年第 12 期。

第二章
近代上海人力车夫群体的生存实态

人力车是伴随着 20 世纪中国城市交通发展而崛起的新兴交通工具。人力车虽然算不上交通工具现代化过程中的主角，但它却以自己独特的方式在近代上海历史中留下深深的烙印。人力车夫拉车飞奔，一直是近代上海标志性的图景，坐人力车也是旧上海市民日常生活的重要组成部分。在近代上海城市人口激增的背景下，人力车夫面临着车夫之间拉车竞争，人力车与自行车、脚踏街车之间竞争，以及人力车与电车、公共汽车之间竞争的巨大生存压力，人力车夫生存在城市的夹缝中。

第一节 流动的风景线

人力车夫穿行在上海的大街小巷，为了生计日夜奔波，他们拉车奔跑的场景，构成了上海街头一道流动的风景线。人力车夫大多出身农村或城市的贫困阶层，他们先天丧失了接受较好文化及技能教育的机会，成年后也大多只能从事苦力行业。这使他们无法通过正常的渠道获取较好的政治、经济及文化地位和环境，导致了他们在工作性质、生存状态、社会地位等方面的边缘性。

一、工作状态

不论寒暑风雨，人力车夫整日守在街头，有主顾的时候固然要跨开脚步奔跑，没有主顾的时候也得踱来踱去寻觅生意，"他们练成了一双跑不倦的腿，更练成了一个不须要很多营养便足维持生命的肚皮。他们一样是人，在社会里却处在驴马一般的地位，他们以劳力获取生存，还要受着车主的层层剥削，其处境是十二分可怜的"①。

（一）工作时间

人力车夫的工作时间，颇不一致，就租车时间而言，"大概华界在每日上午 4 时至下午 2 时为早班，下午 2 时至次日上午 4 时为晚班；租界则以每日上午 5 时至下午 3 时为早班，下午 3 时至次日上午 5 时为晚班"②。人力车夫的工作时间，各地不同，如表 6 所示。

表 6　各地人力车夫劳动时间表

	第一班		第二班		第三班	
	工作时间	小时数	工作时间	小时数	工作时间	小时数
上海	下午 3 时至上午 5 时	14 小时	上午 5 时至下午 3 时	10 小时		
北平	上午 4 时至下午 3 时	9 小时	下午 3 时至下午 12 时	9 小时		
南京	上午 7 时至下午 2 时	7 小时	下午 2 时至下午 9 时	7 小时		
武昌	上午 6 时至上午 12 时	6 小时	上 12 时至下午 6 时	6 小时	下午 6 时至下午 12 时	6 小时
汉口	上午 6 时至上午 12 时	6 小时	上午 12 时至下午 6 时	6 小时	下午 6 时至下午 12 时	6 小时
汉阳	上午 6 时至上午 12 时	6 小时	上午 12 时至下午 6 时	6 小时	下午 6 时至下午 12 时	6 小时

①　《都会的人马》，《良友》1941 年第 164 期。
②　上海市社会局编：《上海市人力车夫生活状况调查报告书》，上海图书馆藏，第 27—28 页。

（续表）

	第一班		第二班		第三班	
	工作时间	小时数	工作时间	小时数	工作时间	小时数
成都	上午 6 时至上午 12 时	6 小时	上午 12 时至下午 6 时	6 小时	下午 6 时至下午 12 时	6 小时
广州	上午 6 时至下午 2 时	8 小时	下午 2 时至下午 12 时	10 小时		
福州	上午 5 时至下午 1 时	8 小时	下午 2 时至下午 12 时	10 小时		
杭州	上午 3 时至下午 3 时	12 小时	下午 3 时至上午 3 时	12 小时		
天津	上午 5 时至下午 3 时	10 小时	下午 3 时至上午 2 时	11 小时		

资料来源：［日］房福安原《中国的人力车业》，莫若强译，《社会月刊》第 2 卷第 7 号。

从上表可知，人力车夫分散在全国各大、中城市，一般向车行租车，分二班或三班拉驶。除武昌、汉口、汉阳及成都实行三班制外，其余的则实行二班制。上海人力车夫第一班的工作时间需要 14 小时，是各地工作时间最长的，第二班的工作时间也居于各地的前列。这一方面表明上海人力车夫多，车辆相对少；另一方面也反映出人力车夫生活的艰辛。一个普通车夫只能拉早班或拉晚班，同日很难拉两班。"车夫虽体壮力强，决不能全日工作，每一辆车恒为二三人分租合拉，大致精力强健者，工作时间较久，如体力不支，则时间缩短。中亦有以本日所获车资已多，提早交班，回家休息者，反之，如至交班时收入甚少，则续拉次班，更有略纳若干租金，转租他人之车，仅拉数小时，或半班者，故其工作时间殊难正确统计。"①

————————

① 上海市社会局编：《上海市人力车夫生活状况调查报告书》，上海图书馆藏，第 28 页。

(二) 拉车次数与歇工日数

拉车需长途奔跑，劳动强度极大，故而很少有车夫能够连续工作太长时间。"血肉之躯究竟抵挡不住过分的疲劳，有时车夫跑得累了，也会靠着车子躺睡一会，然而为了生活的挣扎，瞌睡只给他一些扰人的噩梦。"[①]

据上海市社会局对 304 名人力车夫的调查统计，他们一个月中的拉车日数，约占总天数的 53%；休息日数，除因病因事外，约占 42%。平均每月拉车次数，仅 16 班强，余则概为歇工，换言之，歇工日数，将及 50%。（见表 7）

表 7　拉车日数与歇工日数之分析

	日数	百分比	备注
拉车次数	5 021	53.28	
休息日数	3 953	41.95	因租不得车而休息者亦包括在内
疾病日数	362	3.84	
因事日数	88	0.93	
合计	9 424	100.00	

资料来源：上海市社会局编《上海市人力车夫生活状况调查报告书》，上海图书馆藏，第 31 页。

上海人力车夫，可分为包月、散车两种。"包月车夫之收入，每月自十一元至十六元。如有妻子在沪，其妻多出外佣工，故生活尚不恶。若能积蓄金钱，别营他业，有因而发达者。散车车夫，又可分为两类：一为自己有车，每日拉车赚钱，除交纳车捐而外，纯系本人收入，即遇偶无精力，亦可暂不拉车；另一类车夫，自己无本购车，只可觅保向车行租车。拉日班者，无论风雨阴晴，须于天将亮时即到车行领车，赶至各轮船码头，兜揽主顾。拉晚班者，须多纳租金五分，每至夜间一时左右，生意颇为不恶。"[②]

---

①　《都会的人马》，《良友》1941 年第 164 期。

②　刘明逵编：《中国工人阶级历史状况（1840—1949）》（第一卷第一册），中央党校出版社 1985 年版，第 670 页。

（三）劳动伤害

人力车作为一种谋生工具，的确养活着一批人，同时也吞噬着一批人。"人力车夫之生活，因经济与教育关系，固无从卫生，其工作方面，尤多戕害身体。"如长期奔走，血液向下，使腿部发生静脉肿病；又"时常伛偻驰驱，有碍胸部，为患最烈者，为终日急迫呼吸，大量吸入通衢之尘埃，造成肺结核病，而促其天年"①。因此，人力车夫很容易患各种职业病，如肺病、胃病、风湿关节炎，所以"壮年死亡劳动者众"。"人力车夫终日曲背狂奔，肺部过于损伤，平均一人损失寿命十五年。"②

人力车夫不寿的事实，笔者已数见不鲜了，曩昔身居南市时，在里弄口的过街楼下，曾先后借宿过三个人力车夫，而这三人都活不到长寿。第一个只三十几岁，拉了二年多车，就把生命拉掉了。第二个也只活到四十开外。最后来住的却是一个年青力壮的汉子，年纪还在三十左右，拉起车来，其快如飞，而且为人戆直，人都以阿戆呼之。当时我以为像这样一个强壮的汉子，总不会短命吧，在初见他时，直像一头蛮牛般有力，可是不出三年，工作逼得他变成一只偷懒的馋灶猫，拉车时慢得无可再慢，到了第四年上，终因得了剧烈的肠胃病而丧身。像他这样一个结实的汉子也只活了三十多岁，真令人触目惊心。③

《中华医学杂志》曾刊载一篇《人力车夫心脏及脉搏之变态》，对 36 名人力车夫进行检查，检查项目包括心脏所见摘要、脉搏性质、每分钟脉数等。人力车夫挽车奔走，身体持续长期劳动，此时全身热力消耗极大。"人力车夫因久操此种非人道之生活，其身体生理上已受摧残而起变态，即所谓心脏之扩张及脉搏之减数是

---

① 王刚：《救济上海市人力车夫计划草案》，《社会半月刊》第 1 卷第 15 期。
② 《警告人力车公司之投函》，《时事新报》1919 年 3 月 9 日。
③ 《短命的人力车夫》，《申报》1941 年 3 月 25 日。

也。直接既足酿成血行器（心脏及血管）上诸疾患（例如心瓣膜病、心囊炎、静脉瘤、动脉硬变），间接亦可为他病之素因（例如脑出血、下腔充血、内脏出血、脑贫血）。"[①]

二、经济状况

人力车夫的生活水平普遍很低。上海人力车夫因车少人多，拉车机会较逊他处，"假定每月有三十日，则以每二十四小时赚洋一元一角计算，总收入之可能数为三十三元；但一月内非每日均可租得人力车，除因当道每两个月检验车辆一次，或须损失若干时间外，修理亦需时间"[②]。各地人力车夫每人每日收入，如表 8 所示。

表 8　各地人力车夫每人每日收入约数表

	车夫每日收入
上海	除车租外，每班得钱 300 文至 1 000 文不等，最多时能得 1 元至 3 元。
北京	据李景汉调查 1 000 车夫之结果，至少为铜元 40 枚，至多为 280 枚，平均为 132 枚。其中应除去车租，全日者平均 31 枚，半日者平均 22 枚。
南京	最多约 1 500 文，除去车捐及代行 100 文，并车租 280 文至 300 文外，每班所余在 1 000 文左右。
安庆	除缴车租，余钱 1 300—1 400 文。
芜湖	每日自 700 文至 850 文，除付车租 330 文外，净余 400—500 文。
南昌	平时每日净得 2 000 余文，若遇阴雨，可得 2 700 文至 3 300 文。
武汉	每车平均 5 串文，除缴车租，余 3—4 串文，每班得 1 串内外。
长沙	每班约得铜元 300 枚，除车租 100 枚外，余 200 枚。
广州	每班净得大洋 1 元左右。

① 《人力车夫心脏及脉搏之变态》,《中华医学杂志》第 14 卷第 4 期。
② 上海市公用局关于人力车问题研究委员会文件,上海市档案馆藏：Q5—5—1618。

（续表）

	车夫每日收入
福州	每日收入在 1 元左右。
太原	每日收入自大洋 6 角至 1 元，平均可得 8 角。除车租 2 角余外，净余洋 5—6 角。
大连	每日均得小洋 1 元至 1 元 5 角。

资料来源：王清彬等编《第一次中国劳动年鉴》（第 1 编），北平社会调查部 1928 年，第 616 页。

　　1930 年，上海复旦大学社会学系专门对人力车夫的收入情况进行了调查。"人力车夫每日工作 9.2 小时，每小时赚 0.082 元，每日收入是 0.754 元。因拉车是极费力气的工作，一个人一月只能拉车 20 日，可赚 15.08 元。假如三分之二的车夫是拉晚班的，三分之一是拉早班的，他们在入款 15.08 元中，应减去车租 4.236 元，尚余 10.84 元。这笔入款可作为华界人力车夫的每月收入，因在总数 3 898 人中，华界车夫占了 2 296 人。我们如认为租界的车夫可以多拉 30% 的生意的话，则每人的收入可以增至 20.66 元。如果三分之二是拉晚班的，三分之一是拉早班的，他们应该从收入 20.66 元中减去车租 8.8 元，尚余 11.86 元。"[1] 从 1934 年 8 月 16 日起，公共租界车租减为每日大洋 8 角 5 分，虽说车租已减，然其租额比其他任何地方均来得高，像汉口每日 2 角 7 分，青岛 3 角 8 分，天津为 3 角 8 分至 4 角 4 分，香港每日 5 角，广州每日 9 角，除广州可以比拟外，其他各地均比上海低许多。[2] 这虽说是因各地的生活程度不同，但也可见上海人力车夫的艰苦了。

　　人力车夫拉车的收入还与季节气候有密切的关系。据上海市社会局调查，全年以夏季营业为最旺，冬季最淡，主要原因有三：

————————

　　① 陈达：《我国抗日战争时期市镇工人生活》，中国劳动出版社 1993 年版，第 371—372 页。

　　② 刘明逵、唐玉良主编：《中国近代工人阶级和工人运动》（第七册），中共中央党校出版社 2002 年版，第 601 页。

"（一）车夫供求之关系。人力车夫，多系江北农民，秋收之后，络绎来沪，以拉车谋生，因之拉车人数激增，供过于求，此秋后营业之所以渐见衰落也。（二）气候之关系。冬季时令，风势较巨，车身受阻，拉车效率减少；而值夏季，暑气逼人，途中行人，每以电车或公共汽车拥挤，多改乘人力车代步。更当夜阑人静之际，公共车辆早经停驶，不得不雇人力车返家，此夏季营业之所以特殊旺盛也。（三）乘客之经济关系。人力车之乘客，类多中下阶级，遇手中拮据或近年关时，不得不事撙节。兼以气候寒冷，如无要故，多不出户，此冬季营业之所以不景气也。"①

据调查发现，人力车夫的家庭人口，最多8人，最少2人，大多数在3人至6人之间，约占85%，平均每户为4.23人，即每个车夫要养活4.23个人。"每一车夫每月净收平均为9.45元，而自身生活费为10.05元"，入不敷出者竟占89.14%，负债额普遍在10元至30元之间。② 另外调查的55名车夫中，只有一人拉车所入净数，足敷家用，"若将其他家人之收入与车夫拉车所入净数相并计算，查得仅有十三家其家庭收入总数，足敷家用，其余各车夫之生活，则查得为常此负债，并受亏负之各种影响"③。人力车夫大多每天吃两餐饭，"上午十时半一餐，下午四时半一餐，有四五口家眷的车夫，每天小菜规定一角至二角为限，故除吃一些廉价的青菜、豆腐、咸鱼以外，对于鲜虾、鱼肉，一年中除旧历过年过节之外，平日绝对没有吃到的"④。

人力车夫的衣服非常简陋，冬则衣破棉败絮，不能蔽体，夏

---

① 上海市社会局编：《上海市人力车夫生活状况调查报告书》，上海图书馆藏，第81页。

② 蔡斌咸：《从农村破产所挤出来的人力车夫问题》，《东方杂志》1935年第32卷第16号。

③ 上海市公用局关于人力车问题研究委员会文件，上海市档案馆藏：Q5—5—1618。

④ 朱邦兴、胡林阁、徐声合编：《上海产业与上海职工》，上海人民出版社1984年版，第675—676页。

则赤身跣足。相对于吃，车夫对穿的要求就更不讲究了。上海市社会局调查发现："全年不支衣服费者甚多，所以破旧的程度，几乎夏日不足以蔽体，冬季不足以御寒。"① 通常拉车时，车夫都穿着他们的工作服——号衣，他们就只有这么一件号衣，回家后要赶快脱下浆洗，如果不及时浆洗，下次拉车时就没有替换的干净号衣。（见图 9）

图 9　衣服破败的人力车夫

图片来源：《良友》1941 年第 164 期。

人力车夫居住的环境也十分恶劣，一般单身的人力车夫，因房租昂贵，无力租赁宽大房屋，经常五六人或七八人挤卧在车主家中一丈纵横的搁楼上。车夫在污秽的地板上，一排一排地铺上肮脏的被褥，屋内空气污浊，白虱与臭虫成群。② 有些车夫头目，在较荒僻的地方，租赁破烂的二三层高的旧式大洋房，作为车夫住宿处，名叫"车夫馆"。"馆内两旁高叠床架，中央一条窄窄的

① 蔡斌咸：《从农村破产所挤出来的人力车夫问题》，《东方杂志》1935 年第 32 卷第 16 号。

② 陈达：《我国抗日战争时期市镇工人生活》，中国劳动出版社 1993 年版，第 369 页。

通路，这通路算是车夫的饭厅，也算是坐立谈天的地方了，里面光线的昏暗、空气的污浊，有像货仓一般。然而这是车夫唯一的安息所，也是人生一个活地狱。这种无家可归的单身汉，床位租钱是在车租里扣出的，每天都不能拖欠。"① 携带家眷的人力车夫，则因男女同居一室生活不便，只能在荒地上或污水河岸边，用竹木破席搭成鸽窝式的矮窄房屋，有时一层平房隔为两层，两层楼房隔为四屋。有时候，随处都可以成为人力车夫的居住地。

人力车夫日常生活之情形已如上述，其衣食住之不讲求卫生尤可见，故车夫聚居之处往往易于酿成瘟疫及一般流行性传染病。"他们都集在沪东、沪西、闸北一带，靠居荒地，住着草棚，垃圾满地，臭气冲天，蚊蝇麇集，疫疠流行，白天尘灰飞扬，夜晚黑暗无光，真是地狱生涯，不是人间社会。"② 由于经济上的贫穷，人力车夫居住在偏僻的地方，由于拉车的需要，人力车夫又活动在繁华的地带。（见表9）

表9　人力车夫居住地点

活动地带	居住区域
提篮桥至杨树浦一带	杨树浦之冷僻地方及引翔港附近之茅屋
虹口至新四川路尽头	闸北一带之土屋
法租界至董家渡	董家渡之乡间或浦东
南京路至静安寺路	梵王渡附近之乡间
南车站至南市一带	龙华高昌庙一带之土屋

资料来源：刘明逵编《中国工人阶级历史状况（1840—1949）》（第一卷第一册），中央党校出版社 1985 年版，第 671 页。

从以上分析可以看出，人力车夫的生活支出主要集中在吃、穿、住等方面。"如有家中人少，是够开支了，倘人数多者，或由

---

① 《人力车夫》,《玄妙观》1939 年第 7 卷。
② 《人力车夫的生活》,《民生》1934 年第 12 期。

眷属另谋生活扶助，否则向友人或向放车人借贷，或当衣弥补之。"① 虽然他们也能设法借到一点银钱，可是高利贷的结果，不但对于他们无益，而且使他们更陷于不能自拔的地步。在狂风暴雨、浓霜烈日中挣扎着的人力车夫，"每天十二小时劳动所得的报酬，在车主剥削和家庭担负两重压迫之下，能够维持他们生计的，已经是很少的了！加以病魔的光顾和死神的降临，不断的进迫他们，那末穷苦的他们，既无生活的保障，又少经济的辅助，所受痛苦，真是不堪设想！"②

三、受教育程度

人力车夫大多是没有文化的，十分之八的车夫是文盲，十分之二略识几个字③，"他们的智识既是那么浅陋，他们的头脑又是那么简单"④。由于他们文化程度低，没有什么技术，进城以后，不得不选择做作为苦力的人力车夫。表 10 是车夫识字程度的比较。

表 10　车夫识字程度比较表

识字程度	车夫数	百分比
甚好	26	8.55
识	120	39.47
不识	158	51.98
合计	304	100.00

资料来源：上海市社会局编《上海市人力车夫生活状况调查报告书》，上海图书馆藏，第 18—19 页。

据上海市社会局的一份调查发现，只有极少数车夫能识得街

① 上海市公用局关于人力车问题研究委员会文件，上海市档案馆藏：Q5—5—1618。

② 《人力车夫》，《约翰声》1935 年第 45 册。

③ 朱邦兴、胡林阁、徐声合编：《上海产业与上海职工》，上海人民出版社 1984 年版，第 675 页。

④ 碧翁：《上海的人力车夫》，《上海生活》1940 年第 12 期。

道上的所有标志。由于缺乏知识，他们对于先进的东西也会加以排斥。如法租界举行人力车夫登记遭到车夫的坚决反对，主要原因是，他们认为拍照会折短寿命，印指纹是盗匪的待遇。① 故自法租界宣布登记办法以来，大部分车夫相率弃业返乡，预备务农。

人力车夫子女的受教育程度也十分低下。由于得不到知识和培训，人力车夫很难流入上层社会，其子女多承其业，很难进入新的社会流动，增加见识。因此，无怪乎车夫常识的缺乏和生活的不进展。绝大多数车夫精神生活空虚，赌博是他们最大的爱好，除偶尔听书或看江北戏外，再也没有其他正当的娱乐活动。

第二节　城市夹缝中的生存状态

人力车是旧上海流行的交通工具之一，坐人力车曾是上海市民日常生活的重要组成部分。作为城市社会中的一个弱势群体和阶层，人力车夫跑遍整个大上海，为市民出行提供了很大的便利。研究人力车夫的生存状态，有助于构建对人力车夫的立体认识。

一、近代上海城市人口的增加

近代上海作为新兴的经济中心，产生了巨大的集聚效应，资本、技术、劳动力等一时都向上海集中，这也成为上海迅速崛起的重要因素之一。20 世纪 30 年代，上海已经是全国进出口贸易之总汇地，也是一个巨大的制造业中心，对劳动力的需求大大增加，"上海对劳动力的需求是没有止境的，它没有多余劳动力输出"②。总之，当时上海贸易和航运业的发展，金融、商业的快

---

① 上海市公用局关于人力车夫反对法租界举办车夫登记纠纷，上海市档案馆藏：Q5—2—1068。

② 徐雪筠等译编：《上海近代社会经济发展概况（1882—1931）——〈海关十年报告〉译编》，上海社会科学院出版社 1985 年版，第 228 页。

速成长，尤其是近代工业的进步使城市的人口容量急剧扩大，对外来移民的吸引力也变得更大。对于被隔离在城市之外又与城市近在咫尺的四周乡民来说，到城里去是他们一生的理想与追求。

（一）为了更好地生存：移民的上海梦

上海不仅是近代中国对外贸易和对内贸易的中心，也是近代中国的金融中心和最大的轻纺工业基地和交通运输枢纽。这些经济功能的发展和相互作用，使上海赢得了"大上海"这一显赫称号，并成为对全国城乡吸纳和辐射能力最强的多功能经济中心城市。日新月异、迅速发展的大都市，是人们向往的"外面的世界"。（见图10）

图10　"到上海去的"

图片来源：《丰子恺全集》，海豚出版社2016年版。

（上海）在19世纪50年代开始有严格的市政管理，60年代开始有煤气路灯，70年代开始有电话，通火车，80年代开始有电灯、自来水。至于洒水车、垃圾车、救火水龙、大自鸣钟、书信馆、地下排水系统、气象预报、卫生条例、违警条例，无不很早就有。到20世纪，汽车、公共汽车、有轨电车、无轨电车、有线电台、无线电台，也使用得早而多。在整个中国，上海是市政近代化程度最高的城市，各种先进的市政设施，如煤气灯、电灯、自来水的使用，不但远比内地城市早，比其他通商口岸也早得多。①

---

① 熊月之主编：《上海通史》（第1卷），上海人民出版社1999年版，第17页。

在上海,"任何马路上都是熙熙攘攘的行人,红灯绿酒、洋房大厦,再加上近代交通的器具,交织成都市繁华的画面"①。单凭对都市文明的向往和摆脱农村单调乏味生活的愿望,就足以使人渴望进入上海,所以对于上海周边的广大农民来说,上海是财富的聚集地,甚至遍地是黄金。这句话或许有夸张之处,但也大体上反映了当时的事实。"城市贫民们几乎毫无例外的农村背景反映出二十世纪中国社会的深层现象:对于千千万万的农民来说,城市生活哪怕千辛万苦,也已经是一种提高。"②

表 11　1929—1936 年上海人口迁移表

年份	迁入	迁出	净迁入
1929	190 105	66 299	123 806
1930	254 530	148 769	105 761
1931	306 712	208 706	98 006
1932	473 228	199 042	274 186
1933	458 265	302 099	155 966
1934	416 077	316 605	99 472
1935	519 997	498 981	21 016
1936	414 921	326 754	88 167

资料来源:胡焕庸主编《中国人口》(上海分册),中国财政经济出版社 1987 年版,第 49 页。

从表 11 可以看出,1929—1936 年的 8 年间,上海年平均净迁入人口为 12 万余人,足见外地人口迁入上海的势头是很迅猛的。由于交通便捷、路途相近,上海周边地区的贫困农民和寻求生活希望的各阶层人士纷至沓来。尤其是苏北城乡频频传出的关于在上海谋职和在上海生活乃至发迹的故事,无疑为那些身在上海之

---

① 徐大风:《上海的透视》,《上海生活》1939 年第 3 期。
② [美]卢汉超:《霓虹灯外——20 世纪初日常生活中的上海》,段炼、吴敏、子羽译,上海古籍出版社 2004 年版,第 52 页。

外又处于破产无依境地的人们提供了无限的想象空间。[1] 对上海的人力车夫而言，城里有"较好的生活"是显而易见的。

（二）人口数量激增的状况

上海作为近代中国第一大城市，作为远东也是全世界屈指可数的大城市，并不是在传统城市基础上自然长成的，而主要是在近代崛起的。[2] 开埠以来，上海作为近代中国的经济、贸易、文化中心，成了"冒险家的乐园"，外商纷纷来上海进行投机活动，内地富商大贾士绅也来到上海寻找商机。在经历多次社会动荡以后，上海移民急剧增长，人口数量和结构也随之发生了重大的改变。（见表12）

表 12 上海历年人口统计表（1910—1948 年）

年份	华界人数	公共租界人数	法租界人数	总人数
1910	671 866	501 541	115 946	1 289 353
1914	1 173 653			
1915	1 173 653	683 920	149 000	2 006 573
1920		783 146	170 229	
1925		840 226	297 072	
1927	1 503 922	840 226	297 072	2 641 220
1928	1 516 090		358 453	
1929	1 620 187			
1930	1 702 130	1 007 868	434 807	3 144 805
1931	1 836 189	1 025 231	456 012	3 317 432
1932	1 580 436	1 074 794	478 552	3 133 782
1933	1 795 953	1 111 946	496 536	3 404 435
1934	1 925 778	1 148 821	498 193	3 572 792

---

[1] 陈櫓：《民国时期上海苏北人问题研究》，中国文史出版社 2005 年版，第 95 页。

[2] 张仲礼主编：《近代上海城市研究（1840—1949 年）》，上海人民出版社 2014 年版，第 13 页。

年份	华界人数	公共租界人数	法租界人数	总人数
1935	2 044 014	1 159 775	498 193	3 701 982
1936	2 155 717	1 180 969	477 629	3 814 315
1937	2 155 717	1 218 630	477 629	3 851 976
1940	1 479 726			
1942	1 049 403	1 585 673	854 380	3 919 779
1945				3 370 230
1946				3 830 039
1947				4 494 390
1948				5 406 644

资料来源：邹依仁《旧上海人口变迁的研究》，上海人民出版社 1980 年版，第 90—91 页。

随着移民的不断涌入，近代上海人口的区域分布呈现出一个高度集中于租界中心区域，同时向周边地区扩散的趋势。1853年，英租界内的华人数仅为 500；1865 年前后，公共租界人口占上海人口总数的比重提高到 13.4%，法租界则提高到 8.1%；至 1942 年，两租界人口比重已经超过上海人口总数的一半，达到 62.2%。[1] 华界人口的变迁可划分为两个时期：1843 年到 1910 年为前期，1910 年到 1942 年为后期。前期的 67 年中，华界人口由于基数较大，增长得很少；后期的 32 年中，人口净增长了近 100 万人，平均每年净增长 30 000 人左右。[2] 1945 年抗战胜利后，大批劳动者离沪还乡，他们打算回乡重操旧业，过安定的生活。然而，这种愿望在当时是无法实现的空想，所以次年迁出的人绝大部分又回来了。[3]

---

[1] 《上海租界志》编纂委员会编：《上海租界志》，上海社会科学院出版社 2001 年版，第 120 页。

[2] 邹依仁：《旧上海人口变迁的研究》，上海人民出版社 1980 年版，第 8—9 页。

[3] 胡焕庸主编：《中国人口》（上海分册），中国财政经济出版社 1987 年版，第 48 页。

上海市区人口的增长状况在华界与租界是有很大差别的。根据 1865—1942 年上海分区人口变化统计，公共租界人口年平均增长率为 3.8%，法租界人口年平均增长率为 3.6%，而华界人口年平均增长率仅 0.9%，比租界人口增长率低得多，这是租界畸形发展的结果。[①] 租界、华界人口增长率极不平衡，造成这种现象的原因主要有以下三点：第一，帝国主义或反动统治者所挑起的战争都是在华界进行的，华界居民直接受着战争杀害，被迫外迁的人数也不少，这当然要大大影响华界人口的增长；第二，帝国主义在上海租界投资开设一些工厂，国内的封建地主、官僚、买办也有不少人在租界设立工厂，带动很多人前往租界；第三，租界当局通过越界筑路的办法，不断扩大租界的面积，因此租界的人口也日趋增多。[②]

人们从国内不断地涌入上海这座城市，流入人口的籍贯和职业是多样的，"五方杂处"形象地表现了这种情况。近代上海是移民城市，其 80% 以上的人口是自外地移来的，移民规模之大，速度之快，为世界各大城市所罕见。[③]

（三）人口增加带来的城市压力

人口的过度集中和大城市的畸形发展，带来了一系列严重的问题，造成大量社会危机，如失业率上升、交通拥挤、社会秩序混乱等。这些问题的出现，给城市社会生活和城市社会管理带来

---

①　胡焕庸主编：《中国人口》（上海分册），中国财政经济出版社 1987 年版，第 51 页。

②　邹依仁：《旧上海人口变迁研究》，上海人民出版社 1980 年版，第 9—10 页。

③　民国时期，上海人口持续快速增长，与三次较大的移民潮关系极大。第一次是 20 世纪 20 年代，因产业结构调整，轻纺工业崛起，工业人口大幅度上升。到 1934 年，市民职业人口除去务农、求学、家务及无业人数，约达 99.8 万人，其中工、交运、劳工人数约 60.7 万。第二次是全国性抗战时期，占地仅 36 平方公里的租界地区，因难民涌入，人口激增。1937 年租界人口占全市人口 44.1%，1940 年上升为 62.2%，人口总数近 250 万。第三次是战后上海人口的大落大起，从 1945 年 7 月的 452.3 万，降至 1946 年 12 月的约 402.8 万人，而到 1947 年底又猛增至 449.4 万人，到 1949 年 5 月底，人口达 545 万余。参见熊月之主编《上海通史》（第 9 卷），上海人民出版社 1999 年版，第 302—303 页。

了极大困难。

首先，人口的增加给城市带来了巨大的交通压力。

移民源源不断地涌入，给近代上海公共交通客运业的发展带来了机遇和动力，为租界地区的公共交通变迁打下了良好的基础。但城市客运交通的发展远远不及城市人口的增长，移民的集聚同时也给城市发展造成了严重的问题。公共租界内，因行人与车辆日益增加，原先的马路已不敷使用而出现困难。随着车辆的增多，马路上越来越多地出现交通堵塞与行车事故。"公共租界形状奇特，交通极不方便、中心地带异常狭窄，布满历史上遗留下来的小街陋巷。在这一瓶颈似的通道，每天要通过大量各式各样的车辆——汽车、卡车、电车、马车、自行车、人力车、独轮推车、手推车——以及成千上万的行人。街道拥塞的情况，只有伦敦或纽约的最热闹的街市才能与之相比。"[1] 1919 年，有人对每日进入公共租界中心商业区的单程车辆与行人（不包括界内）量进行了调查，如表 13 所示。

表 13　1919 年公共租界中心商业区的单程车辆与行人流量调查表

行人/人	145 500	马车/辆	3 200
人力车/辆	66 100	自行车/辆	2 600
独轮推车/辆	7 700	电车/辆	1 560
汽车/辆	5 100	卡车/辆	870
手推车/辆	3 500	牲畜/头	360

资料来源：徐雪筠等译编《上海近代社会经济发展概况（1882—1931）——〈海关十年报告〉译编》，上海社会科学院出版社 1985 年版，第 218 页。

可以看出，除行人、人力车进入中心商业区外，还有其他一些交通工具也拥挤到市中心商业区。结果是车辆拥挤，道路阻塞，警察无法维持市内的交通秩序，各种交通事故也频繁地发生。如：

---

[1]　徐雪筠等译编：《上海近代社会经济发展概况（1882—1931）——〈海关十年报告〉译编》，上海社会科学院出版社 1985 年版，第 217 页。

"光华学校湖色汽车,由汽车夫驾乘至三马路慕尔堂女校,迎接学生,车至西藏路口转弯处,讵该车夫因开足速率,一时停机不及,致将小车一辆撞倒,车轮在小车夫身上碾过,并撞断黄包车之车杠,该黄包车本乘有妇人一名,该妇因见汽车撞上,即行跃下,仅跌倒地上,未被撞伤,惟小车夫被撞后,口吐鲜血,碾伤内部,伤势甚重,恐有性命之忧。"[①]

其次,人口的增加给城市带来了环境卫生压力。

随着上海工商业的发展和工人阶级队伍的壮大,上海的棚户区也不断增加起来,特别是在 1920 年前后,增加尤为迅速。[②] 棚户居民一般得不到自来水,虽然自来水龙头每日开放一小时,但住户太拥挤,许多人往往轮不着取水的机会;棚户区虽有水井,但因水量太小,水体污浊,并不能饮用;雨后道路泥泞,行路艰难;棚内泥地潮湿,雨水后更甚;草棚门窗简陋,搭建粗糙,冬天冷风从空隙中侵入,夏天烈日从破损处透入,令人难以忍受。[③]

棚户区的分布与生产有着密切的关系,不同棚户区的居民职业构成,充分反映了这一特点。如在沪东、沪西工厂比较集中的地带,棚户居民中产业工人占的比重较大;而在闸北靠近火车站周围的棚户居民中,交通运输工人较多;沪南棚户居民中有不少是小手工业者;码头搬运工人则大多集中在杨树浦、浦东和南市沿黄浦江一带的棚户区中;至于人力车、三轮车工人之所以成为每个棚户区必有的居民,也是由他们的职业特点所决定的。[④]

人力车夫由于经济上的贫困,常常聚居于棚户区。农村的困境使农民源源不断地离开家园,到都市做苦力求生,而劳动力市

---

① 《汽车撞小车黄包车》,《申报》1929 年 5 月 26 日。

② 上海社会科学院经济研究所城市经济组:《上海棚户区的变迁》,上海人民出版社 1962 年版,第 4 页。

③ 陈达:《我国抗日战争时期市镇工人生活》,中国劳动出版社 1993 年版,第369—370 页。

④ 上海社会科学院经济研究所城市经济组:《上海棚户区的变迁》,上海人民出版社 1962 年版,第 8 页。

场供求悬殊和只适于简单出卖劳动力的谋生手段，使都市苦力的收入通常只能维持个人的最低生存线。[①]"约有一万以上有家属的车夫，他们在沪西公共租界边境及法租界打浦桥、菜市路、卢家湾一带，租屋居住。一幢破旧的楼房或石库门，总要住上二三十家的住户（一个二层搁楼，要住上四五家车夫），好在他们只有几个包裹和几张破旧家具。"[②]

二、有限的吸纳空间：车夫的生存压力

近代中国社会大量的剩余劳动力与城市工商业极为有限的吸纳空间之间的尖锐矛盾，导致了城市社会中巨大的生存压力。在上海城市人口激增的背景下，人力车夫面临着车夫之间拉车竞争，人力车与自行车、脚踏街车之间竞争，以及人力车与电车、公共汽车之间竞争的巨大生存压力。

（一）人力车夫之间的竞争

近代以来，由于农村经济凋敝，大批农民为了谋生，不得不背井离乡，到城市寻找生活出路，使得城市人口急剧膨胀。巨量增加的城市常住人口和源源涌入的流动人口，都要在上海找工作生存，这远远超出了上海工商各业所能容纳的范围，也就造成了城市就业压力越来越大，生存竞争越来越激烈。劳动力的大量过剩与有限的工作机会之间的矛盾，造成城市下层群体巨大的生存压力，他们必须经过竞争，才能够得到工作。

拉人力车需要的技术水平不高，相对门槛较低，往往成为外来劳动力及本地非技术劳动力的首选职业，有些人以此为过渡性工作，多数人则无力找到更好的工作机会。"人力车夫之过去职业，大都务农，最初或因年荒歉收而离乡谋生，或乘农余至城市

---

① 熊月之主编：《上海通史》（第9卷），上海人民出版社1999年版，第83页。

② 朱邦兴、胡林阁、徐声合编：《上海产业与上海职工》，上海人民出版社1984年版，第677页。

活动。年来以天灾人祸，交相煎迫，农村经济宣告破产，不得不放弃固有职业，相率迁往都市，惟以其向未受过教育，遂沦为拉车苦力。"① 拉车几乎是城市贫民阶层的唯一出路，他们没饭吃、没事做时，只好学学拉车，把力气换饭吃，这种本事是极易学会的。车少人多的状况，造成人力车夫的生存压力越来越大，争夺工作机会也变得越来越残酷。

失业的农民离开农村，带着笑容奔向都市里找拉车的生活，以为从此可以脱离苦海而踏进乐土了。然而大失所望，车辆的限制首先予源源而来的人力车夫以当头一棒。我们知道，一辆车的拉者往往在二个以上，如杭州市在二十一年有车三千四百余辆，而车夫为八千八百余人。再如上海市有车二万余辆，车夫数竟达八万以上，每车拉者几有四人之多，这无异四个车夫的生活基础建于一辆车之上。②

由于人力车夫人数过多，他们之间的竞争十分激烈，到20世纪30年代，竞争尤甚。只有少数车夫能够拥有一辆车，大多数车夫向车行租车，而且总是车夫远多于车。在车夫之间，"租车之竞争为如此剧烈"，"在调查之一个月内，经调查之各车夫，平均仅有15.4日能租得一车"。③

在冒险家的乐园里，我看到这样一幅画，不须说明就可以看出这是怎样一种情形，初到上海的人逢到这种尴尬场面，真不知如何去对付才好。比方说刚下火车轮船，他们马上围上来，不容你分明，这个抢包袱，那个抢箱子，东西多的一时准叫你找不着，

① 上海市社会局编：《上海市人力车夫生活状况调查报告书》，上海图书馆藏，第18页。

② 蔡斌咸：《从农村破产所挤出来的人力车夫问题》，《东方杂志》1935年第32卷第16号。

③ 上海市公用局关于人力车问题研究委员会文件，上海市档案馆藏：Q5—5—1618。

不过你别错当他们是瘪三，他们原是想你去照顾他们，并没有抢东西的意思，如果你自己忘了一件，这是你的错，可不是他们的错，上海本来就是个杂乱紧张的都市，谁不叫你带副清晰而又繁复的头脑和惯做紧张的本领来呢?①

图 11　人力车夫之间的竞争

图片来源:《人间味》第 1 卷第 1 期。

在热闹的地方，主顾虽然很多，可是竞争的伙伴也不少（见图 11），人力车夫往往在这种"抢生意"情形之下，以最辛劳的汗血换来最低微的收入。为了争拉乘客，人力车夫之间互相扭打的情况经常发生。如人力车夫通州人王雨真，"在武昌路与同伴江北人赵雨泰为争拉乘客纠葛，互相扭殴，结果，赵脑部受创甚重，倒地呼救，经巡街捕到来，将王逮捕带入虹口捕房收押，伤者车送医院医治，伤势颇剧"②。甚至有人力车夫为争夺生意发生冲突而导致一方的死亡。如："黄包车夫王嘉友，前日，旧历本月十四日，与同类王成喜子在车主曹姓处，因争夺生意，大起冲突。王嘉友年仅二十岁，气力弱小，为王成喜子殴伤，结果车亦被其夺去。王嘉友受伤至家（在闸北姚家石桥），卧于床上，托其表兄周阿六为其报复，如是疼痛三日，于十八日竟气绝身死。"③

自用人力车数目的增加，也给公用人力车夫带来很大的压力。据调查发现，自限制公用人力车以来，自用人力车数目不断增加，

---

① 《人力车夫也有风尚》,《人间味》第 1 卷第 1 期。
② 《黄包车夫被殴案候判》,《申报》1934 年 7 月 10 日。
③ 《黄包车夫伤重身死》,《申报》1929 年 1 月 30 日。

至 1933 年 11 月止，"所经给照之此等人力车约有一万三千辆，此等车辆之一部分系属于华人所设人力车行，将其出租车夫，用以兜揽乘客"，"因此法可免受工部局所订关于公用人力车数目之限制"。① 所谓自用人力车，即供使用人于一定时间内，"雇以往来办公处，而给以一定路程之车资者，为数甚多，结果为此种自用人力车，得在若干时间之内，例如自上午九时三十分至上午十一时三十分，自下午二时三十分至四时三十分，以及在下午六时以后，在街道上往来兜揽乘客"②。

人力车夫因"野鸡"包车与之竞争，谋生更加困难。通行马路上的人力车：一种是人力车公司出租于苦力的，俗呼"黄包车"；一种是人家自己置备，雇用车夫拉的，叫"包车"；另外还有一种车子，是拉车人自己置备来兜揽客人的，叫作"野鸡"包车，"因为既不是包车与黄包车，只好加上'野鸡'两字了"③。"野鸡"包车之兜揽乘客，当然直接违背了工部局之自用人力车章程。"查在现时发给执照手续之下，请领自用人力车执照之人，颇多用虚伪之姓名、住址"，警务处报告此种状况时，"曾指明关于此事之该处所遇困难。第一，民众喜用'野鸡'包车，因此该处殆不能得民众之助力。第二，即使岗警查见非真正之自用人力车，而欲将其扣留，亦非常困难。缘车上既钉有珐琅质之车牌，不易折动，自用人力车主，即不复须随身携带登记证。欲将违犯执照规则之车辆带至捕房，又因须由岗警同往，未必常属可能。向工部局执照股所开报之姓名、住址，既多为虚伪，故抄录执照号数之办法，亦多经证明为无用"④。警务处处置"野鸡"包车，也只

① 上海市公用局关于人力车问题研究委员会文件，上海市档案馆藏：Q5—5—1618。
② 上海市公用局关于人力车问题研究委员会文件，上海市档案馆藏：Q5—5—1618。
③ 郁慕侠：《上海鳞爪》，上海书店出版社 1998 年版，第 84 页。
④ 上海市公用局关于人力车问题研究委员会文件，上海市档案馆藏：Q5—5—1618。

能在现场抓住其车夫兜揽乘客之时，然而"野鸡"包车车夫常有若干固定顾客，"亦不必实行兜揽"，所以在禁阻此种弊害方面，"警务处所有之困难殊大"①。

公用人力车夫的境遇本就艰苦，因"野鸡"包车"所生之不平等竞争，使其谋生更觉困难"。"公用人力车夫须与竞争之人：（甲）置有较佳之车辆，足用以招引乘客，虽公用人力车之如此窳劣，固未可归咎于公用人力车夫；（乙）因其车辆系按月租借，每日之有车可拉，预有把握，故能悠然稳定；（丙）所付车租较少，自用人力车夫每日所付车租约为三角二分，至于公用人力车夫所付之车租，则为每班五角五分；（丁）如偶欲在二十四小时之任何部分时间拉车，随时均有车辆供其使用，加以街道上'野鸡'包车之多，更为使公用人力车夫收入减少之一种卓著原因。"②

（二）人力车与自行车、脚踏街车的竞争

自行车又称脚踏车，有前后两轮，行走如飞，是新型代步工具。上海开埠后，自行车即进入上海，开始主要是外国人使用；到了 20 世纪初，已渐渐在中国人中流行开来。《沪游杂记》记载上海自行车的情况："车式前后两轮，中嵌坐垫。前轮两旁设铁条踏镫一，上置扶手横木一。若用时骑坐其中，以两足踏镫，运转如飞。两手握横木，使两臂撑起，如挑沙袋走索之状，不致倾跌。快若马车，然非习练两三月不能纯熟。"③ 1898 年 1 月 28 日的《申报》报道："泰西向有脚踏车之制，迩日此风盛行于沪上，华人之能御者亦日见其多，轻灵便捷，其行若飞。前日四点余钟，有一少年乘脚踏车从新闸向西正在疾驰，适有货车一辆停于路旁，少年欲从路侧向前，不料偶一不慎，竟致跌入小浜中，浑身泥污，

---

① 上海市公用局关于人力车问题研究委员会文件，上海市档案馆藏：Q5—5—1618。

② 上海市公用局关于人力车问题研究委员会文件，上海市档案馆藏：Q5—5—1618。

③ 葛元煦：《沪游杂记》，上海书店出版社 2009 年版，第 70 页。

不啻落汤之鸡。旁观者咸鼓掌大笑，而少年则连呼晦气不止。"①
自行车引入上海后，逐渐被那些喜爱炫耀出风头的青年人所接受。

> 自脚踏车风行沪地后，初惟一二矫健男子取其便捷，互相乘
> 坐。近则闺阁中人，亦有酷喜乘此者。每当马路人迹略稀之地，
> 时有女郎三五，试车飞行，燕掠莺捎，钗飞髻軃，颇堪入画。②
> （见图12）

图12　"妇女亦乘脚踏车之敏捷"

图片来源：《图画日报》，上海古籍出版社1999年版。

20世纪二三十年代，自行车作为交通工具已非常普及。上海
人均自行车保有量也是年年攀升：华界由1927年的157人/辆上升
到1935年的70人/辆；公共租界1927年为54人/辆，到1935年
则是上升为32人/辆；法租界1935年也是60人/辆。③在上海，

---

① 《踏车倾跌》，《申报》1898年1月28日。
② 环球社编辑部：《图画日报》（第3册），上海古籍出版社1999年版，第43页。
③ 徐涛：《自行车普及与近代上海社会》，《史林》2007年第1期。

还成立有自行车公司，具体情况如下所述：

邓禄普车胎公司，除出售著名车胎外，又为在中国销售脚踏车之最大公司，其目的为发展中国运输事业。盖运输事业，脚踏车亦占重要地位。该公司所运来者，俱为上等出品，而不求善价之沽，使国人多购一辆，即于交通上多一分协助，如是则脚踏车在中国，当能日益增添，而国人所享之利益，尤可增进无穷。该公司推销脚踏车最早者，为邓禄普老人头牌，此外尚有赛儿牌、爱得文思、三旗、红狮、汉溪利斯等牌。统观各牌之质地，均为上乘，用者咸极满意也。①（见图 13）

图 13 "邓禄普最早运华之脚踏车"

图片来源：《申报》（增刊）
1926 年 9 月 11 日。

在近代上海各种交通工具竞争中，人力车与自行车的竞争是为最激烈的竞争之一。一方面，自行车与人力车在某些部件的构造上具有相似之处，有时甚至还可以互调通用，销售自行车的地方，一般也有人力车销售；另一方面，自行车与人力车的消费群体基本重合，人力车乘坐的价格虽然不贵，但是日积月累，并不是下层群体所能长期消费的，因此自行车与人力车在客源上成为竞争的对手。但是与人力车相比，自行车占有绝对的优势，具体表现在以下几个方面。

首先，在消耗体力方面，人力车显然比自行车费力。人力车夫工作较为特殊，是一种特别需要体力的劳动，车夫常常因劳累

---

① 《脚踏车与交通事业》，《申报》（增刊）1926 年 9 月 11 日。

昏厥甚至死亡。很多人从人道主义角度考虑，认为其"不人道，不科学"。"我们坐在人力车上，眼看那些圆颅方趾的同胞努起筋肉，弯着背脊梁，流着血汗，替我们做牛做马，拖我们行远登高，为的是要挣几十个铜子去活命养家。"① 以其所费之体力与其所得之酬报相比较，人力车夫收入可谓极微。很显然，拉人力车耗费体力且不经济，改变这种情况最佳的方法就是对人力车进行技术改造，变体力劳动为机械劳动。在这一方面，自行车相对更省力。

其次，在速度方面，人力车不及自行车速度快。人力车运行不仅为道路状况所限，更为人力所限，而自行车相对来说，轻便快捷、经济实用。

中国交通事业，日益发展，故各种车辆之销数，亦与日俱增。惟车辆之中，有专恃道路平坦方可行驰者，若穷乡僻壤，道路未臻完备以前，虽有车辆，亦不能设法通行。此种现象，我国处处有之，是可憾焉。脚踏车一种，来华最早，轻便迅捷，无出其右，无论康庄大道、羊肠小径，均能行驶自由，是故运华以来，国人争先购办。盖乘此车辆，于身心既有裨益，于运输尤十分迅速，且车价低廉，人人可以置备。②

随着城市节奏的加快，人力车显然在速度方面越来越不能满足人们的需要。人们对于速度较快的自行车的需求越来越强烈。"脚踏车对于交通运输，既有上述之利益，惟求身心之快乐与时间之经济、用费之节省等等。"③ 这也正符合人们生活节奏加快的需要。

最后，在运载能力方面，人力车显然落后于自行车。人力车

① 何卓恩编：《胡适文集》(自述卷)，长春出版社 2013 年版，第 21 页。
② 《脚踏车与交通事业》，《申报》(增刊)1926 年 9 月 11 日。
③ 《脚踏车与交通事业》，《申报》(增刊)1926 年 9 月 11 日。

主要依靠车夫双腿奔跑，而自行车是半机械半人力的车辆，所以在长途运载能力上，人力车远比不上自行车。人力车主要用于短近路程，行于铺石或曾经修筑之道路上，其利便仅限于城镇或城市之近郊诸处，若路程过远或运行于崎岖不平之路则大不方便。20世纪30年代以后，由于各式各样交通工具的存在，上海的道路一直处于拥挤的状态，市政当局认为造成交通堵塞的罪魁祸首是人力车。

脚踏街车的创立，颇受社会人士好评，是人力车的又一竞争者。（见图14）"市上发现一种脚踏黄包车，形式比较普通黄包车低矮，车厢前面装置两车轮，上有座位，车夫高坐其上用双脚踏之，驶行很速。又因车厢低矮，人坐厢中很觉适意。"① 1924年7月，上海脚踏街车有限公司所制之四轮脚踏街车试行，坐者颇觉灵便，驶行迅速，较人力车快一倍，座位亦非常舒适。

图14 "四轮脚踏街车之摄影"

图片来源：《申报》1924年7月6日。

---

① 郁慕侠：《上海鳞爪》，上海书店出版社1998年版，第84—85页。

此种四轮脚踏车，已置备二百辆，今日起当开始营业，先使用五十辆。至此车制造费，车身约需八十元，系由本埠陈祥记车行包造，车轮接笋及把手等物，则由外洋购来，须费一百七十元左右，每辆成本共值二百五十元之谱。驾车者虽由该公司教练，但并非雇用性质，故驾车者每日除付车租外，所获之车资，悉归己有。其出租办法，与现下人力车公司略同，每日每车出租二十小时，分二次换班，即每一驾车者可租十小时，租费为小洋七角，号衣捐照等，悉归公司支给。该公司又恐驾驶者或欲与乘客争论车资，故又定一车资章程，最先一英里须洋一角，过一英里后，则每半英里须一角，如以钟点计算者，则第一句钟须洋五角，以后每句钟四角。此种车资章程，该公司除登报露布外，又须印成纸片，命驾驶者随身带行，俾示知乘客。①

与人力车相比，脚踏街车具有以下优势。首先，脚踏街车系合并自行车与人力车之各一部分而成，代完全人力以半机械力，速度与人力车同而用力较省。其次，脚踏街车与人力车相比，人力车显然违背了人道主义，"谓其役人如用牛马也"②。最后，养车及购置一具之费用，皆较为经济。人力车夫全体改业为脚踏车夫，"不免稍涉夸张，过于乐观，然在脚踏街车之创办人与该车业之推广者，固无人不欲作此项预祝也"③。

自脚踏街车通行后，人力车首先受其影响："工部局亦以人力车近颇窳陋，从事取缔，车行因此恐惧不敢出租，于是人力车骤形减少，市上顿呈冷落之象。"④双方争夺生意，时起冲突，如："本埠自发明脚踏街车后，黄包车颇受影响，致黄包车夫与脚踏街车时起冲突。昨日上午，竟因争夺生意，而致彼此互殴，双方向

---

① 《脚踏街车今日开始营业》，《申报》1924 年 7 月 5 日。
② 《从医学上观察脚踏街车》，《申报》（增刊）1924 年 8 月 2 日。
③ 《从医学上观察脚踏街车》，《申报》（增刊）1924 年 8 月 2 日。
④ 《上海车辆方面之两事》，《申报》（增刊）1924 年 7 月 26 日。

地方检察厅涉讼。当时工部局方面，因取缔黄包车牌照，派捕在各马路检查，致昨日下午一时起，马路上之黄包车，骤形缺乏，一时车价飞涨，外间不明真相者，遂致谣传黄包车夫同盟罢工云。"①

上午十一时许，有脚踏街车第三十七号驶经法租街打铁浜苏州会馆附近马路，忽有拉车之苦力一群，向前围住该车，欲肆殴毁，斯时人数蜂聚，约百余人，交通为之断绝，适有该公司稽查驶车经过，睹此情形，恐肇祸端，急报告巡捕，当由站岗华捕五零号会同七四二号巡捕，将为首滋事之黄包车夫及脚踏车夫二十八号一干人证，拘送嵩山路捕房究治。②

当然，也有人认为骑脚踏街车的疲劳程度与拉人力车相等，甚至比拉人力车还要吃力，"不如普通黄包车用手挽拉者可以借力"③。脚踏街车夫双足连续踩踏齿轮，无一刻息，颜面之筋肉紧张，几乎与人力车夫呈同一苦闷状态（指颜面、表情）。④ 从医学上观察，脚踏街车夫负担过重，"彼脚踏车乘者所负担之重量，仅为一己之体重及车身之重量而已，所需费之劳力甚大"，"今脚踏街车则增一人力车车身之外，则增一乘客之体量，几乎增加一倍之重量而有余"⑤ 等。随着新型交通的发展，脚踏街车也抵不过机械化交通工具的冲击。"一部黄包车子前，有人双脚踏轮盘。虽然翻得新花样，但是行来没几年。"⑥

综上所述，自行车、脚踏街车具有迅速、便利等诸多的优越性，使得大部分人在选择交通工具的时候，往往会优先选择自行

---

① 《昨日黄包车缺乏之原因》，《申报》1924 年 7 月 19 日。
② 《人力车骤少之调查》，《申报》1924 年 7 月 20 日。
③ 郁慕侠：《上海鳞爪》，上海书店出版社 1998 年版，第 85 页。
④ 《从医学上观察脚踏街车》，《申报》（增刊）1924 年 8 月 2 日。
⑤ 《从医学上观察脚踏街车》，《申报》（增刊）1924 年 8 月 9 日。
⑥ 郁慕侠：《上海鳞爪》，上海书店出版社 1998 年版，第 221 页。

车与脚踏街车。人力车在与自行车、脚踏街车的竞争中，失去了很多客源，往往处于劣势。但乘坐人力车的价格比购买自行车的价格要低，而脚踏街车虽然是半机械化的工具，也有一定的缺陷。从这个角度来说，人力车较自行车、脚踏街车还处于某种优势。应该指出，民国时期，人力车与自行车、脚踏街车的竞争关系一直存在，尤其到了自行车的售价不断下降、脚踏街车进一步改造之后，这种竞争关系就更加的明显。

（三）人力车与电车、公共汽车的竞争

随着上海城市建设和工商业的发展，人口逐步增多，社会交往和商旅活动日益频繁，原有的交通工具——轿子、马车、小车、人力车已不能满足市民的需求，电车与公共汽车应时而起，并逐步发展起来。[①] 当电车开始在马路上沿着铺设的轨道行驶时，它给城市带来了新奇、方便。

> 上海公共租界之有电车，始于西历一千九百零八年六月（即清光绪三十四年），为股份有限公司，每股银五十两，二十五年后归为工部局，故一切均受工部局保护，创办以来，今已十年矣。此十年中，营利日见发达，其股票价值已超过原票额之半，现有正车百余辆、拖车百余辆、无轨电车十余辆，卖票及开车人各三百余人。法界之有电车亦于同时成立，当时英、美两电车各行各路，后始通车，行者尤便。华界电车始于前年成立。[②]

1908年3月，上海第一条有轨电车线路正式通车营业。1927年底，上海共有有轨电车、无轨电车线路32条（包括英法联运7

---

① 关于该问题，有不少详细论述，如马陵合《人力车：近代城市化的一个标尺——以上海公共租界为考察点》，《学术月刊》2003年第11期；邱国盛《从人力车看近代上海城市公共交通的演变》，《华东师范大学学报（哲学社会科学版）》2004年第2期；王印焕《交通近代化过程中人力车与电车的矛盾分析》，《史学月刊》2003年第4期等。

② 陈伯熙：《上海轶事大观》，上海书店出版社2000年版，第297页。

条、法华联运 1 条），其中：英商有轨电车 11 条、无轨电车 7 条，法商有轨电车 7 条、无轨电车 3 条，华商有轨电车 4 条。[①] 上海市区基本上形成了一个较为完备的电车网络。"上海英美租界之电车，每于车之首尾悬一木牌标明第几路，使乘客一望而知为往何处者，法至美也。惟自一路至十五路，间有未见路牌者，或早夜起点着点不同者。"[②]（见表 14）

表 14　英美租界电车路牌

名称	起始到终点站
一路	自静安寺至十六铺，惟夜间十时后至外洋泾桥为止（自大马路外滩至十六铺可买英法联票）
二路	自卡德路至新靶子场，惟上午七时半至八时半、午间十一时半至下午四时半或五时半及夜间八时后，有直达静安寺者
三路	自麦根路经新闸路至东新桥
四路	惟夜间十时后由沪宁车站至东新桥，即五路之变更者（不悬牌或将五路牌反悬）
五路	自沪宁车站至法界斜桥止，惟夜间十时后至东新桥为止，即改为四路（自五云日升楼至西门可卖英法联票）
六路	即外圆路，自沪宁车站起，东西各有车若干辆背道而驰，仍各至沪宁车站为终点
七路	自沪宁车站至提篮桥（昔名里圆路，因所经地点与现时不同，故已取消）
八路	自十六铺至杨树浦尽头，夜间十时后以外洋泾桥为起点（经东西华德路）
九路	自十六铺至杨树浦桥（又名兰路），夜间十时后亦由外洋泾桥为起点（经东西华德路）
十路	自外洋泾桥至提篮桥（经东西华德路，不常开，不悬牌）

① 上海市公用事业管理局编：《上海公用事业（1840—1986）》，上海人民出版社 1991 年版，第 348 页。

② 陈伯熙：《上海轶事大观》，上海书店出版社 2000 年版，第 298 页。

（续表）

名称	起始到终点站
十一路	自外洋泾桥至新靶子场，惟于晨间、午刻及傍晚时开行（钟点与二路略同）
十二路	自靶子路至马霍路口
十三路	即自郑家木桥至天妃宫桥之无轨路（不悬牌）
十四路	自外洋泾桥至提篮桥（经东百老汇路，不常开，不悬牌）
十五路	自外洋泾桥（经新闸路）至麦根路

资料来源：陈伯熙《上海轶事大观》，上海书店出版社 2000 年版，第 298—299 页。

　　最初，市民疑虑，电车乘客较少，但因其方便快捷，很快受到人们欢迎，特别是每天通勤的工厂工人等，更乐于乘坐，因而乘坐人数增长很快。据统计，1911 年，英商电车全年行车 360 万公里、运客 2 725 万人次、营收 80 万元；法商电车全年运客增至87 万人次，行车 12 万公里。[①]

　　人力车在发展过程中，虽然以绝对优势取代了旧式的交通工具，但同时也遭遇新型交通工具的竞争和冲击。由于新型交通工具具有种种的优势，人们在选择乘坐交通工具时，往往会选择电车、公共汽车，这样就使得人力车夫生计受到巨大的影响。为了维持生存，人力车夫拼命地排斥电车、公共汽车等新型交通工具，甚至发生流血冲突，到了 20 世纪二三十年代，它们之间的竞争越来越激烈。

　　首先，电车、公共汽车的行驶使得人力车失去了部分客源，影响了人力车夫的生计。

　　电车、公共汽车与人力车相比，在运载能力、速度等方面都占有优势，这种优势使得人们在选择乘坐交通工具时，往往会首选之。表 15 是电车与人力车载客能力比较：

---

　　① 上海市公用事业管理局编：《上海公用事业（1840—1986）》，上海人民出版社1991 年版，第 343 页。

表 15 电车与人力车载客能力比较表

	每车运送乘客数	每小时行程哩数（停车时间在内）	每小时行程哩数（全乘客所延长之哩数）	各车所占地面	实际所占之运送面积
电车	50 人	8.8 哩	440 哩	200 平方呎	200 平方呎
人力车	1 人	6 哩	6 哩	25 平方呎	71.6 平方呎

资料来源：沙公超《中国各埠电车交通概况》，《东方杂志》1926 年第 23 卷第 14 号。

从表 15 可以看出，在运载能力方面，电车每次运送乘客 50 人，而人力车仅为 1 人，人力车要大大低于电车。在速度方面，电车为每小时 8.8 哩（英里），而人力车为 6 哩。在持久性方面，电车是靠机械的动力不断地前进，人力车只能靠车夫双腿来跑动，远远不及电车。所以，无论从运载能力还是从速度方面，电车比人力车都具有明显的优势，随着新型交通工具的进一步发展，这种优势表现的也越来越明显。"电车开通以后，苦力营业者，当感受莫大之影响，而人力车夫尤甚。"①

电车、公共汽车的优势，衬托人力车的劣势。"以上海市民之经济能力观之，其代步只有电车、公共汽车，至少要占十分之九。"② 在新型交通工具面前，人力车夫最担心的是失去客源，影响到他们的生计问题。交通事业突飞猛进，"各种交通工具，靡不趋重机械，敏捷便利，尽善尽美，以致人力车业痛遭打击"③。1907 年，上海工部局发给之人力车照会数约 13 800 张；当 1908 年电车开通之后，即减至 12 900 张。每辆电车之输送力约抵人力车七十三部，"而电车每辆所占之面积，仅合七十三部人力车所占面积二十六分之一，倘此说果确，则电车为交通发达上必要之机关明甚"④。人力车夫在面临生存压力的同时，还要应对现代交通

① 沙公超：《中国各埠电车交通概况》，《东方杂志》1926 年第 23 卷第 14 号。
② 《车商决不领新证 租界交通殊可忧虑》，《申报》1934 年 7 月 29 日。
③ 上海市社会局编：《上海市人力车夫生活状况调查报告书》，上海图书馆藏，第 84 页。
④ 沙公超：《中国各埠电车交通概况》，《东方杂志》1926 年第 23 卷第 14 号。

工具所带来的失业压力。

> 上海近年电车公司之推广营业，真正令人惊骇。据他的营业统计表上看来，搭客之加多，收入之加多，比起往年要多几倍（数目我一时记不清）。现在无轨电车又要扩充，一般失业之人力车夫，又无工厂可进，所以上海盗贼一天比一天多，与湖南苦工之生计断绝流为盗匪，散入四乡者一样，社会上之不能安宁，实因这班苦人太多，贫富阶级相隔太远。听说欧洲战事输运都用汽车，汽车加增很不少，战事结束以后，汽车价值必贱，进口者必多，那时必有公共可坐的汽车发现于马路上，费几个铜子，也可坐一二里，此皆是人力车夫之敌。①

从交通发展的过程来看，交通工具的动力由人力而转向机械，是含有时代性的自然更替，所以人力车取缔在欧美各国自无问题可言，在日本也渐趋绝迹，然而在近代中国，人力车尚占都市交通的重要地位，"它一面是人力与牲畜运输竞争的结果，一面又在抵抗机械运输的应用之中挣扎着"②。1937 年，南市营业人力车"原有五千九百五十辆，自沪西、闸北一部分车辆补捐法租界执照营业后，车数较前增至一千余辆之多，车夫营业，已大为减轻"，而公共汽车、电车路线日渐扩展，人力车已至走投无路之境，车夫不得不降低车价，迁就乘客。③

其次，由于生计受到了严重的威胁，人力车夫拼命地排斥电车、公共汽车。

随着机械交通的发展，人力车不可避免地受到极大冲击，人力车夫的生计也受到严重的威胁，他们不得不拼命地发起反抗。

---

① 《人力车夫问题》，《每周评论》1919 年 2 月 9 日。
② 蔡斌咸：《从农村破产所挤出来的人力车夫问题》，《东方杂志》1935 年第 32 卷第 16 号。
③ 《南市人力车搁置日增》，《申报》1937 年 5 月 24 日。

人力车与电车、公共汽车为了争夺市场，不断地发生冲突。面对以拉车为生计的人力车夫，市政当局常常陷入怜悯与取缔的矛盾之中。一方是交通近代化的必需，一方是贫困无依的众多苦力，无论偏袒哪方，市政当局都似既有其理由，又有其难处。很多时候，市政当局仅根据当时的情况随机裁判，在人力车夫气势逼人时便让电车、公共汽车败诉，当电车、公共汽车理由充分时便让人力车夫屈服。①

1934 年，浦东高桥区人力车夫为与该地公共汽车争夺客源，与公安局警士发生冲突，致使公共汽车未能行驶，交通断绝数小时。（1）出事原因。自高桥海滨浴场开辟之后，人力车生意颇佳；但市公用局在该地设办公共汽车，因取价低廉而快稳，致人力车营业受到影响。车夫对之，颇为不满。"昨日上午十一时，自沪上外滩铜人码头开出之市轮渡达高桥，当时在高桥码头之人力车夫与公用局公共汽车争夺营业起见，未守秩序，上前向主客兜揽生意，而使在该地之公共汽车未能驶行。警士上前劝止，车夫不从，警等遂将悦来黄包车公司之车夫二人，拘入公安局三区四分所拘押。"②（2）冲突情形。此事之后，人力车夫均抱兔死狐悲之感，颇为愤激，于是纠集同伴数十人，至高桥公共汽车站前，将所用人力车辆及独轮小车推置于汽车站前，阻止汽车行开。"盖人力车夫，素来极恨汽车之妨碍彼等营业，故藉此使彼此双方均不能接待游客，当时之阻碍车辆约有五六十辆之多。时在十一时三刻，车辆交通完全断绝，游人因在高桥码头，距离海滨浴场颇为遥远，于烈日下往返跋涉，颇感劳顿，无不叫苦。"③（3）各受微伤。为维持交通，公共汽车代表与三区四分所接洽，其上级机关派一小队水上公安局警士驶抵车站。当时，人力车夫合伙抬来数块巨大

① 王印焕：《交通近代化过程中人力车与电车的矛盾分析》，《史学月刊》2003 年第 4 期。

② 《高桥人力车夫阻止公共汽车行驶》，《申报》1934 年 7 月 9 日。

③ 《高桥人力车夫阻止公共汽车行驶》，《申报》1934 年 7 月 9 日。

的砖石，置于道中，阻塞汽车。警士驱之不散，拔出警棍，实行驱逐，车夫等竟一拥而上，徒手搏击。警士见众寡悬殊，急用枪向天放空枪示威，结果双方各有数人受伤。至十二时一刻，车夫等退去，一场纷扰暂告平息。"惟车夫则依旧率车堆置道中，公共汽车为避免纠纷起见，仍暂时停止交通；惟当冲突时，有车夫六七人，被拘入警署。"①（4）临时解决。汽车公司派员与人力车公会交涉，经地方人士出面和解。结果，"人力车夫于下午六时自动取消，以碍行动；公共汽车乃于午后六时半，恢复通车。至被捕之车夫，即可望释出"②。

市政当局为了实现交通的近代化，常常鼓励电车、公共汽车等机械交通的发展。1935 年，上海公共租界提出改进市政交通的计划，要在几年之内分期把人力车的数量逐渐减少。减少人力车的反面，就是要提倡坐电车、公共汽车，利用机器替代人力。此举遭到了人力车夫的反抗。电车或公共汽车的运行，造成人力车夫的生计问题，机械运输随时会将人力车夫抛到失业的苦海中。因此，人力车夫拼命地排斥电车、公共汽车，甚至捣毁电车、公共汽车，这种过激的行为，一方面反映出交通近代化过程的曲折，另一方面也反映了车夫生活的艰难。交通工具进步与车夫生计艰难的并存，是人力车与电车矛盾冲突的根源，如何兼顾交通与民生，成了缓解二者矛盾的切入点与关键所在。在所有的冲突之中，人力车夫因处于被取代的地位，其底层贫民和受害者的双重身份最易博得社会同情，因此往往表现出盛气凌人、咄咄进逼的气势，而电车、公共汽车则处于被动挨打、处处防御的位置。③ 应该说，随着交通近代化的发展，机械代替人力成为一种大势所趋，但是车夫不能拉车，生计就会受到影响，导致整个家庭陷入困境，所

---

　　①　《高桥人力车夫阻止公共汽车行驶》，《申报》1934 年 7 月 9 日。

　　②　《高桥人力车夫阻止公共汽车行驶》，《申报》1934 年 7 月 9 日。

　　③　王印焕：《交通近代化过程中人力车与电车的矛盾分析》，《史学月刊》2003 年第 4 期。

以电车、公共汽车与人力车的冲突难以避免。

最后，人力车夫出于"恐惧"，经常将一些原本与电车、公共汽车无关的事情联系起来。

人力车夫出于对交通近代化的恐惧，除拼命地排斥电车、公共汽车外，还经常把一些原本与电车、公共汽车无关的事情联系起来。1918年4月，上海人力车已有两万部以上，租界当局以其车数太多，终日在各街道纵横冲撞，有碍路政，决议将界内人力车之车身恶劣及零件不完全者（如皮篷破碎、蔽门布残缺之类），每日拟收照会200部，计划在一个月内淘汰恶劣车辆6 000部，以清路政，而免危险。此议实行后，人力车夫迁怒于电车公司，怀疑电车公司是这一新规则的幕后主使，愤怒的车夫们把石头、泥块扔向电车，打碎车窗玻璃。

迨至八时左右，黄包车夫愈聚愈众，统计已不下有数千人，其时东新桥（第三路）、外洋泾桥（第十五路）这两路电车，适先后驶至该处，卡德路一带众黄包车夫不问情由，群起与电车为难，先毁其玻璃，次毁其门窗，并有多人或执木柴或取砖砾纷纷向各电车抛掷。开车者见此情形，即开倒车而逃。奈众车夫又与开车人为难，不许其开驶。其时后路各电车，亦相率开至。各黄包车夫见车便毁，故共计被毁车辆，有十一乘之多云。①

这一事件发生后，新闸捕房捕头闻警驰至。"奈各该车夫恃众蛮横，无可理喻。当由捕头向彼等连开空枪三响示威，而各车夫非特不散，反敢向前与探捕为难。捕头始以实枪继之，方发一响，即有车夫一人，应声而倒。同时又有集成衣匠，或言系西崽适在场观看，亦被枪伤腹部。即命车送医院医治，各车夫见已伤人，

---

① 《黄包车与电车之竞争风潮》，《时事新报》1918年4月18日。

亦遂纷纷如鸟兽散。聚众风潮，始暂告平静。"① 租界当局为防止车夫再发生"不轨举动"，命英美等国商团荷枪实弹，"各乘怒马，每队三匹，即日于傍晚六时起至天明止，在界内各处，轮流巡缉；同时并通令华商各队员，不论何时，如奉紧急命令，亦须立时齐集，以便派赴各要道，帮同弹压云"②。

电车、公共汽车经常肇祸，也成为人力车夫不满的借口。1912 年 7 月，飞虎人力车公司车夫陈桂元，"在英界仁记路，见有某西人唤车，即冲过电车轨道承雇，其时，前面适有电车驰来，陈之车梗勾在陈阿二所驾之包车篷布上，横梗轨道中间，幸电车司机人陈阿四即将机关按住，未遭意外，只伤阿二之车辆"③。1927 年 10 月，"向住劳合路之沈某，昨日下午三时，迁居公平路某里，将家私什物分载黄包车三辆，行经西华德路闵行路口时，忽有七路电车自东驰来，时天下大雨，黄包车夫不及停车，被电车将车连人撞倒，玻璃物件粉碎无全，沈则被物撞伤腰部，跌于地上。后经虹口捕房华捕一千五百八十七号到来，即送附近医院诊治，闻沈腰部受伤甚重，右脚皮破流血，医生诊治后，收入病房"④。1940 年 9 月，英商公共汽车公司二路公共汽车（一五一四号），行经爱多亚路九星大戏院西首时，司机因欲超过前车，不慎将车驶至人行道上，撞倒路旁一颗大树。当时有一辆包车，正载着一名老妇，"由车夫挽车在公共汽车前行驶，因公共汽车速率过猛，将大树撞倒后，但该车仍煞车不停，又冲出数丈，将包车撞翻，老妇由车上跌出，当场被公共汽车车轮碾毙，车夫亦受重伤"⑤。这些事故，有些责任在于电车、公共汽车，有些责任在于车夫，但是出于对电车、公共汽车的仇视，人力车夫往往把大部

---

① 《黄包车与电车之竞争风潮》，《时事新报》1918 年 4 月 18 日。
② 《黄包车与电车之竞争风潮续志》，《时事新报》1918 年 4 月 19 日。
③ 《法租界》，《申报》1912 年 7 月 10 日。
④ 《黄包车搬场肇祸》，《申报》1927 年 10 月 5 日。
⑤ 《公共汽车猛撞包车　老妇惨死轮下》，《申报》1940 年 9 月 4 日。

分责任归咎于电车、公共汽车，以为不满的借口。

在传统观念中，合作与竞争是一对反义词，是两种不能在同一关系中并存的状态。虽然不能说电车、公共汽车和人力车存在合作的关系，但是他们之间从某种程度上说确实存在互补的关系。由于人口众多，交通繁忙，以大众化面目出现的电车、公共汽车，虽然已经逐渐进入了近代上海都市人的日常生活领域，但是仍远远不能满足当时上海市民对于交通的实际需求。电车、公共汽车和人力车虽然都属于公共交通工具，但是作为功能不同的交通工具，适用于不同的人群，人们会根据具体情况选择乘坐。前者速度较快，适用于市内中远途交通；后者灵活机动，适用于短程交通。"然行小道、横路、弄堂，电车或公共汽车均不能达，并且不能自出发地直达目的地，所以黄包车与包车遂为代步之必须品。"① 因此，人力车是有市场的，可以起到补救交通的作用。电车、公共汽车增多后，交通便利，人流量增大，出门的人更多，反而增加了人力车的客流量，而且车夫们不再拉远客，对其身体更有好处。"上海的交通工具，公用的有汽车、电车和人力车，后者——人力车虽是落后的交通工具，可是在上海仍不失为一般人民的代步利器。"② 应该说，在早期的交通近代化过程中，由于新式的交通工具还没有充分的发展，人力车作为有益补充，与新式交通工具共同构筑了城市交通系统。即使在全面抗战爆发后，人力车的数量还有一定程度的增加。

战后，上海被认为避难的乐土，人口激剧地增加，公共租界的人力车并未减少，依然保存将近一万辆的数目。法租界现只有三四千辆，战前连华界在内约有一万辆，此种人力车，俗名小照会，只得在法租界内通行，至于公共租界的人力车，俗称大照会，

---

① 《车商决不领新证 租界交通殊可忧虑》，《申报》1934 年 7 月 29 日。
② 《孤岛上的人力车》，《申报》1939 年 12 月 26 日。

两租界均得通行。现在两租界人力车总数，共计约一万三四千。每一辆人力车由四人轮流拖拉，那末，人力车夫就要有五万五六千人。与各行的人数比较起来，人力车夫倒占了很大的数字。[①]

从以上分析中可以看出，在交通近代化过程中，电车、公共汽车与人力车的矛盾，表面上是交通工具之争，实际上是如何安置车夫生计的问题。电车、公共汽车的行驶不可避免地对人力车造成冲击，把赖此生活的人力车夫推向了生存的边缘。人力车夫对电车、公共汽车的反击，是缘于生活的日益恶化。只要车夫停止工作，其生活立刻就会陷入绝境，生计问题使得他们对先进交通工具存在一种"恐惧"。在巨大的生存压力面前，人力车夫因其自身的特殊性无法通过改变职业来改善生存状况，为了保住自己的生存资源，他们拼命地排斥新型交通工具。虽然人力车与电车、公共汽车一直处于竞争的状态，但是由于近代中国交通发展不充分，两者在一定程度上存在互补关系。"人力车原为东来之物，然自传入吾国后，流布至广，不论通都大邑，穷乡僻壤，皆有其足迹，对于交通之服务有其独特之地位和不可磨灭之功绩。"[②] 作为交通近代化的一种过渡，人力车必然会被机械交通工具所取代，然而在没有妥善解决车夫生计问题之前，任何交通工具的发展都经不起考验。在这种情况下，市政当局与社会便极难定夺，要么不顾车夫的生计，要么以牺牲先进交通工具来维持现状。所以，既要维持公共交通，又不能完全断绝车夫的生计，人力车问题始终是困扰上海的不易解决的社会问题之一。

三、舆论之争：车夫的生存危机

虽然人力车在推动近代上海公共交通发展方面，起了巨大的

---

① 《孤岛上的人力车》，《申报》1939 年 12 月 26 日。
② 上海市公用局关于人力车各项组织会会务等事项案，上海市档案馆藏：Q5—5—615。

作用，且也便利了市民的生活，但是随着城市交通的发展，人力车这种早期现代化过程中的过渡性交通工具被废除也是历史的必然。当时，人们对于人力车持有两种不同的观点：一种认为人力车将人当作牛马驱使，违背人道主义，主张限制；一种认为人力车轻便价廉，有利于交通客运，是交通利器，也是车夫谋生的手段。

站在物质文明的立场上，胡适认为："东西洋文明的界限只是人力车文明与摩托车文明的界线"，"人力车代表的文明就是那用人作牛马的文明，摩托车代表的文明就是用人的心思才智制作出机械来代替人力的文明。把人作牛马看待，无论如何，够不上叫做精神文明。用人的智慧造作出机械来，减少人类的苦痛，便利人类的交通，增加人类的幸福——这种文明却含有不少的理想主义，含有不少的精神文明的可能性"。①

人辇创于夏桀，殆不祥物也。欧人初至东土，见人力车而大讶，以为视人如畜，及习贯成自然，乃争及锥刀，以老拳加之矣。吾非好为空谈，特以为神圣之劳工，当用之于生产，不当供懒人之用。自人力车通行内地，往往以老弱病夫，而曳壮佼之少年，此岂复有人理？而道路湫隘，肩摩不已，加以毂击，步行者视为畏途。人辇乃愈多，此不啻禁人之步行，奖励人之懒惰，故内地推行人力车，实有损而无益。诚能以此类人力，用之于开垦，用之于建筑，则转瞬之间，化无益为有益，而为劳力者计，固无所择也。内地向无人力车，诚不必多此一举，若通都大邑有电车、马车者，更无所用其人力车，故人力车之制可废而不用也。②

站在社会福利的立场上，对于人力车夫在城市中的劳动状况，有人直白地称他们从事"牲畜式的劳动"。人力车毕竟是以人力代

---

① 何卓恩编：《胡适文集》(自述卷)，长春出版社2013年版，第20—21页。
② 《人力车可废》，《申报》1922年11月18日。

替牲畜或机械的一种交通工具，从社会进步的意义上说，是应该淘汰的。因此，当人力车风行大中城市并渗入乡镇时，淘汰人力车的声浪也就此起彼伏了。陶孟和提出废弃人力车的四大理由："（一）人力车夫之劳动极费力且不经济，盖彼竭其全身体之力，每次运者不过一人。（二）人力车夫之工作不合卫生，盖其伛偻驰驱之态防阻胸部之发展，其急迫之呼吸，所吸又为通衢上污浊之尘芥，实有害于肺部之健康，而其身体终日着汗垢所渍之衣服，尤易染受各种疾病。（三）以其所费之体力与其所得之酬报相比较，则收入可谓极微。（四）人力车夫之劳动殆完全用筋肉力，所需之智慧极低微。"① 人力车夫的生活，也是所有劳力生活中最艰苦的。"在酷暑烈日之下，他们照常要不顾死活的奔跑；在风雨雪落的冬天，为着生活的驱使，不得不去干牛马似的生活。这几天，气候严寒，尤其在深夜，寒气凛冽，在死去似的马路上，黯淡的灯光下，没有主顾的人力车夫无聊的踯躅着。这景象是够凄凉的！"②

从人道主义上论，我们也不赞成中国再有人力车的存在。人生而要吃饭，但吃饭的方法毕竟很多。拉黄包车，行动如牛马，社会之有此种制度，无形中已剥夺了此种劳苦者在形式上所应有的崇高的人格，降低了这许多穷苦国民的自尊心，实际上削弱了国家在精神上的实力，从而使国家在基层的力量未由巩固。所以中国如欲走上和英美苏联等具有同等地位的国家，人力车的取缔，其理由是充分的。③

人力车之问题不仅为个人或国民经济之问题，实为极重要之社会问题。无论从物质文明还是从社会福利的角度说，废除人力

---

① 郭崇阶：《上海市的人力车问题》，《社会半月刊》，创刊号。
② 《孤岛上的人力车》，《申报》1939 年 12 月 26 日。
③ 《取缔人力车平议》，《申报》1946 年 10 月 2 日。

车都是理所必然的。"此种职业乃剥削国民之精力，防害人民之健康，甚且遗害及于后代"；"此恶不除，全社会之生活被其影响，至于无穷，非过言也"。①

上海市人力车数量之多，确实足以妨碍交通，"叫嚣的市声，确实足以使十里洋场上的高贵人们闻而厌烦"，然而，为什么人力车会有这样的多？为什么车夫会愿意过这牛马般的最劳苦低贱的生活？这里又触及当时严重的社会问题：经济恐慌，工商业凋敝，失业增加。要想废除人力车，必须先妥善解决数万人力车夫及其家属的生活问题。也就是说，人力车的重要性并不仅在于它在城市交通系统中的作用，也不仅在于它对市容风貌的影响，还在于它是成千上万的车夫赖以生存的行业。

在现代机力发达的社会当中，还有以人力或兽力载重的存在，是人类社会一种羞耻。所以近来文明国家的都会，交通工具的人力车，都是日渐减少以至于无，这是社会进化的必然的结果。照道理说，在一个社会经济事业日形发展的国家，所有壮年的工人，都应当安置在生产工作场所，做他们应作的工，以逐渐减少用人作牛马的惨剧。可是在目前的中国，农村崩溃了，工业停顿了，一般年富力强的农工，不能安心种田或工作，为了生的追求，不得不纷纷跑入都市，跑出工厂，租着一辆车子，以自己的血汗，去博取一家的生存。在这种情况之下，我们又将怎样处置这批饥寒线上挣扎的朋友呢？②

人力车夫"蓬首垢面、胼手胝足、食不厌粗、衣仅蔽体，时时匍匐于骄阳烈日、疾风暴雨之下，载重曳远，而作牛马走，人世艰辛至斯已极。乃计其所得，且不足以事父母、畜妻子，此非

---

① 郭崇阶：《上海市的人力车问题》，《社会半月刊》，创刊号。
② 《行驶市内汽车后 人力车夫生活问题》，《公路三日刊》1936 年第 134 期。

一人力车夫之写照乎？凡关怀于人道者，鉴于人力车夫处境之惨酷，盖无有不恻然心动者"①。然而在"存废"呼声中，人力车夫常常被置于危机当中，无形中增加了其生存压力。在人力车夫眼中，一旦废除人力车，他们就失去了生计，所以，"废"反成"残酷主义"了。

人力车夫之所以沦为"牛马走"，乃有既愚且贫、谋生乏术，为"活命养家"实逼处此的一个惨绝人寰的背景！今日之下，农村破产，方在制造大批人力车夫"后备军"，源源来沪求生，而上海市原有的人力车夫宛转呻吟于生活压迫之下，"活命养家"，尚且为难，遑论提高智识培养技能以进于其他职业！当此时也，工部局倘仍继续其一九二四年之所为，再预定一个期间，逐年减少人力车的辆数以致于完全消灭它，无论其动机为社会福利、为物质文明、为人道主义，其结果未有不为社会祸害、为物质罪恶、为残酷主义者。②

人力车夫处在城市社会的底层，他们受生活压力的驱使，终日奔走街头拉车。"不问晨昏昼夜，不问雨雪风霜，生活的鞭子老是不容情地鞭策着，他练成两条腿像跑不倦的机器，驴马一般为生活而奔波。"③ 他们的生活虽然不是绝对贫困，却缺乏基本的保障，抗风险能力脆弱；若全家身体无恙，其生活基本可以应付，若本人或家人遇到疾病、意外事故时，由于缺乏社会保障，就会陷入绝境。由于车少人多，车夫不仅面临着车夫之间的竞争，还面临着半机械化或机械化交通工具的竞争。"存"则违背人道主义，且妨碍交通进步；"废"则无视社会实情，且影响了车夫生计。舆论之争又往往把车夫推向风口浪尖，无形之中又加重了车

---

① 《本市公共租界人力车之存废问题》，《申报》1934 年 8 月 4 日。
② 郭崇阶：《上海市的人力车问题》，《社会半月刊》，创刊号。
③ 《都会的人马》，《良友》1941 年第 164 期。

夫的生存压力。

第三节　公众眼中的人力车夫形象

拉人力车是当时劳工阶级中最普遍的职业，车夫靠着两腿来维持生活，不论严寒酷暑，终日奔走街头，可谓苦极了。人力车夫正是通过具体扮演的角色来确认他们的社会地位。公众眼中的人力车夫形象，折射出了社会大众对人力车夫的评价。

一、正面的社会形象

人力车夫处在城市社会的底层，终日奔走街头拉车，仅得温饱，但是他们拾到外物时，并不为之所动，关于他们拾金不昧的故事屡屡见诸报端。1914年10月22日《申报》报道："住居四区二分署境内之张景宽，前日投署报称，民侄小顺子拖车为业，昨日在途，拾得皮箧一只，内有钞票现洋十余元，遵章送交贵署存，候失主认领等情。"[①] 1918年6月23日《申报》报道："有一日本人自百老汇路乘黄包车至法租界，在白尔部路下车时，遗有白色布衣五件，车夫候久不回，将衣送至霞飞路捕房留存待领。"[②]

下面的材料也是反映人力车夫不贪意外之物：

有本埠昼锦里妙香室经理卫宝元，浏河人，由浏乘沪太长途汽车来沪，携有小包一个，内藏华丝纱长衫两件，系浏河公园郁养然托带至棕榄公司，并有信一封，藏在衣袋内。卫到沪后，即雇黄包车至新闸桥换车至租界，不料所携小包，遗落在车上，迨车夫某甲觉察，启视内有长衫二件及袋内信缄一封，知系送往棕

---

① 《车夫拾遗不昧》，《申报》1914年10月22日。
② 《车夫拾遗不昧》，《申报》1918年6月23日。

榄公司，甲遂将小包送至该公司，给大洋一元，以作酬谢，该车夫称谢不置而返。①

人力车夫还有见义勇为的行为。如："某黄包车夫见有一人潜入玛礼逊路，复见其身藏物件而出，该车夫即行叫唤，乃该窃贼狂奔图逸，终被该车夫在密勒路上追获。该窃贼当将窃得之台钟一只，意图行贿脱逃，被该车夫拒绝，扭交巡捕带至捕房，解送法院处刑十五日。捕房以该车夫见义勇为，特给与赏洋，以资奖励。"②

从这些事件中，足以见出人力车夫的可敬之处。所以，一部分人力车夫无论在拾金不昧方面，还是在自力更生方面，人们对他们总是持称赞的态度，他们也建构了人力车夫一个正面的社会形象。

二、负面的社会形象

人力车夫群体由于其出身背景、知识程度及职业特点，更容易与城市社会的阴暗面联系在一起。适如当时一篇报道所指出的那样："而对于这五方杂处的繁华上海，竟将他们原有的纯朴天性泪没了，濡染成功了一种欺诈、贪狠、野蛮和卑鄙的习气。"③ 所以上海市民，提起一部分人力车夫莫不痛心疾首，对他们表示不出一丝好感。

人力车夫常常欺负别人，尤其是初来上海的外地人、乡下人。仅根据乘客的口音，人力车夫就能轻易地辨别出此人是否久居上海。人力车夫也欺侮外来客商，并时有抢夺财物的情况。如"沪杭火车抵沪时，有少妇某氏手持皮夹一只，内有银洋五十元并契据等件，由车站雇陈小牛之黄包车往北行至大南门外荒僻处，陈以女流可欺，攫取皮夹而逸，幸该氏大声喊救，即由附近岗巡帮

---

① 《黄包车夫不贪意外之物》，《申报》1932 年 8 月 14 日。
② 《黄包车夫擒贼得奖》，《申报》1934 年 10 月 13 日。
③ 碧翁：《上海的人力车夫》，《上海生活》1940 年第 12 期。

同追获"①。

内地初至上海人士，或不熟悉路运者，最为受人力车夫之欺，稍有不遂其意，则争吵不已，甚或与乘客殴打，至于流血。而一般车夫，又每每以外人为财主，有时车资不言，即狂奔而去，横冲直撞，傲视他车，一若气豪万倍。此等无知小民，真可太息，即外人车资，所给稍巨，与寻常车价，亦相差无多，何必疾奔，喘若吴牛，致伤及身体，此真怪矣。②

人力车夫诈骗顾客是近代上海盛行敲诈勒索之风中的一个典型现象，他们在不同程度上扰乱了正常的治安秩序，同时也引起了人们的不满。"常有一班狡狯的，口里先含着铜质小银币，等到客人付给车资后，他将真银币藏过，吐出假银币来，硬逼着客人掉换。不掉换则揎袖攘臂，呶呶不休，你想可恶不可恶呢？故老上海人在那付给车资时候，当面嘱他看过优劣，要掉就掉，他才无法施行狡狯伎俩。"③ 在车站、码头，车夫常常不问客人的去向，拉起来就跑，拉过几条马路才放下，开始敲竹杠，"若要拉去目的地，非七角八角不可；即使不要他再拉，也要收取三角四角。不明真相的路人也会说这许多路程三角四角不算贵，弄得乘客百喙难辨"④。有时，车夫拉车到中途，就会让乘客下车，如果乘客实在不愿下车，车夫只好拉到目的地，但是这时车夫就会加价，勒索车资。

他们对于不识路径的人，竹杠敲得更其凶。例如你目的地便在前面了，上前叫他们，他也会接受你的生意，讨价很昂贵，你

---

① 《车夫欺侮少妇》，《申报》1915 年 8 月 10 日。
② 《人力车杂谈》，《申报》(增刊)1926 年 9 月 18 日。
③ 郁慕侠：《上海鳞爪》，上海书店出版社 1998 年版，第 86 页。
④ 夏林根：《旧上海三百六十行》，华东师范大学出版社 1989 年版，第 106 页。

因为找不到而叫他，明知不很远，也只得忍受了。可是他就和你在附近兜了一个大圈子，以报销他应去的劳力。他们瞧老弱和残废者，恰巧和人道立场上是个反比例，越是这般人，叫他的车时，他竟会海阔天空的讨价，你如还价少时，他连正眼也不来睬你一下的。①

　　遇到下雨天，许多人力车夫都会抬价，他们乱讨的价钱里实际包含五个部分："第一是'基数'，像底薪一样是出卖劳力本来的代价。第二是'津贴'，天雨当然他更拉得苦，所以另给'津贴'。第三是'租鞋费'，你想，买一件雨衣，一双胶鞋该多少钱，车夫的双脚租给你，可以省了你雨衣、胶鞋的折旧。第四是'索诈'，明知你寸步难行，落得要挟一番。第五是'虚头'，预备你还价时减去，以便成交的。"② 还有一些不愿走长途的车夫，常常将乘客中途出卖。如在火车站，乘客需要坐车时，明知车价贵一些，也只好坐上去。"可是只要你一出站门，他便和马路上的同行论价了，论好了价，便不管你东西装得好好的，和你一样一样的搬到另一辆车上去，也不由你反对，强制你下车，并且将你所允许的价值，和对方说了，也不怕你到了目的地短一文。他应得的余润，便由这受盘者先行垫款给他，倘使这人腰中空空如也，那得先麻烦你，将车资提早付给他。"③

　　还有人力车夫抢匪，"有某法政学校学生某甲，在西门外方浜桥，雇黄包车至某处，其时适值大雨滂沱，人迹稀少，该车夫声称须先给小洋二角，甲遂在衣袋中取给，不料因此露出银钱，该车夫见财起意，突出利刃吓禁声张，将某甲身上银洋搜劫一空。某甲心慌意乱且黑暗中不能辨车照号数，急奔入对弄寿祥里躲避，雨稍止，见有查街巡警，据情声诉，该警亦因不知车照号数，无

①　碧翁：《上海的人力车夫》，《上海生活》1940 年第 12 期。
②　《黄包车价的分析》，《海光》1946 年第 17 期。
③　碧翁：《上海的人力车夫》，《上海生活》1940 年第 12 期。

从查缉，某甲只得垂头丧气而去"①。某西人"在东有恒路雇坐江北人周阿四之黄包车，行经北河南路靶子路转角，该车夫突然将车停下，用强暴手段将该西人身畔银洋七十元抢劫图逃，适包探王程应与一百六十二号西探经过该处查见，将周拘获，连赃带人捕房，押候解究"②。

此外，乘客与车夫为了争执车资，被打死的现象偶尔也会发生，如下所述：

> 扬州人韩广才，年三十九岁，素居原籍。前日，因有事与其同乡卞渭滨乘坐火车由家来沪。晨八时许，车抵北站，当雇得黄包车二辆，拟往周家嘴路第四二九弄二九号其亲戚孙立钱家内，言定车资每辆小洋二角。讵至北河南路靶子路口，该车夫等见乡曲可欺，复称车价需四角一辆，韩等闻语，即命停车，各给铜元数枚，意欲换乘他车之际，双方遂起争执。旋一车夫复将韩腰际猛击一拳，立时受伤倒地，经卞唤得岗捕到来，二车均已逃避无踪，捕乃即召得救护车到来，将韩飞送同仁医院，医治罔效，延至当日上午十一时四十五分身死。③

人力车夫围殴闹事也屡见报端。1928年7月，据报道："南市小九华余万顺棺材店，系徐阿大所开。前日晚间，有住居王家嘴角江北人陈三子，携席而至，睡于门口水门汀上。徐之妹开门不能出，嘱陈移去，乃陈向之调笑，徐妹不睬，陈辱骂，被行路者所见，大抱不平，将陈殴打，由人鸣警到来，均已奔逃而去。乃陈纠集拉黄包车者二十余人，拥入徐店，招徐不见，将棺材用斧劈碎，又至楼上，将徐妻与妹殴打，衣服撕碎，大声呼救，幸

---

① 《黄包车夫乘雨劫洋》，《申报》1914年6月21日。
② 《黄包车夫抢劫乘客银洋之拘获》，《申报》1926年6月23日。
③ 《黄包车夫凶横 一拳打死乘客》，《申报》1935年10月12日。

小九华一区三分所派出所近在咫尺，闻悉恐系盗劫，警察赶至，行凶者飞奔逃去。"① 又如："猪行伙孙锡荣，时雇江北人王小招子之黄包车出外收账，讵旧历岁底，孙收得账洋三千元，王已预串匪徒张小素子、刘小其子等，身藏刺刃，暗伏途中，迨王驾车至该处，故意缓行，即被张、刘等拦住，出刀恐吓，将洋抢去。"②

　　人力车夫生活贫苦，本应节俭，但是有些车夫因赊欠酒菜而被殴。如："黄包车孙森林，年二十五岁，盐城人，住满州路长安里，于昨日下午一时许，偕友潘子安至新疆路六五五号门牌郑福记饭店喝酒。店主郑福记以孙于去年积欠钱二百五十文，今年又拖欠三百文，屡索不还。今孙又欲沽酒六十文，鱼一盆六十文，须先惠后吃，阻勒不与，孙森林遂夺酒杯一饮而尽，店主愤甚，双方由口角而至用武，孙森林被打倒地，口吐鲜血，人事不知。"③ 还有一些人力车夫由于赌博，向人借债，至债台高筑无力还债而自杀的情况：

　　住居法租界望志路永吉里三号之东台人黄包车夫吕广林，现年二十四岁，平日酷嗜花会赌博，致日常在外奔波，所得之资，不敷供给赌本，向人借债，应付赌资。近因债台高筑，废历年底将届，债权人四面逼索，吕无法应付，顿生短见，于前晚深夜时，由家持麻绳潜出，至萨坡赛路永吉里弄口，将绳悬于铁门上，自缢自杀。④

　　人力车夫处于社会的下层，没有受过教育。一方面，人力车夫因经济生活的贫困而受到人们的同情；另一方面，人力车夫存在的恶习又遭到人们的反感、憎恶、鄙弃。这些恶习不仅引起人

---

① 《黄包车夫合演大劈棺》，《申报》1928 年 7 月 6 日。
② 《车夫见财起意》，《申报》1913 年 2 月 13 日。
③ 《车夫赊欠酒菜被扭受伤》，《申报》1928 年 4 月 2 日。
④ 《赌花会债台高筑 黄包车夫投缳死》，《申报》1933 年 1 月 14 日。

们的强烈不满，而且扰乱了社会秩序，同时也构建了人力车夫的负面形象。

总而言之，人力车夫的形象在公众眼中是复杂的，野蛮与文明、卑鄙与自尊、欺诈与忠厚，这些特点同时在人力车夫群体身上得到体现。

三、文学作品中的形象

人力车是一个时代的缩影。新文化运动时期，由于一些知识分子受"劳工神圣"和自由平等思潮的影响，开始关注人力车夫，创作了一批关于车夫的诗歌、小说、戏剧等文学作品，揭示了"当时社会的黑暗和不平，下层人生活的悲苦和命运的难卜"①。

诗歌是最早歌颂人力车夫的阵地之一。1918年1月《新青年》第四卷第一号上，开始出现两首以"人力车夫"为题目的新诗，分别是沈尹默的《人力车夫》和胡适的《人力车夫》，反映人力车夫的悲惨生活，抒写了诗人对饥寒劳碌的人力车夫的同情。②紧接着《新青年》第四卷第二号上又刊登了刘半农的《车毯》一诗，不仅描绘了车夫生活的困苦，而且更深一层地写出了车夫思想上的痛苦：

天气冷了，车夫好不容易拼凑些钱，买了一条鲜红的柳条花映衬着墨青底子的毛绒毯子，期望"老爷们坐车，看这毯子好，

---

① 本节分析的关于人力车夫的作品，并不局限于以上海人力车夫为题材的作品，因为就作品的分析而言，人力车夫形象在某种程度上具有相似性。

② 沈尹默《人力车夫》的具体内容："日光淡淡，白云悠悠，风吹薄冰，河水不流。出门去，雇人力车。街上行人，往来很多；车马纷纷，不知干些什么？人力车上人，个个穿棉衣，个个袖手坐，还觉风吹来，身上冷不过。车夫单衣已破，他却汗珠儿颗颗往下堕。"胡适《人力车夫》的具体内容："'车子！车子！'车来如飞。客看车夫，忽然心中酸悲。客问车夫：'你今年几岁？拉车拉了多少时？'车夫答客：'今年十六，拉过三年车了，你老别多疑。'客告车夫：'你年纪太小，我不坐你车。我坐你车，我心惨凄。'车夫告客：'我半日没有生意，我又寒又饥。你老的好心肠，饱不了我的饿肚皮。我年纪小拉车，警察还不管，你老又是谁？'客人点头上车，说：'拉到内务部西！'"

亦许多花两三铜子"。"有时车儿拉罢汗儿流，北风吹来，冻得要死"，他多想把毯子往身上披一披，"却恐身上衣服脏，保了身子，坏了毯子"。诗中通过强调车夫"身子"和"毯子"的矛盾，鲜明地反映了阶级的对立。车夫从买毯子想多得一些铜子，到为了保护毯子而宁愿牺牲身子，我们可以体会到他生计的艰难，生活的窘迫，及在他身上会激起何等剧烈的内心冲突。①

　　周恩来以国内人力车夫为题材发表的《死人的享福》，是一首颂扬劳动人民、鞭挞剥削阶级的诗篇，表达了对劳动人民的深切热爱，以及对反动统治阶级的愤懑之情。"西北风呼呼响，冬天到了。出门雇辆人力车，车夫身上穿件棉袍，我身上也穿件棉袍。我穿着嫌冷，他穿着却嫌累赘，脱下来放在我的脚上，我感谢他爱我，他谢谢我助他便他。共同生活？活人的劳动！死人的享福！"② 此外，还有叶圣陶的《人力车夫》③ 等。这些新诗，描绘出人力车夫生活的艰辛，"终日穷手足之力，以供社会之牺牲，始赢得数十枚之铜圆，一家老弱之生命尽在是矣"④，表达的主题都是对人力车夫的同情。

　　以人力车夫为题材的小说也较多。1919 年 1 月，汪敬熙发表于《新潮》一卷一号的《雪夜》，可以说是我国最早的一篇反映人

---

① 蔡良骥：《文艺枝谈》，浙江人民出版社 1982 年版，第 19 页。
② 《死人的享福》，《觉悟》1920 年第 1 期。
③ 具体内容："他并没预知将要向这条路奔去，他不见得喜欢向这条路奔去——他奔的路，由命运指挥着。我袋里有铜子，数目足以付他的索价；坐上他的车子，他就努力的，盲目的，向我所要走的这条路奔去。这不比种田，有那'生生不息'的'生命之流'，感动、安慰耕者的灵魂！这不比制器，有那'精妙纯美'的'心力之具体表现'，涵濡、留存作者的精神！这不比文学、音乐、绘画，和'大自然'同其呼吸，合'真''美''心血'为结晶！只有努力的，盲目的，向命运指挥的路奔去，便历尽永劫，怎么会'艺术化'呢？他拖着我走，我只看见他深赤如酱的背。他的右肩耸起，成个锐角，他的脊柱，弯曲了。他跑过了十几家门面，换着缓步，挺一挺胸，吐一口气——他屡屡如此。他的躯干，还不及我壮健，他的年龄，许比我加上一倍。他虽受了我的铜子，送我到我的目的地。我的良心上，总印着不可名言，不可磨灭的不安。"参见《人力车夫》，《晨报副刊》1920 年 8 月 19 日。
④ 《李大钊全集》（第一卷），人民出版社 2013 年版，第 454 页。

力车夫生活的白话短篇小说。小说描写了由于穷困所引起的抽鸦片的父亲与拉人力车的儿子的冲突，而这一家庭冲突又导致父亲逼着儿子外出买煤球被汽车所碾，转化为贫富尖锐对立的社会冲突。① 同时期，鲁迅则发表了著名文章《一件小事》，勾勒出一个正直无私、勇于负责的人力车夫的高大身影。② 1924 年，郁达夫发表了短篇小说《薄奠》，通过对车夫悲惨遭遇的描写，鞭挞了造成车夫悲剧的罪恶社会，表达了对劳动人民的真挚的同情。③《骆驼祥子》是老舍的代表作，小说以人力车夫祥子坎坷、悲惨的生活遭遇为主线，揭露了旧中国的黑暗，控诉了统治阶级对劳动者的剥削、压迫。④

还有以人力车夫为题材的短剧，表达对人力车夫的同情。陈

---

① 蔡良骥：《文艺枝谈》，浙江人民出版社 1982 年版，第 21 页。

② 小说以短小的篇幅，凝炼地描写了一件寓意深刻的小事：在一个寒风凛冽的冬日，小说中的"我"雇了一辆人力车在赶路。忽然间，车把带倒了一位衣服破烂的老妇人，车夫停了下来。"我"料定老妇人并没有受伤，又没有别人看见，因此怪车夫多事，自惹是非。然而，这位车夫却毫不理会，他放下车子扶起老妇人，关切地询问情况。并且就在"我"憎恶老妇人装腔作势，埋怨车夫自讨苦吃的时候，车夫毫不踌躇地搀着老妇人走向巡警分驻所，主动地承担起车祸的全部责任……作者以简练的笔墨、清晰的线条，给我们做了精湛的人物速写，成功地塑造了一个人力车夫的高大形象，满腔热情地歌颂了劳动人民正直无私的崇高品质。参见《鲁迅作品分析》，上海人民出版社 1974 年版，第159 页。

③ 小说描写了一个人力车夫的悲惨遭遇。这个人力车夫，淳朴、善良、坚韧、勤劳，在生活的重压下，没有非分的奢望，只是向往着凭自己的劳动买一辆破车，免受车主的压榨，以养家糊口。为此，他不管刮风、下雨、酷热、严寒，像牛马一样无休止地劳动，但仍不能摆脱旧社会给他安排的悲惨命运，最后怀着这可怜的、终究没有实现的愿望淹死在水中。死后，由那个怀有强烈同情，而又无能为力的知识分子"我"买了一辆纸糊的洋车烧给他，作为菲薄的祭奠。参见《现代短篇小说选》，天津人民出版社 1981 年版，第 66—67 页。

④ 小说深刻地揭示了造成祥子悲剧的社会根源。在农村，正是由于地主阶级的残酷压迫，祥子才变得一无所有，才不得不来到城里；在人和车厂，受到车主刘四的剥削；在杨家拉"包月"，遭到杨氏夫妇的刻薄；大兵抢了他的车；特务勒索了他的钱；巫婆神汉骗去了他的钱，断送了虎妞的生命；小福子被生活所迫而自尽……这一切的悲剧都是黑暗社会制度下的产物。在这样的社会环境中，作为一个个体劳动者，只能"痛苦的活着，委屈的死去"，无论怎样挣扎，都逃脱不了吃人的社会制度加给他的苦难命运。祥子的悲剧是对旧社会不合理制度的有力控诉。参见《中国现代文学史》，南海出版公司 2003 年版，第 280 页。

绵在《新青年》第七卷第五号上发表短剧《人力车夫》。"车夫李二一家四口,穷得没粮下锅,没柴起火,寒天里连妻子的棉袄也没有着落。家里人盼望他能多赚些钱回来,没想到他在外面被汽车撞得头破血流,由一个学生扶了回家。在他生命垂危之际,女儿出门去叫挑担卖茶的兄弟,而她所见的是'壶破了,水流了一地!一个大兵还在那里踢他!'全剧很短,只有三页,既写了为富有阶级所占有的汽车不顾车夫的死活而横冲直撞,同时也揭露了军阀统治下大兵对穷人的欺凌。"① 文学作品常常以社会现实为基础,作者从生活现象中把握生活的本质,使作品具有一定的深度。因此,这些作品在表达同情和歌颂人力车夫的同时,也揭示了人力车夫贫困的社会根源。

人力车夫多是从破产的农村流落到城市谋生的农民,他们失去了土地,完全沦为无产者,成为生活在大城市社会底层出卖苦力的劳工。更令人心酸的是,他们无论酷暑严寒,一面为了租得一辆车子与自己同行竞争,一面又在抵抗新式交通工具应用之中挣扎着,同时还处于存废舆论的漩涡之中。在巨大的生存压力下,他们终日不停地奔波,好像有一条无形的鞭子时刻在抽打着他们。随着城市交通的发展,以机械取代人力已成为必然的趋势,但是近代中国城市并没有足够的空间容纳农村剩余劳动力,也未能提供给新式交通工具发展的空间,这就为人力车能够长期存在提供了社会环境。

人力车作为交通近代化的一种过渡,必然会被新式交通工具所取代;但是在没有妥善处理车夫生计问题之前,任何冠冕堂皇的理由都经不起考验。应该说,人力车曾经是上海主要的交通工具之一,对上海城市发展做出很大的贡献。但是随着人力车辆的增多,人力车夫的数量更是远远超过车辆数,如何管理人力车及人力车夫,是市政当局考虑的主要问题之一。

---

① 蔡良骥:《文艺枝谈》,浙江人民出版社1982年版,第22页。

第三章
城市社会管理与近代上海人力车夫

近代上海社会是一个相当复杂的大千世界，所以上海城市社会管理是一项极为艰难、复杂的工作。在都市管理制度的建立和职能运作中，公共租界和法租界大体同步，而前者管理网络的拓展更为先行、规范、细密，并为后者所效仿；华界在借鉴租界模式的同时，也在全面地推进近代都市管理制度建设。上海地域宽广，五方杂处致人口规模膨胀，尤其是庞大的人力车夫群体，成为城市社会管理的重要问题。

第一节　市政机构对车夫的管理

从早期城市到近代城市，城市的每一步发展，都不可能离开城市社会管理。近代上海拥有"三界四方"的格局（公共租界、法租界，华界的南市、闸北，号称"三界四方"），华界、租界并存，公共租界、法租界各自为政。[①]租界对近代上海城市的发展影响至深

---

①　1840 年至 1842 年，中国在鸦片战争中失败，被迫签订《南京条约》。这个条约揭开了中国近代史屈辱的一页，影响了上海此后一个世纪的命运。《南京条约》规定中国开放五个通商口岸，上海为其中一个。1843 年，中英双方签订的《虎门条约》更具体规定，英商可在上海等五口通商，或长久居住，或不时往来，中国地方官应根据当地情况，定一地方，准英人租房或建房居住。这成为殖民主义者在上海开辟租界的主要依据。1843 年 11 月 17 日，上海正式开埠。1845 年 11 月 29 日，《上海土地章程》订立。这个章程凡 23 款，具体规定租地方法、租地范围、租地使用范围、租地市政管理原则，日后被视为租界根本法。这个章程的颁布，也宣布了英租界的辟设。以后，美租界、法租界相继辟设。租界的设立，对上海城市的结构、功能，对上海的政治、经济、文化，影响都十分广泛、十分深远。参见张仲礼主编《近代上海城市研究(1840—1949 年)》，上海人民出版社 2014 年版，第 9 页。

且巨，无论政治、经济、社会，还是文化，无论城市结构还是功能，无论市民行为方式还是社会心理，都有租界影响渗透其中。[1]

一、人力车业的经营管理

近代上海人力车分由三处管辖：市政府公用局、公共租界工部局、法租界公董局。工部局是公共租界的行政机关，于1854年7月成立，其最高权力集中于董事会，董事会下面分设警务、工务、财政税务、卫生、公用、交通、学务等十几个委员会；法租界也起而效尤，于1862年设立公董局，与工部局是同类性质。[2]

至光绪二十五年，复西辟泥城桥以西至静安寺路、东北辟虹口迤东之地以至引翔港，由各国公使议决，将旧时英、美租界及东西新辟之地统名曰公共租界。至法界西南境，始则推至关帝庙浜，及民国三年七月，由中法官吏会同议定，北自长浜路、西自英之徐家汇路、南自斜桥徐家汇路沿河至徐家汇桥、东自麋鹿路肇周路各半起至斜桥止，约为法国租界。故至今日而统计租界，则东自杨树浦迤东之周家嘴，西至叉袋角，北至北四川路，南至小东门外之陆家石桥及西门外之徐家汇路，均为外人警察权之所及矣。其不受管辖、不纳捐税者，惟静安寺路之旧洋务局、北浙江路之会审公堂，以及虹口之三官堂、下海庙、鲁班殿、天后宫、净土庵、红庙而已。[3]

1927年7月，上海被南京国民政府定为特别市，范围包括上海县、宝山县的吴淞和江湾等乡，加上七宝、莘庄、周浦等乡的一部分。[4] 上海的人力车问题，较之其他地方更加严重，更加复

---

　① 熊月之主编：《上海通史》(第1卷)，上海人民出版社1999年版，第36页。
　② 沈以行、姜沛南、郑庆声主编：《上海工人运动史》(上卷)，辽宁人民出版社1991年版，第5—6页。
　③ 陈伯熙：《上海轶事大观》，上海书店出版社2000年版，第15页。
　④ 张仲礼主编：《近代上海城市研究(1840—1949年)》，上海人民出版社2014年版，第12页。

杂。这是什么缘故呢？第一，上海市有公共租界与法租界横亘于中，市政府的治权不能充分行使，而且租界与租界的当局，对于解决人力车问题，并不合作；第二，上海是一个现代式都市，公共汽车、电车路网密布，人力车在压迫之下，营业有退无进，车夫收入当然只减不增；第三，租界限制公用人力车的辆数，而车夫的供给则无穷无尽，以致每一辆车，拉者至少四人，竞争愈烈，车夫的收入愈减；第四，车辆少车夫多，车主居奇，加重车租，层层剥削，所以"上海市人力车主获利之丰厚，生活之安闲，为任何地方任何行业所不如，而上海市人力车夫生活之痛苦，又为我们梦想所不及！"① 以上四点，说明上海市人力车问题的严重性，已成为需要仔细研究和解决的一个社会问题。

人力车夫工作地点不固定，他们穿行于大街小巷，不似产业工人分布集中，市政当局不得不花费大力气整顿人力车秩序和管理人力车夫。一般来说，人力车分为公用人力车、自用人力车、"野鸡"包车等，这里重点分析公用人力车业的经营管理。

（一）人力车的经营方式

人力车的经营，实行出租承放—分散经营—流动候雇这一方式。这种经营方式产生的主要原因如下：最早经营人力车的车主是西方商人，招标承包是西欧的常用方法；旧上海帮派黑势力猖獗，盗贼多，比较大的车主难以和生活在最下层的车夫建立直接关系；外商车主因为语言不通，情况不熟悉，拉车工人居住分散、工作流动，而无法按期收足车租，不得不雇用中国人代理。② 于是一些中间人竞相承放外国车商的车辆，大小包头应运而生。当时舆论将拥有人力车的人均称为"车主"。

---

① 郭崇阶：《上海市的人力车问题》，《社会半月刊》，创刊号。
② 上海市公用事业管理局编：《上海公用事业（1840—1986）》，上海人民出版社1991年版，第251—252页。

1. 领照的手续

公用人力车领照人可以分为三类："无人力车之领照人；将其车辆包放与他人之领照人；自己营业而不将其车辆包放与他人之领照人。"① 其实人力车业内部的关系非常复杂，有"领照人""持照人""车主""承租人"等之分。

一般来说，人力车执照的经营者可以分为两类：经营的直接关系人，包括两种人，即领照人和车夫；经营的间接关系人，就是中间的代捐人、车主、大小包头等。

首先，直接领照。人力车需有捐照，即获准许后，才能通行各马路。"其手续初将依照工部局式样制成之人力车和附件，全副拖至验车处检验，合格后，由车主缴纳保证金，办事人将车主之姓名、住址列入簿册，并在车上敲盖钢印，钉上已排好之号码磁牌，领执照许可纸一张，再至工部局车捐处缴纳费用，即又领取执照一张，执照上之号码与磁牌号码同，领取后钉放于车厢后面。法租界、华界手续略同。"② 各种手续完全办妥后，即可以出租。以上为直接领照之情形，直接领照车主之车辆，一般在十部以上。

其次，间接领照。凡有少量人力车，自己不愿麻烦或不知手续者，一般在他人名单下捐照，此等为间接领照之车主。其人数起码超过直接领照车主的四倍，"唯彼等因工部局内无其户名，常受直接捐照人之敲诈与压迫，而毫无办法"③。上海人力车商有有车无照者，有有照无车者，也有无车无照者（指大小包头），因此会发生"包照"之事。包照之人及一班奸猾不良之徒，因在工部局有领捐照之权而野心勃勃，操纵一切，造成人力车业畸形发展的局面。

---

① 上海市公用局关于人力车问题研究委员会文件,上海市档案馆藏：Q5—5—1618。

② 上海公共租界工部局总办处有关人力车夫生活情况等文件,上海市档案馆藏：U1—6—551。

③ 上海公共租界工部局总办处有关人力车夫生活情况等文件,上海市档案馆藏：U1—6—551。

2. 放租的方式

上海各大车商中直接将车租给车夫的，为数寥寥，大部分车商把车辆租与大包头，而小包头转向大包头承包，再由小包头分派早晚班，车夫始有车可拉，辗转之间，经过四五道手脚。一辆人力车从捐牌照到车夫拉上，中间要经过代捐人、车主、承放人几个环节，层层盘剥，抬高了车租。

人力车夫大多是租别人的车，而租车的手续，又有直接、间接之分，直接的由车行租给车夫，间接的则由车行租给第二人或包头，再由第二人或包头租给车夫。

人力车夫怎样包到车拉的呢？是有一定的系统。如飞星是包给十个大头脑放车的，资本家只是伸手要钱，什么也不过问的。至于这些大头脑完全是上海最著名的大流氓，如顾竹轩、徐荣生、江春潮、钱作年等，这些人谁也晓得是杀人不眨眼的毒兽，吸血不怕腥的恶鬼。资本家包车的方法是把车交给大头脑，每人承包几多，便交出钱几多，修理什么，资本家一概不管账，车子交给大头脑就算完事，五年以后，车就自归给大头脑，这五年一完，帝国主义资本家，不知要赚进几多倍。十个大头脑以下又有无数小头脑，每人承包十部几十部不等。小头脑之下才是车夫。车夫是向小头脑租车来。一切大公司都是这样方法。小公司便不要经过这些麻烦手续，或者自己就是小头脑。①

放车人因利害关系不同，常摇摆于车主、车夫两方面之间。如车主增加包金，他们则扬言车主既增加包金，放车人也势必加增车租，否则徒劳无获，而生活无法维持。车夫从自身利益出发，必须与放车人联合反对，以维原状。若车夫要求减少车租，则放

① 《资本家大小头脑巡捕警察重重压迫剥削下的人力车夫》，《红旗日报》1930 年 8 月 26 日。

车人又因与车主利害相同而合作压制。根据上述分析，放车人之摇摆，实际上是以他们的利害为导向的。

3. 执照的使用

近代上海三界并存，对于人力车夫的管理，也形成了多方管理的格局。人力车上的执照，也称"照会"，按人力车通行地方可分为甲种车照（即三面照会）和乙种车照（即二或一面照会）。公共租界发放的执照可以通行全市任何地方，这种执照被称为三面照会，或甲种车照，俗称大照会。通行于南市、法租界两个区的称为二面照会，通行于闸北、沪西等单独区的为一面照会，以上两种合称乙种照会，俗称小照会。① 甲种车照租价最高，次为南市、闸北、沪西等乙种车照，"租价乙照较甲照几低二分之一，而晚班较早班租价为高"②。"车上有钉三张的（即华界、英租界、法租界三张），有钉二张的，有钉一张的，都各各不同。人们倘在华界地方，要到租界上去，叫起人力车来，总说：'有没有大（读若度）照会'。称租界执照曰'大照会'，那么自己华界的执照当然是'小照会'了。"③ 当时，华界的人力车商也向市公用局提出人力车通行区域的交涉，具体情况如下：

> 闸北人力车商以租界人力车得通行全埠，毫无阻碍，而华界人力车在闸北者，只能行驶闸北，在沪南者，只能行驶沪南，均不能超越租界一步。爰于前日以北市车商公会名义，具呈市公用局，请向租界当局提出交涉，务使华界人力车亦得通行租界，以维国权。该局以华租两界营业人力车，各有规定辆数，各设保捐公会，不能轻易变更，且此项呈请交涉，手续亦欠周妥，因即批答该公会云。呈悉：查市内营业人力车，现在沪南、沪北及公共

---

① 蔡亮：《近代上海人力车产业的兴衰探微》，《都市文化研究》2016年第1期。

② 上海市社会局编：《上海市人力车夫生活状况调查报告书》，上海图书馆藏，第36页。

③ 郁慕侠：《上海鳞爪》，上海书店出版社1998年版，第178页。

租界三区域内，各有规定辆数，归各代捐人组织公会保捐，各经主管官厅批准。在此项办法未有变更以前，任何一区域内营业人力车辆数，不能超过定额，故该会所请以沪北营业人力车通过租界一节，应先与保捐公共租界营业人力车之上海人力车商同业公会及上海人力车务工商互助联合会，协商妥洽。①

营业人力车执照规则规定，执照不得转让与出售。如未付清当月的执照费，即取消执照，并将此执照发给新的申请者。不过在公共租界，直到1930年代，除了有10辆人力车因伪造牌照等诈骗行为被褫夺执照而未补充外，因未付费用而取消执照的事似乎一直没有发生过。② 规则上不允许转让，但事实转让的现象还是存在的，这种事实上的转让又分两种情况：一种是合法的转让；另一种就是黑市交易，此为非法。在公共租界做人力车生意，上至工部局，下至满街跑的车夫，中间卷入的多层次的执照持有人、业主、承包人、转承人，都不同程度地从执照的买、卖、租的非法交易中获利。③

营业人力车执照纠纷频繁发生。如法租界发给营业人力车捐照一向无数量限制，在每月开首四天内发给新照，先来请者先捐，"对法沪南、沪北、沪西各区，均得尽先捐领法租界捐照，计每月发出车照总数，均在一万七千辆以下，故于二十二年三月六日，法公董局董事会常务会议议决，规定以一万七千辆为限，但最近于闸北经沪战后，市况减色"，该处多数车夫纷纷来南市营业，"就近捐领法照者甚多，以致溢出限额"。后法租界对营业人力车执照忽加限止，致使一部分车商未能领取执照营业，人力车商代

---

① 《华界人力车通行租界问题》，《申报》1929年12月27日。

② ［日］佐佐木清美：《近代上海人力车行业的结构——以20世纪20—30年代公共租界为例》，载熊月之、高纲博文主编《透视老上海》，上海社会科学院出版社2004年版，第150页。

③ ［美］卢汉超：《霓虹灯外——20世纪初日常生活中的上海》，段炼、吴敏、子羽译，上海古籍出版社2004年版，第67页。

表张怀扬请求市政府援助交涉。结果法租界当局允许再添发车照一百五十张，"惟须人力车同业公会，先将申请书送交法租界纳税华人会，转送法公董局，再由该局设法呈请法国驻沪总领事署增加人力车照会一百五十张，仍送由纳税华人会转交人力车同业公会负责支配，并由该会等担保，不再要求增放车照等"。[①]

因人力车捐照争执，甚至会发生暗杀活动。如阜宁人王宝栈，系上海市人力车同业公会常务委员，某日由浴室返家，行至里口，忽被暴徒开枪狙击，凶手逃逸无踪，家属送医后，因伤重不治而死。"被杀原因有数说，但以人力车捐照争执一项，似最近情云。""缘死者王宝栈，在公会中敢言而多谋略，常被推为公会代表，向外接洽一切，而与租界上之华洋人力车公会交涉之时为尤多。近来市府当局已令租界华洋人力车公会于明年四月一日前加入市人力车同业公会，以昭划一，否则华界照会，未能领发，说者谓王宝栈对于此事，奔走甚力，致为少数人所忌，因而丧生。"[②]

（二）制定人力车规章制度

租界的管理机构，承袭了西方城市管理模式，对于交通等方面的管理，从设置管理机构，到制定一系列规章，经历了一个逐步发展的过程，形成了一套严密的监管体系。华界也在逐步加强对人力车的管理，并相应地制定了人力车规章制度。

首先，对人力车标准式样的规定。

人力车式样是备受关注的问题之一。虽然人力车被引进上海后，几经改造，逐渐形成了固定样式，但就人力车的"装潢设备"问题，一直争议不断。有人提议"上海地方，须另造新式人力车，其装潢设备，务必适合需要"，"试观目前之人力车，极不安适，须改良者，首在选择上等轻质金属，以为车身，与美国之新式汽

---

① 《法租界人力车照纠纷市公用局交涉经过》，《申报》1934 年 5 月 3 日。
② 《人力车公会常委王宝栈被暗杀》，《申报》1930 年 12 月 21 日。

车车身材料相仿，如是则经久耐用，远胜于目前之黄包车矣"①。还有人把上海、北京两地的人力车作比较：

故常居上海之人，一往北京，无不相顾惊叹，因其所见之公共人力车，皆异乎在上海之所见者。北京之公共人力车，其建筑与上海之包车无异，而北京之人力车每日必受路警之审查，盖为公众卫生起见也。故公共人力车每日必须至警局详查一次，如防水布有破裂之处，或坐垫不洁，应令其立即换去，然后再能营业。如是以观，北京之人力车，比较的殊为优美也。②

公共租界工部局组织人力车委员会研究人力车各项问题并规定人力车式样标准。1934 年 9 月，公共租界公布了公用人力车之标准新样，并在公平路六百三十号之验车处公开展览。新样设计遵循三项原则：安全舒适，并可防雨；造价不致过巨，且可耐用，便于修理；匀稳易走，便于拖拉。新样特点如下："（一）所漆颜色，颇为美观，而又不太触目；（二）车篷车帘，尺寸较大，虽高大之乘客，亦得保障，篷后又开活窗，以便通风（本拟于前后设玻窗，因其易损，作罢）；（三）车背系方形，如又损，易于修理，但坐位宽大，所备坐垫靠背，可与圆背形之车同样舒适；（四）车下用 C 字形弹簧，较现在之车舒适，但亦坚固可靠；（五）护泥板改为圆形，合用而较美观；（六）车前设支柱，车挡不致触地，上下车时，亦较稳妥；（七）车挡约缩短六吋（英寸）至八吋，转弯较便，把端附装橡皮，减少触撞之危险；（八）车身后装坚固之铁架两具，以免仰翻；（九）脚踏两旁，各设防护物，以免污损衣服；（十）车灯改良，并于车背上装圆形红玻璃一块，以便后面汽车之灯光容易照见；（十一）执照装在轴下，容易望见，且较现在

①　《改良人力车问题》，《申报》（增刊）1923 年 3 月 31 日。
②　《改良人力车问题》，《申报》（增刊）1923 年 3 月 31 日。

钉法略为美观；（十二）新车因材料较佳，故重量略为较重，但较一般之包车仍轻，因其匀称易走，故略重并无妨碍。"① "至于前此有人建议装设煞车机一层，经数度试验之结果，因不易保持其完善合用，恐反招致危险，故未采用。又新车或有人疑其将与包车相混，但公用人力车左面有号牌，右面有价目表，下面装有三张执照，自易于辨认也。"② 1938 年 11 月，公共租界工部局车务处因现行人力车式样欠佳，故召集人力车公会代表殷芝龄、顾松茂、后绍庵、王坤一等谈话，工部局出席者除车务处长外，尚有人力车管理处长及戈登路验车处代表，讨论决定进一步改良人力车式样。③

法租界公董局关于人力车之建议："（一）不另制新式车，或髹以特别颜色，俾免消除竞争，公董局深信公众自将所最安舒之式，制成最佳之车；（二）车式一律不重订车费表，车主当遵守清洁车辆章程，违章者须加重罚；（三）如警察按时查察，且授以不许不合需要之任何车辆行于市中，则黄包车可无庸注册；（四）每车当存保证金五元。"④

华界人力车式样跟租界相比，甚为破烂不堪。当时经行闸北的人，莫不认为当地人力车破坏敝陋。"曾经闸北市议事会议决取缔，但前闸北市公所及淞沪商埠公署，均未能实行办理。此次上海特别市公用局毅然革除积陋，限令各车主一律换新，并设验车处于闸北青云路空场，定九月一日起，所有旧朽之车，均不能再在道路上发现。连日闸北人力车已见一部分新车，并于车之右翼板钉有上海特别市公用局号牌，以便稽察。"⑤ 自新车行驶后，市政交通顿时一改旧观。

---

① 《公开展览之新式黄包车》，《申报》1934 年 9 月 11 日。
② 《公开展览之新式黄包车》，《申报》1934 年 9 月 11 日。
③ 《人力车改良式样》，《申报》1938 年 11 月 28 日。
④ 《法公董局关于黄包车之建议》，《申报》1923 年 5 月 5 日。
⑤ 《闸北人力车已改旧观》，《申报》1927 年 8 月 22 日。

其次，制定人力车管理规则。

人力车的管理规则是人力车正常运营的保证。为了改变照会使用的混乱局面，1923 年 11 月，公共租界工部局颁布人力车照会条款，定于 1924 年 1 月 1 日实行。条款的内容如下：

（一）照会不得移让他人。（二）照会号牌应钉于黑板，工部局所发磁号牌应钉于叶子板，常加揩拭，不得使之模糊。（三）黄包车应照工部局认可之式，坚固制成，车身及车之装备品，应常使洁净及加修理。（四）凡市售产品、商品或其他物品似可污及车身者，非经包裹，不得置于车上，凡足以损毁车身之各种物品，无论何时，不得携载。（五）车须随时由巡捕或工部局所派检查员验看，非经该员认为合用，不得出租。（六）自日落起至日出止，车上应常备油灯二盏，置于车之左右，前用白玻璃，后用红玻璃，所置之处，应使前后于适当距离内能望见之。（七）拉车者应身体强壮，须由领照会者发给工部局定式之号衣，拉车者应常着此号衣，且当使之洁净无损。（八）老弱污秽或吸鸦片者与幼童，均不准拉车。（九）拉车者不得沿途招徕乘客，无人雇乘时，须停驻停车处。（十）拉车者不得照定章多索车资，拉车者不得无故拒绝载客至租界内各处或租界外工部局所筑之道路。（十一）工部局所备车资表及租界地图，应常置车内，如索价时，乘客欲观，须取示之。（十二）乘客留遗车中之物品，应即送至最近之捕房。（十三）凡领照会者，应将华文行车规则及工部局随时发表之修正规则，发给各车夫，并当向之明白解释，命车夫遵守之。（十四）车夫应遵守目下实行之警章。（十五）如有失窃情事及因车夫不慎，酿有损失，应由领取照会者负责。（十六）如有乘客死于车上，应即报告捕房。（十七）违背照会条款者，得由工部局吊销或中止其照会，及没收其保金一部分或全部分。车资以远近计者，一英哩或不足一英哩，铜元十枚，后每加半英哩或不足半哩，加铜元十枚；以时间计者，每小时或不足一小时铜元五十枚，后每加一小时或不足一小时，加铜元四十枚。保金每车五元，照会费每月两元，照会牌费在外。①

为加强对人力车的管理，工部局成立人力车管理处，"其办公室在工部局内第五一八号及五一八号甲两室，电话为一三四六九；凡社会人士，对于该处职权范围内所拟行之改革计划，有意见陈述者可随时前往晤谈"②。1934年，工部局董事会决定自当年8月1日起，施行新定公用人力车执照章程；主要目的在革除各项积弊，如非法买卖执照，车行公会垄断领照，无限地增加车租等等。新章中首先声明，领照人必须为车主，凡出租、出卖执照，工部局概不承认，并积极取缔。③ 具体内容如下：

（一）车夫执照不许转让，每年十二月应续请新照。（二）车夫拉车时，必须携带执照，如巡捕索阅，应即交出。（三）领照之车夫，发给臂章，拉车时须带于左臂。（四）车夫不准兜揽乘客，无乘客时，应在停车棚内休息，或沿路旁行走，避免主要街道。（五）车夫无故不得拒绝在租界内或界外马路拉送乘客。（六）车上不得拉成年人二人。（七）牲畜或菜品以及易于染污车辆之物，非包裹严密，不得拉运，又有损车辆及妨碍交通之物件，无论何时，不得拉运。（八）车夫应种痘，并遵守工部局其他防病办法。（九）患传染病者，不得拉送，沾染传染病之衣被物件，亦不得拉运。（十）乘客死亡，应即时报告。（十一）车辆不得转租，应按时交还车主。（十二）车上拾得物件，须立即交送最近之捕房。（十三）不得以任何酬报给予工部局职员。（十四）车夫应遵守车务及其他现行章程。（十五）违反以上章程者，将其执照停止或注消，或对该车夫予以控告。④

---

① 《黄包车照会修正条款之发表》，《申报》1923年11月1日。
② 《工部局人力车管理处消息》，《申报》1934年5月25日。
③ 《工部局修改人力车章程》，《申报》1934年7月13日。
④ 《工部局修改人力车章程》，《申报》1934年7月13日。

为了保持人力车辆的清洁，工部局车务处同意设人力车清洁检查员检查车辆。"经属处第廿二次理事会议，熟筹促进方法，责成原雇有之清洁检查员四人，逐日沿途分投检查，一遇有污劣不整齐车辆，随时随地劝告车夫，拉回车行，修整一切。凡有各项整洁宣传品等，亦得由各该检查员沿途散发，以示车夫周知，一切悉遵工部局定章，不稍违背。"①

对于人力车违章处罚，工部局也有相应的一套措施。最初巡捕发现拉车者违章后，将人车一并送会审公廨，经过审判，或判车夫罚款或判车夫关押若干日，后改为巡捕直接处理，吊销其捐照或罚款。"公共租界捕房取缔人力车素严，昔之木轮车造成后，须至捕房验看，是否与捕房中所存之样车一式坚固，苟不合格即不能捐照营业，如验系合格者，于车之后身及两轮毂上均錾有号码，使此车之轮不能与彼车互易，其所錾之号即执照之号数，令执照亦不能互易。又定每月验车一次，将各车调至闵行路捕房逐一验看，如有朽败者即将执照扣留，非修理完固不可，故绝无车毁伤人之事。且车行中欲领执照，须先觅殷实店保，设乘车者于车中遗失物件，只须记明车号即可根究。"②

法租界对人力车之规定："（一）检查人力车，或在路中，或在站处，凡车有损坏，须拘至捕房，由一西捕给一验单，交于车夫，单上注明当修之处；（二）在此光景，能吊销两租界之照会，依一九二五年所定章程；（三）欲发还临时吊销之照会，须视车主修车之迟速而定，凡欲呈验撬照之车，每日上午八时至下午五时半，均可呈验，以免损失，合则立刻发还照会；（四）公共捕房二月一次，轮流总验，备有公共租界照会之人力车，在法租界免验，法捕房只验仅具华界及法租界照会之人力车，以免车主同时呈验二处之烦劳。"③

---

① 《公共租界将设人力车清洁检查员》，《申报》1934 年 5 月 7 日。
② 陈伯熙：《上海轶事大观》，上海书店出版社 2000 年版，第 294 页。
③ 《法租界对人力车之新规定》，《申报》1925 年 11 月 3 日。

华界规定人力车领挂号牌、行车执照并缴纳车捐者，方可行驶于市区。1922年7月，沪北工巡捐局发出布告，"定章人力车纳捐领照，应将执照张钉车身后面，以便易于稽查"；"兹查往来车辆，领照之后，匿不张钉者亦属不少，殊于稽查有所不便，嗣后各车行及营业车辆，应将捐领执照，一律张钉车身后面，如有故违，查出后照漏捐罚办"。① 1930年4月，上海市公用局制定营业人力车缴捐执照规则。"本市营业人力车行车执照，向以代捐户名为单位，而附注该户名下各车号数，故此项执照仅凭以缴捐，而数车共有一照，与他项车照性质稍异，现值上期所发执照效满之期"，公用局为区别起见，将是项执照名称改为"上海特别市营业人力车缴捐执照"，并订规则九条：

（一）凡有营业人力车十五辆以上者，即可单独请领本执照。（二）车主除本人自有车辆外，并得将他人所有营业人力车附人代捐。（三）车主代表其他营业人力车缴捐，其自有车数至少须有三辆，代捐车数至少须有十二辆，合计至少十五辆。（四）车主所报自有车数，如有浮冒情事，一经查实，应即将本执照取消。（五）车主应照所报车数（包括自有及代捐），凭此执照，在每月十五日以前，向财政局稽征处缴纳月捐，不得短少。（六）车主所报车辆（包括自有及代捐），一切责任，均由该缴捐者完全负担。（七）车主应遵守本市有关系营业人力车之一切规章。（八）本局在职权范围内，对于车主有所查问时，该车主不得违抗。（九）本规则第一、第三两条之限制，对于在浦东本市区域内之营业人力车，暂不适用。②

有关人力车安全及整洁方面，上海市公用局也做出相应的规

---

① 《人力车应钉捐照》，《申报》1922年7月25日。
② 《市公用局订定营业人力车缴捐执照规则》，《申报》1930年4月6日。

定：轮胎需用橡皮气胎；钢板不得歪斜碎裂；车身木板不得破烂，各拼接处搭铁均须完备，并不得松动；车篷及门布必须完备且不漏雨水；坐垫及靠背必须完整清洁，并有洁白布套；车身油漆必须光洁完整，不得残脱或落色；车后保险铁撑必须完备坚牢；叶子板必须完整，并不得松动；车身上各处螺钉头必须光圆无尖刺，以免撕破坐客衣服；车灯两盏必须齐备。①

人力车的停放地点，市政当局也有具体的规定。20 世纪 20 年代，工部局同意修建人力车停车场，并表示"如有需要，董事会可能考虑建造更多的车棚"。人力车委员会认为人力车停放处，"如有可以设立之处，如在业产正在发展地点，或在民众常往场所之外，亦可设立。惟如设立，应订定规则，务使乘客必须严格挨次雇用。"② 1935 年，上海市公用局专门召开会议，商讨营业人力车停车地点，"窃查本所辖境，向无指定人力车停车处所，随处停留对于交通实有妨碍，现经择定西渡、洋泾桥、洋泾港口、新桥头、西栅口、凌家木桥等处为停车之所"。③

最后，酌定人力车乘车价标准。

关于人力车乘车价格的纷争也频繁发生，甚至有时会酿成流血冲突。车夫与乘客因车资而发生冲突有两种不同的情况。一是车夫勒索乘客而酿成的冲突。如："沪军营杨顺兴成衣店主杨梦生，旧历本月十六日午刻，在西门雇王玉贵之黄包车，车一抬子到店，言明车资二角，迨到店如数付给，王以路遥为由，勒索小洋四角，致起冲突。"④ 一是乘客少给车资而酿成冲突。如："挽黄包车之江北人姚德兰，现年三十八岁，家住闸北太阳庙附近草棚内。昨日午后一时余，姚在法租界金神父路见一少妇抱一小孩，

---

① 行政院关于禁止使用人力车的训令及上海市政府执行该训令的具体措施，上海市档案馆藏：Q1—6—168。

② 上海市公用局关于人力车问题研究委员会文件，上海市档案馆藏：Q5—5—1618。

③ 上海市公用局规划营业人力车停车场，上海市档案馆藏：Q5—2—1281。

④ 《黄包车夫勒索车资之纠葛》，《申报》1923 年 9 月 28 日。

踽踽而行，遂上前招呼，妇谓往虹口赫斯克路，当时曾言定车资小洋四角，嗣车抵目的地，氏谨给伊双毫一枚，铜元二百九十文。姚以尚少铜元若干，发生吵闹，斯时门内走出男子一人，怒气冲冲，一脚踢中，姚之足肿，不支而踣，复又挥拳痛击其右眼，当场青肿异常，流血不止。"①

为了进一步规范人力车运价，公共租界工部局专门制定人力车运价表。公共租界工部局规定要明码标价，按距离及时间计算之人力车车资，为此制定价目表一张，贴于每辆人力车之上。"凡领照人应在车之右护板上钉置规定之车资表，表由局发给，其规定系小洋一角半英里，小洋一角即为起码价格，又每小时小洋六角，起码亦为六角。若乘车人与车夫预先讲定车资，不在此例。"②

华界人力车乘车车资标准更加混乱。"晨间车价较低，而深夜则昂，每遇刁滑车夫，仅足为需索之借口。"1937 年 7 月，公用局为便利市中心区交通，特制新式人力车五十辆："该项车辆样式与包车大致相仿，惟车身漆蓝色，两翼板配以黑色，故色彩非常调和；并装有路码表，每走一哩需费四分，故雇客坐车时，无讨价还价之麻烦。"③

为了防止人力车夫漫天要价，当时还发明有人力车计程定价表。"寓居静安寺路九十六巷应云麒，最近发明人力车计程定价表一种，兹已呈经实业部准许专利五年……是项计程定价表，将来发行，于乘客、车夫两感便利，其于初次涉足本埠之异邦人士，更不致受人力车夫漫天讨价之欺云。"④ 人力车计程定价表的发明，在当时中国应该算个奇迹，很多人也给予了高度的评价：

---

① 《黄包车夫被殴伤甚剧》，《申报》1930 年 6 月 2 日。
② 《工部局修改人力车章程》，《申报》1934 年 7 月 13 日。
③ 《新式人力车昨起行驶市中心区》，《申报》1937 年 7 月 7 日。
④ 《应云麒发明人力车计程定价表》，《申报》1936 年 2 月 1 日。

不久之前，我们在报端曾观到过一则一位工友发明年月日时辰钟的新闻过，那只钟能够循着齿轮的转动，指出年月日和时辰来。现在我们又看到了一则一位工友发明人力车计程定价表的新闻了，据说"该表如装置于人力车上后，即能循轮毂之旋转，计指里程及车资代价，毫发不爽"。而更巧的，是发明此表的应云麒君，也是"系一工匠，不甚读书"，因之"有此发明"，更觉得"弥足难能"。年月日时辰钟和人力车计程定价表的发明，在科学发达如现时代，固然并不是怎样了不起的事情，但是这发明是出之于科学落后的现中国，并且该发明者又都是"不甚读书"的"工匠"，则我们除"弥足难能"的惊叹外，实在更不能不致钦佩之忱。[①]

无论租界还是华界，对人力车规章都做了具体规定。租界从设立管理机构到制定一系列规章制度，形成了一套严密的人力车管理体系。在这方面，租界起了一个"示范作用"，华界在效仿租界的同时，也相应地制定了一些人力车规章制度。虽然人力车的规章制度在实际操作中存在背离的现象，但是总体上说，人力车各项规章制度的制定，为人力车的各项管理提供依据，在一定程度上也规范了人力车秩序。

（三）举办人力车登记

为整顿界内人力车问题，公共租界工部局令各车主赴局登记，登记并不收费，登记办事处设在江西路工部局办公处内五百一十六号房间。[②] 1933 年 11 月，工部局召开董事会议，对于整顿界内人力车问题，有详尽缜密的讨论，"缘工部局已有人力车委员会之组织，拟先办理车主登记，以谋减少车辆，俾使巡捕便利指

---

① 《从人力车计程表说起》，《申报》1936 年 2 月 4 日。
② 《工部局招请黄包车主免费登记》，《申报》1933 年 10 月 24 日。

挥交通"①。

1935 年 2 月，工部局人力车务管理委员会主席麦西对车主登记和车夫登记进行了说明：（1）登记真实车主。"车委会第一步之主要工作即为举行车主登记，前此黄包车之九千九百九十张执照，向由一百四十四人出名具领，致引起执照之非法转售。车主登记之后，必须其本人，方能领得车照。经宣布之后，车主前来登记，甚为踊跃，后因车主公会之阻难，致车主证书未能如期全发。"②（2）车夫之登记。"车委会再进一步之工作，为登记一切人力车夫，使之遵章领照。上年九月一日，起先登记自用人力车（包车）登记方法，先考问行车章程，继行体质检验，并试其耳目是否聪明，旋即拍照，兼打指印，并予以防疫注射或种痘，有演讲员向之宣讲拉车时应行注意各事。既毕，则给予执照，授以臂章。"③法租界公董局为研究人力车问题，"经由该局人力车问题特别委员会两次讨论，准予接受公共租界工部局之建议，因此法租界方面之自用包车夫登记一事，决定于西历一九三五年一月一日起实行云"④。

市政当局认为举办人力车夫登记至少有以下理由：可知谁为人力车夫，以及车夫实数、住址、体格、家庭概况；举办登记以后，可以维持车夫与车辆之均衡，避免僧多粥少之竞争，而致车夫收入不足以维持其生活；举办登记以后，等于明白宣布上海人力车夫已经满额，原欲前来上海充当车夫之农民，应另谋生活，或由当地政府另筹救济。⑤ 当时，也有人因登记未能录取，导致无车可拉而自杀的情况：

阜宁人刘殿元，年 43 岁，在法租界大康里 88 号灭立基车公

---

① 《工部局董事会讨论整理界内人力车问题》，《申报》1933 年 11 月 3 日。
② 《工部局整顿人力车之经过》，《申报》1935 年 2 月 8 日。
③ 《工部局整顿人力车之经过》，《申报》1935 年 2 月 8 日。
④ 《法租界将行包车登记》，《申报》1934 年 10 月 7 日。
⑤ 王刚：《救济上海市人力车夫计划草案》，《社会半月刊》第 1 卷第 15 期。

司拉黄包车度日，近因车夫必须登记，方可拉车，故两次前往
工部局车夫登记处登记，均未能录取，该车夫因登记失望，无
车可拉，一家大小五口，生计顿告断绝，忧虑莫名，突于 7 日
午后上吊自杀，衣棺俱无，情形可惨，其妻刘胡氏，于昨日下
午向车夫工会请救，当由车夫总代表陈国梁担任向各方设法援
助收殓云。①

　　华界公用局发给营业人力车主凭证的办法，先由申请人提交
申请书，然后送呈公用局审查及调查，合格者，由公用局发给车
主凭证；不合格者，公用局将不合格理由通知申请人，申请人也
可另找证据再送呈公用局审查及调查。（见图 15）

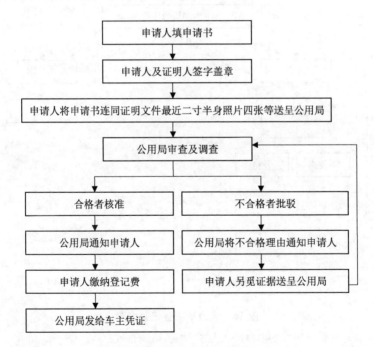

图 15　领取车主凭证手续顺序图

资料来源：上海市公用局关于人力车划照等事项，上海市档案馆藏：Q5—2—954。

---

①　刘明逵、唐玉良主编：《中国近代工人阶级和工人运动》（第七册），中共中央党
校出版社 2002 年版，第 666 页。

公用局认为举办人力车夫登记，不仅可以管理人力车辆，也可早日筹组福利会。人力车夫登记有严格的程序，先需车夫提出申请，然后由车主填具申请书介绍，再后由车夫缴纳登记费等等。（见图16）

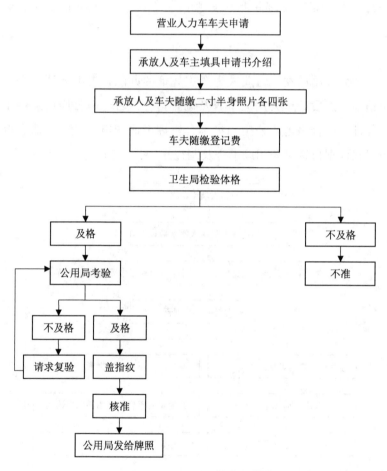

图16　人力车夫登记顺序图

资料来源：上海市公用局举办人力车夫登记，上海市档案馆藏：Q5—2—1066。

租界、华界当局都欲举办车主与车夫登记，且有相应措施推进。一方面，通过登记，当局对人力车夫的具体情况有所掌握，便于管理，规范了人力车的秩序；另一方面，举办登记也遭到车商、车夫的反对。车商以登记后，营业大受影响为由抗议，车夫以登记后不能返回家乡，限制了车夫的人数为由反对，所以，自举办登记以来，他们之间的冲突频繁不断，使得市政当局陷入了尴尬的处境。

二、多方管理：维护社会秩序

如何对庞大的人力车夫群体进行管理，是市政当局考虑的主要问题之一。为了维护社会秩序，租界、华界当局对人力车及人力车夫进行了多方面的管理。

（一）维持社会治安秩序

人力车夫影响治安主要体现在以下几个方面。部分人力车夫有偷盗行为。如："方要新前日子携皮夹一只，经过北火车站对面之界路，有黄包车夫五人群向兜揽生意，纠缠之下，皮夹内失去汇票七纸，银洋五十余元。"① 妇人赵顾氏，"雇乘周阿三之黄包车，拟至南火车站探亲，行经法租界爱多亚路火轮磨坊街口，周伪称乏力停车，突有同党两人，上前将顾氏手上所戴之绞丝金镯一只强掳而逸"②。

部分人力车夫贩卖"烟土"和"红丸"。如闸北四区一所公安局警长张功迪，"行经蒙古路小菜场，见人力车一辆，上坐一人，旁立四五人，状甚可疑，当即会同警长张栋扬等上前搜查，在车座箱内查出烟土两包，重一百三十五两"③。又如"闸北恒丰路兰亭里口，有租界五七零一号之黄包车一辆，由车夫挽之北去。该处四区二所第四守望警房万起，见该车虽系空车，而车夫形色慌张，若载有重物者，乃即上前搜查，初无所获，旋将坐垫取去，不觉大骇，盖内储大批红丸，计七十盒，共七万粒"④。

---

① 《黄包车夫纠党攫物》，《申报》1920 年 2 月 8 日。
② 《黄包车夫串抢金镯之押傲》，《申报》1920 年 11 月 21 日。
③ 《黄包车箱内之烟土》，《申报》1932 年 1 月 28 日。
④ 《黄包车中搜出红丸七万粒》，《申报》1930 年 6 月 1 日。

还有一些人力车夫使用伪洋伪角。当时在上海北火车站，常有一些人力车夫使用伪洋伪角欺骗旅客，被害者不愿多事故去追究，他们便更肆无忌惮。"有旅客朱鼎全，由他埠乘火车来沪，在北车站下车，雇坐陈阿福、袁阿大之黄包车二辆，该车夫又施其故伎，被朱当场察破……并在二车夫身畔抄出伪质大洋一元又伪角三枚。"① 一些车夫竟冒充稽查人员："通州人刘浩轩，前日在江湾车站冒充禁烟局稽查，搜查行人，被五区五分所岗警徐润德查见，向索稽查凭证无着，由警将刘带入所中。由戴所长讯，据刘供：向在福溪路汪家拉包车，蒙主人将我荐至安徽禁烟局，充当稽查，尚未接差，是日在车站遇见上宝区禁烟局稽查某某等两友人，正在闲谈之际，忽见黄包车拉一客人，由南往北，车行甚速，该两友人疑系带土之人，邀我帮同检查，致遭岗警盘诘被拘去。戴所长以案关冒充稽查，昨已备文申解公安局讯办。"②

在租界的立法中，有关于社会治安的规定，它们对于维护租界内的一般治安和交通秩序，起过一定作用。租界内有大量的巡捕在街上巡逻，以维持社会治安。③ 1923 年 8 月，公共租界总巡捕房总稽查处发出通缉，缉拿三名人力车夫："为悬赏缉拿事，照得小耳子一名，江北人，业车夫，年二十一岁，身高五尺二寸，身躯瘦小，齿已变色，常到欧嘉路三百零三号茶馆；又潘老四一名，江北人，业车夫头目，年三十二岁，身高五尺五寸，身躯瘦小，齿清白，常到欧嘉路三百零三号茶馆；又李大才一名，江北人，业车夫，年三十六岁，身高五尺六寸，身躯瘦弱，齿清白，常到欧嘉路三百零三号茶馆。为因与已经拿获惩办之车夫两名，

---

① 《车夫使用伪角之败露》，《申报》1920 年 1 月 10 日。
② 《包车夫居然充禁烟稽查员》，《申报》1928 年 5 月 30 日。
③ "租界警察名曰巡捕，有总巡驻于福州路之老巡捕房，有捕头驻于各分捕房，计公共租界十二处、法租界八处。捕头之下有巡目，西人充之，其徽章缘金线三条，故俗通称之曰'三道头'。其下则为巡捕，分为四种，一为巡逻，由三道头稽查之；一为管车务，立路口以指挥车马；一为巡路，查破车及违章等事；一为马巡，英、印人充之。此外有包探，俗呼'包打听'。"参见陈伯熙《上海轶事大观》，上海书店出版社 2000 年版，第 151 页。

于西历一千九百二十三年七月十六号，持械抢劫庄家巷三百二十三号一案有关。"[①] 1931 年 7 月，人力车夫扬州人王贵涛，在百老汇路邓脱路附近，与另两名车夫为争拉一西人坐车而发生纠葛，遭殴伤要害倒地，被巡捕发现后送至同仁医院，不幸毙命。该案凶手逃逸，经过三年的侦查，捕房终于将该案告破，具体情况如下：

> 据线人陈金生报称，此凶手两人名李富乾、杨文新（皆扬州籍），现在百老汇路华记路一带拉车。捕头派中西探密往，将李、杨两犯先后逮捕，带入捕房收押。翌晨，解送第一特区法院刑三庭，捕房律师张天荫起称，据线人陈金生谓，当时伊在场目睹，见一西人查名春克者，从该处酒排间走出，呼雇车辆，死者与二被告趋前兜拉，结果被死者夺得，而李富乾大恚，将渠殴打倒地，而杨文新亦帮助行凶，李最后用两足立其头部，致脑壳受创。事后被害人在医院称，凶手一系李富乾，另有一人不识而毙命。后捕房查得凶手所拉之车辆，号码为三五三零号，系杨树浦一三二四号车行放出，拉车人名倪富记，与李富乾之名相埒，而两被告在捕房直认不讳。[②]

华界维持社会治安的机构是淞沪警察厅。[③] 1934 年 9 月，人

---

① 《捕房悬赏通缉劫案中三车夫》，《申报》1923 年 8 月 11 日。

② 《三载前殴死车夫之凶手被逮》，《申报》1934 年 1 月 8 日。

③ 1913 年根据北京政府颁布的划一现行地方警察官厅组织令而设。管辖区跨上海、宝山两县，在上海县境的有上海、闸北、浦淞、洋泾四市和法华、塘桥、引翔三乡；在宝山县境的为吴淞市和高桥、殷行、江湾、彭浦、真如五乡。厅内设机要、督察二处，及总务、行政、司法、卫生四科，下辖 6 个区署和 19 个分所。另设保安警察一队、游巡警察四队、水巡警察一队、侦缉警察一队，共计有警察 3 000 余人。二次革命时，北京政府改设淞沪水陆警察署，并从北方陆续调来大批北洋警察，加强上海警力。1914 年 7 月恢复原建制。1924 年 11 月 10 日，北洋军阀内部因淞沪政权的归属问题发生争执，皖系军阀卢永祥买通王亚樵，派人在大世界附近的温泉浴室刺杀了属于直系的淞沪警察厅长徐国梁，酿成齐卢之战前上海的严重局势。国民政府成立后，1927 年 7 月 22 日，将淞沪警察厅改组为上海特别市公安局。参见熊月之主编《上海名人名事名物大观》，上海人民出版社 2005 年版，第 643 页。

力车夫夏扣小因非法留宿，被淞沪警察厅巡警拘获。"黄包车夫通州人夏扣小，于去年来沪，寓居南市丽园路三百卅七号，每日拉车所得，差堪温饱。本月四日下午四时许，夏在西门唐家湾菜场附近，接得年约二十左右，身穿条子布短衫、元色布裤、黑袜布鞋之截发女子一人。该女坐上车后，即命拖至四马路，夏再询其四马路何处，彼又不能作答，察其情形，完全浦东口音，且出语毫无伦次，似哭似笑，颇类疯癫。讵此时夏竟蒙歹念，直接将其拉至丽园路自己家中，不料当地好事者见夏忽然得此佳遇，遂互相争传，前往观看。当经该管二区总署三官堂派出所侦悉，由巡警赵子诚前往调查属实，于昨晨一时许，报告到区，按址将夏及女子一并带区。"①

人力车主有时也会被盗匪所劫。1934 年 1 月，家住南市打浦桥路钧益里十号，以出租人力车为业的车主徐晓伯，遭盗匪入室抢劫。"昨日上午零点十分左右，突来口操江北音之盗匪六七名，各执利器手枪，向徐吓禁声张，并迫令交出钱财，徐稍加踌躇，一盗即将徐之右眼击伤，加以监视，其余五盗则分头饱掠，约历半小时，始各携赃逃逸。事后细查损失，除劫去现钞洋及双毫铜元约共百元外，连同金饰衣服，统约二百五十余元。讵正在千钧一发之际，该管二区统署业已得讯，当由日晖桥分驻所巡官张富德率同大批长警四面兜捕，直追至斜土路打浦路口，截获一盗。"②

（二）交通与安全管理

首先，加强交通管理，制定一些交通法规。

在交通近代化的过程中，各种新旧交通工具并存，造成交通隐患。汽车撞倒人力车夫的事故经常发生。1924 年 7 月，人力车夫孙兆才拉车至法租界爱多亚路二洋泾桥东首，碰到汽车夫邱雨

---

① 《黄包车夫夏扣小中途得美》，《申报》1934 年 9 月 7 日。
② 《黄包车主徐晓伯家被匪洗劫》，《申报》1934 年 1 月 31 日。

仁驾车驰来，不及避让，被撞倒在地，折断车梗。"经人劝解，由邱给孙小洋六角，作为修车之费而散。至三点时，该车夫因伤重发痛，投大自鸣钟捕房报告，经捕头察得孙身受重伤，饬探车送仁济医院医治，不料内部受伤过重，医治无效，延至前日身死。"[1] 1932 年 5 月，有一人力车夫由西朝东而行，"适有某西人偕一西妇乘坐自备汽车一辆，租界照会为七五一一号，由西人自行司机，开足速率，风驰电掣。当行抵该处时，猛向黄包车后面一撞，黄包车损坏不堪，黄包车夫被击出丈许，倒地不省人事，乘客因汽车轮碾过小腹，气息仅属"[2]。这一时期，报刊频繁地报道汽车撞倒人力车的新闻，可见当时交通安全问题的严重。

公共租界工部局通过专门的规章制度对交通进行管理，始于1904 年，当年印行的《上海工部局治安章程》中有《自用东洋车执照》6 条、《东洋车行执照》14 条，规定人力车夫必须将车辆保养好，以避免发生意外，并要求车夫在日落至日出这段时间内必须携带或在车辆上装备照明灯，以保证行车安全。法租界市政建设和交通运输业发展相对缓慢，由此而产生的交通问题也出现比较晚。1924 年 7 月公董局颁布《各车行驶章程》，共 40 条，主要内容包括：（1）行车方式：行车靠左，车辆速度越缓慢，应越靠近路边行走；（2）车辆左转弯、右转弯、调头、穿越马路必须注意的事项；（3）车辆停靠时必须注意的事项；（4）驾车人在停车、左转、右转、直行时所应采用的各种手势；（5）对车辆执照、牌号及装置的要求；（6）对违反章程所采取的处罚手段：1—100 元罚金及暂时收回或永久吊销执照。[3] 华界当局在 1919 年就颁发了一个主要规范车辆行驶的车辆规则，此规则共分总则、分则两部分。总则重点规定各种车辆在行驶中的一般原则，其中包括：凡

---

[1] 《汽车撞倒黄包车夫毙命之验讯》，《申报》1924 年 7 月 12 日。

[2] 《西人汽车猛撞黄包车》，《申报》1932 年 5 月 8 日。

[3] 《上海租界志》编纂委员会编：《上海租界志》，上海社会科学院出版社 2001 年版，第 591 页。

行车者须靠马路左边前行；凡行车过桥、通过十字路口或转弯时，应格外缓行；凡行车在左转弯时先举左手，右转弯时先举右手，以免车辆冲撞等。分则侧重规定对各种车辆的不同要求，如对人力车要求："（甲）轮轴等件须坚固完好，油篷、油帘须不至渗漏，并须整理洁净；（乙）营业车所领执照应钉于车后人所易见之处；（丙）日入至日出时须携带明灯或装车上；（丁）笨重之物不准装载；（戊）车夫须强壮有力者，老弱幼童不准充当，违者处罚；（巳）不准以破旧之车揽人乘坐，违者处罚；（庚）自备车查照时，须将捐照交出阅看。"①

其次，鉴于人力车经常肇祸，发起安全运动。

人力车在租界内大量发展后，邻近的租界两侧的城厢、南市、闸北等地区也出现了一批人力车运营。1933 年，沪南、沪北、沪西、洋塘、高陆、吴淞等六个区，共有人力车主 3 360 户，拥有车 13 316 辆，加上租界境内车主 1 148 户，拥车 9 990 辆，全市共有车主 4 508 户，车 23 306 辆，人力车夫 78 630 人。当时全市人口约 350 万，平均 150 人有一辆人力车。②

随着人力车数量的增多，人力车拥挤等交通问题更加严重，人力车肇祸事件也频见报端。如 1917 年 6 月，有一人力车行经沪南沈家花园附近，"适有华商电车公司之七号电车驶至，避让不及，致与电车互撞，车中坐客闽人陈某跌出，伤及脑部，顿时倒地，不省人事，该电车司机人并不停机，疾驰而去。后经路人将陈扶起，片时始醒，雇车送陈回家，延医调治"③。1924 年 1 月，"公昌新煤号之塌车，满装煤块，行至法租界爱多亚路麦底安路口，突来黄包车一辆，不按路线，飞越而行，致将拖塌车之姚阿炳、周阿曹二人撞倒，跌入车下，姚为塌车轮碾伤，肩部及面部

① 《华界取缔车辆之规则》，《申报》1919 年 1 月 5 日。
② 上海市公用事业管理局编：《上海公用事业（1840—1986）》，上海人民出版社 1991 年版，第 250 页。
③ 《电车与人力车互撞》，《申报》1917 年 6 月 4 日。

血流满面，周压伤左足；黄包车见已肇祸，乘间脱逃"①。还有人力车压伤小孩事故的发生："闸北方面之小照会人力车，尽属破旧，兼之马路凸凹，拉车者均系老弱幼孩之辈，能力薄弱，时有倾翻之虞，虽迭经工巡捐局警厅取缔，终难根本改良。昨日华盛路咏仁里口，有某姓小孩，于下午一时左右，被人力车倒翻，压于小孩身上，登时不省人事，后经好事者暨家属到来，始将小孩设法救醒，闻已受有重伤云。"② 1931 年 5 月，闸北新民路南星路口，发生两辆人力车相撞，竟将一车夫撞毙的交通事故。"缘有住居恒丰路崇德里十八号之盐城人吴凤一，年四十一岁，昨晚租得二二八八号黄包车一辆，载客挽至南星路相近，忽然拖向对面，其时有二三零二号某甲（年约二十余岁）所拉之黄包车，适由该处弄内推出，见吴车突如其来，不及避让，被吴之车挡在腹部猛撞，顿时倒地，奄奄一息。"③

1934 年 10 月，"因公用人力车有已经破敝，不堪使用"，工部局人力车务委员会认为应更换新车，以保乘客之安全，并发布旧车换新车之办法。

最近两星期内，车辆之宣告废弃者约八十部，已由局方通知车主，于一个月之内改换新车，方能继续领照，在此一个月之内，如将车辆予以相当修理，暂准使用，限满不再通融。此外又查有车辆六部，已不堪乘用，且已无法修理，并经通知车主，必须于一个月以内另备新车，方能继续给照，在一个月期内，倘欲以他车暂为代用，经验车处同意者，亦准暂代。如此办法，免致一时车辆减少，致车夫有无车可拉之虞，且对于车主，亦不可谓为难于遵办。车委会对于更换新样，素主渐进，现有之车，在堪以使

① 《黄包车夫肇祸》，《申报》1924 年 1 月 5 日。
② 《人力车压伤小孩》，《申报》1925 年 10 月 15 日。
③ 《黄包车互撞》，《申报》1931 年 5 月 28 日。

用之时，仍许其使用也。①

鉴于人力车经常肇祸，公共租界工部局人力车委员会在办理公用人力车夫登记时，发表车夫须知一份，共二十九款，具体内容介绍如下：

（一）你在拉车的时候，必须将自己的执照，随时带在身上，假使你要出门去了，可以将执照交给本局人力车夫领照处，代为保管，免得遗失，等到你回来之后，再可以向原领照处领回；（二）执照臂章必须随时携在左膀显明的地方，务使号码能够看得清楚；（三）你必须随时听从巡捕指挥交通，关于本局的交通章程，车主会告诉你的，你必须服从；（四）当你车子停止的时候，或乘客上车的时候，你必须得车子靠近路旁，并不得靠近划有红线或砌有黑白瓷砖的路边上；（五）你必须留意并服从一切巡捕记号；（六）你不能在马路中央跑走，应该尽量靠近左边路傍走；（七）假使你为了车资发生困难，你应该报告就近巡捕或邻近捕房，以求正当解决；（八）拉车的时候，要列成单行，不能够有二三辆车子并行；（九）你要服从当差巡捕的命令；（十）假使你的乘客要在一条热闹马路上的商店外面下车，你不能将车子停在店门口，应停在就近弄里或边街；（十一）假使你车上的乘客有生病或死亡的情事，应报告巡捕，请他帮助，或者送他到邻近捕房；（十二）你的车子不能装载足以污损车子的菜场物品，或其他足以使车子污损的货物；（十三）你在拉车的时候，如要转弯，须先用手做记号，以表示你转弯的方向；（十四）当你要右转弯的时候，你不能抄近路，要大转弯；（十五）当你要停车之前，你必须将手高升至头部以上，以通知后来的车辆；（十六）假使你碰到祸事，你应停车帮忙，并须等到巡捕到场听候命令，如就近没有巡捕，

---

① 《公用人力车旧车饬换新车之办法》，《申报》1934年10月31日。

应立刻报告就近捕房；（十七）凡须停在南京路、静安寺路、马霍路以东的所有车辆，必须将车子左面靠近路傍；（十八）从日落至日出之时间内，必须将车灯燃着；（十九）任何车辆在每日上午八时至下午六时之时间内，不能停在南京路上超过三十分钟，星期日与休假日不在此限；（二十）你不能在南京路上拉空车跑走，假使你的乘客在南京路下车了，那末你必须从就近边街返家；（二十一）你不能争夺兜揽生意，也不能冲过马路招呼生意；（二十二）乘客在车上遗落的物件，必须立刻送到就近捕房；（二十三）车门布在不用的时候，应放在宕斗（即车厢）中，并且你要留意车门布上所漆的号码，是不是与磁牌码相同；（二十四）你领得车夫执照以后，你固然可以向你所乐意的车主去租车子，同时车主也可以随便将车子租给自己乐意的车夫，但是我们希望车主与车夫之间，应该大家融洽工作，当你要离开上海的时候，或者你要改行而不拉车子了，你必须通知车主，并且他可以帮助你去将你的执照和臂章交给本局人力车夫领照处代为保管；（二十五）人力车夫互助会就是为了你们的好处而设立的，你们每班缴三分半大洋（大约十一个铜板），便是给该会做经费的，现在东嘉兴路与麦根路已开办了会所二处，在最近的将来，其他地方也要继续设立，你们领照费一元，已由互助会代你们缴给工部局了；（二十六）车子上的车资价目表是给乘客看的，假使你愿意少收，也可以的；（二十七）车子拉了一班以后，应将车子送还车行，洗涤清洁；（二十八）每天车租连同人力车夫互助会会费，最多是大洋八角五分，假使车主要向你多收，你们可以报告工部局人力车务委员会，假使你们为了欠车主债务、要付他房租，或者要抻会等等关系付款时，那末必须与车租分开来付，并且你应该向他另外取得付款的收据，还有遇有这样的事故，车主须执有车夫应该付他债款等的字据，以后车夫还债或付其他款项须笔笔记上去，以备工部局人力车务委员会稽查；（二十九）车夫执照规则，你要绝对遵守，假使你违背了任何一款，执照就要取消，那时你就没有机会再拉车了。①

　　为了防患于未然，租界当局举行人力车夫安全运动，希望减少肇祸之惨。虽然租界当局举行了安全第一运动，但在1939年中，仍然有人力车意外事故2 606件，计受伤者374人，死者3人。为此，租界当局从1940年11月18日至24日举行第二届安全第一运动，并强调拉车时应注意以下几点："（一）拉车要稳，勿撞着行人；（二）十字路口，要听巡捕指挥；（三）绿灯前进，红灯停止；（四）靠左边走，大转弯时勿小转弯；（五）在等候交通信号时，勿停在人行道上，致阻碍行人；（六）勿贸然冲过马路，去兜乘客；（七）勿装载二人，或各种货物；（八）勿装载笨重或污浊物品在脚踏板上；（九）勿装患传染病的人；（十）勿群集行走，须一条线一部跟一部前行；（十一）向右或向左转弯，要伸臂示意；（十二）在热闹街道上，勿拉空车，以兜乘客；（十三）在准许停车之处停车，比较安全；（十四）夜间必须点灯，使汽车在远处可以看见；（十五）在路口停顿汽车前面，切勿停车，以免阻碍汽车前行。"②

　　在上海特别市市政法规汇编里，也有很多关于人力车的规则，如"上海特别市暂定检验人力车罚则""上海特别市暂定稽查人力车罚则""上海特别市暂定稽查自用人力车罚则""上海特别市自用人力车章程""上海特别市公用局管理营业人力车规则"等。③上海市人力车管理规则中规定，人力车行经下列地点，应缓步行驶，随时停车：道路有坡道弯度或曲折处，近车站或过车站时，交叉口铁路栅门，小街巷或狭路，近学校、医院，车辆交会时，路旁行人拥挤时，经过桥梁或工厂门口等。④ 这些规定，一定程

　　① 《工部局发表人力车夫须知》，《申报》1935年1月24日。
　　② 《人力车夫安全第一》，《申报》1940年11月13日。
　　③ 《本府重要法规一览》，《申报》1928年7月7日。
　　④ 上海市人力车管理规则，上海市档案馆藏：Y12—1—216。

度上减少了交通安全事故的发生。

最后，对车夫年龄也有严格的规定。

市政当局对车夫的年龄也有严格的规定。沪北工巡局因界内人力车"甚不整齐，且有年老及幼童拉车者"，特发布告，"不准年老及未成丁或衣服污秽者充当车夫"。① 沪南工巡捐局发出布告，按照"取缔车辆规则第十二条第三项内，载人力车夫不准以老弱幼童充当，并不准以破旧之车揽人乘坐，违者处罚"②。

闸北华界车照之人力车，不独车身破旧，且以未成年之童子、六旬余之老叟充当车夫，翻车肇祸等事，时有所闻，虽迭经各警区官长严加取缔，奈长警等往往始勤终怠，毫无效果。上宝闸北市议会议员曾提出议案，议决通过，奈负管理之责者，不甚措意，迄未达改良目的。前日天雨路滑，大统路新民路口，自一时半至二时半，一小时内，翻车至五次之多，拉车者均系十余岁之童子。坐车者有一妇人，怀抱周岁小孩，从车中跌出，虽未受伤，而遍体泥水淋漓，小孩受惊，啼哭不止，另雇他车，向东而去。尚有一年约四旬余之男子，则碰伤头额，衣袋有双角小洋两枚，滚入路旁沟内，已无从找寻矣。③

1926 年，为取缔破烂车辆及老弱幼童拉车，淞沪商埠督办公署保安处处长严春阳、财政处处长崔季友发帖布告，"迩来人力车营业各户，渐至积久玩生，视同具文，车辆则破烂不堪，车夫则老幼不禁，长此放任，殊不足以重公安而维人道。为特重申禁令，仰各人力车业主，速即切实整顿，姑从宽以本年七月底为限，嗣后若再有此项破烂车辆照旧营业，或老弱及未成年者拉车揽客，

---

① 《北工巡局取缔人力车之布告》,《申报》1923 年 1 月 16 日。
② 《取缔人力车夫》,《申报》1923 年 1 月 26 日。
③ 《闸北人力车窳败之一斑》,《申报》1926 年 1 月 16 日。

准由岗警拘送至署，除将车照吊销外，定再从严罚办，决不宽贷"[1]。虽不准以老弱幼童充当人力车夫，但是道路上依旧时能发现。"本埠时有未成年之男童，以拉人力车为业，不特有碍身体发育，且于乘客亦不免危险，业有人呈请市公安局通令查禁。兹悉该局据呈后，昨已函请公用局，对于救济失业车夫问题未能解决以前，严令各人力车主，对于老弱及未成年车夫前来租赁者，即予拒绝，倘有车主不能遵守，一经发觉，即从重处罚。一面通令各分局及各警察所，按照'取缔营业人力车罚则'严予取缔，并将查见地点时间及人力车号码抄录报局核办云。"[2]

车夫之废疾者，应勿许拉车。上次，予因要务至南京路一行，出门后见巷口停有人力车一辆，资价讲定，即登车而去，孰知此车夫为一跛足，一颠一簸，一步一趋，车更腐朽，格格有声，如入湖心中之荡湖船然。予心急如焚，欲速不得，虽屡加催促，无如该车夫如螳螂之跳跃，不得前也，后只得另雇一车，付前车以全资，此真可谓不幸矣。上海虽不若京师有妇人拉车之趣事，然此等怪剧，路警见之，亦应加以禁阻，长此以往，市政前途，大有妨碍也。[3]

"野鸡"包车之兜揽乘客，当然直接违背工部局之自用人力车章程。为了改善人力车的状况，工部局宣布取缔"野鸡"包车。但有一部分人士认为这一行动改善人力车状况没有太大关系。"惟野鸡包车流弊甚大，虽其取缔，仅为改良计划之一端，然亦不可漠视。缘界内公用人力车即黄包车，其辆数早经限定为一万（现在实发执照数为九千九百九十），而包车之数目则增加不已，本年

① 《商埠公署取缔人力车规则》,《申报》1926 年 7 月 13 日。
② 《取缔未成年男童拉车》,《申报》1935 年 2 月 8 日。
③ 《人力车杂谈》,《申报》(增刊)1926 年 9 月 18 日。

春季，包车执照发出一一九〇八张及冬季骤增至一三一九六张，计加多一千二百八十八张，自用车之加多如此，实出乎常态，难保无野鸡包车行之组织，化名领取执照，以与黄包车争夺生意。"① 1934 年 12 月，公共租界工部局车务处"以比来各街衢之野鸡包车日见增加，其车夫则终日一车在手，踥蹀于各马路之间，任意兜揽乘客，较诸普通黄包车，尤为憎恶，实属妨碍交通，影响路政。兹已筹妥取缔方法，凡属非野鸡之正当包车，于捐领执照时，随照发领臂章一条，命令车主于乘车出外之际，应将此项臂章交给御者缠于臂间，其野鸡包车则不给予臂章，以资识别"②。虽然租界当局严加取缔"野鸡"包车，但是仍然有不少"野鸡"包车行驶在上海的大街小巷。

交通是城市社会运行的纽带，是城市生存发展的基本条件之一，而交通管理好坏则是城市交通是否有序的关键。租界当局的城市管理从最初的地产管理开始，逐渐扩大到消防、交通等方面，尤其对人力车管理方面，形成了一套完整的管理规章。在租界的"示范作用"下，相对落后的华界，在交通制度方面也迈向了近代化。总体上来说，无论租界还是华界局，在人力车管理方面都取得了一定效果，但它们主要是从管理者角度出发，制定了一系列的交通规则，以供车辆和车夫遵守。

三、多方位谋划：对车夫的救济

一方面，调查人力车夫生活状况，以改善车夫生存环境。

1933 年 9 月，公共租界工部局人力车委员会成立。该会自成立以来，积极进行调查工作，最终议定改革办法十六条，经董事会讨论，通过十三条，公布施行。如在减低车租方面，"现在人力车夫须每日纳租费至十四角小洋之巨，致车夫每日劳动所得，几

---

① 《野鸡包车取缔之必要》，《申报》1933 年 12 月 12 日。
② 《取缔野鸡包车》，《申报》1934 年 12 月 7 日。

尽为车主勒索以去。据本会精密调查所得，五十家之平均每车夫月仅收入九元二角三分，供一家数口之需，其生活之苦，可以想见"[①]。1936 年 2 月，人力车特别委员会提出议案，"拟自四月一日始，工部局规定公用人力车车租应减为每日大洋七角七分，此中包括人力车夫互助会会费大洋七分在内，较前每日减低八分，闻此议已由董事会许可施行矣"。并据工部局当局称，此次车租之减低，系由人力车特别委员会对于人力车主获利之多寡及人力车业真实情况，"经过详尽之调查，并将各关系部分，对于此事之报告，详加考虑后，始向董事会建议"。[②] 1937 年 1 月，公共租界工部局通令各车主，全日二十四小时车租"不得逾法币七角七分"，否则予以严重之处罚。

乃一般车主剥削车夫，徒知中饱私囊，对于工部局之命令，咸阳奉而阴违，平时车租恒须增至九角四分，较工部局定章增加一角七分，若车主拥有黄包车二百辆者，则每月可增加收入一千另二十元。乃此种情形，兹为工部局车务处所查悉，爰着手侦查，经查出违背定章者，现有山海关路三六六号陆振煌、昌平路三四五号三民公司、海防路五二七号日新公司、中国安步公司、北西藏路一九四号王元悌、麦根路五八八号陆煌氏、海防路三二四弄五号殷友兰等十二户。遂经工部局法律部律师张天荫，依工部局交通章程第三十四条"凡违章多收车租者，其第一次得处罚金一百元，以后则每二十四小时处罚金二十五元"之规定，对此十二户向特一法院违禁庭提出控诉。昨晨由盛推事开庭传讯，捕房张律师以各该车主平日依赖车租之收入，已能丰衣足食，而犹不惜对穷苦车夫予以重重剥削，依理应处以重罚，否则不足以儆效尤，但限于章程，故请庭上依章处以最高之罚金，庶能使各车夫得其

　① 《工部局人力车委会报告改善计划》，《申报》1934 年 6 月 23 日。
　② 《工部局董事会通过人力车减租案》，《申报》1936 年 2 月 21 日。

保障云云。经盛推事质讯之下，乃判决被诉之十二家车主，各处罚金一百元示儆，查此种事件，尚为第一次发生云。①

1926年，在对上海人力车夫居住情况做充分调查后，朱懋澄拟成《为劳动社会筹建模范新村之计划说明》，其主旨有两条：一是"改善劳工的居住条件及环境，务使其合于卫生"；二是"组织社会服务专家从事社会改良运动，把劳工培养成为健全之公民"。② 1935年，上海市平民福利事业管理委员会计划举办公营人力车事业，为便利施行起见，于该会执行委员会之下，设置上海市公营人力车委员会。

该会以本市交通方面，关于人力车之行驶，不独数万人力车夫之生活上应谋保障，而人力车构造上之技术，亦应设法改进，故该委员会另设人力车管理委员会，负监督设计等职务，并将组织人力车管理处，负执行之职。据悉，人力车管理处不久即将成立，现正由市政府草拟人力车管理处组织规则，处长一缺，将由市公用局局长徐佩璜兼任，内分技术、检验、总务等组。市政府为使整理上之便利，将由平民福利事业经费项下拨给经费五万元，以作开办之用。③

另一方面，开展多种形式的救济活动，以谋人力车夫福利。

针对人力车夫救济这一社会问题，当时开展有多种形式的救

① 《人力车行主人剥削车夫罚款》，《申报》1939年11月24日。
② 朱懋澄原系中国基督教青年会全国协会干事，后进入政界任实业部劳工司司长，对中国劳工的生活状况做过认真调查，对都市劳工的居住条件之恶劣印象尤深，在《改良劳工住宅与社会建设运动》一文中，他写道：上海大多数劳工，"率居住于拥挤不堪之弄堂房屋中，余则以草棚与破旧船只为家，兼因普通房租即贵，劳工负担无力，故一幢平房或二层之楼房，往往有数家合住，麇集一处……光线空气以及卫生设施，自更无论矣"。参见宋钻友、张秀莉、张生《上海工人生活研究（1843—1949）》，上海辞书出版社2011年版，第263页。
③ 《市府平民福利会力谋救济人力车夫》，《申报》1935年7月26日。

济活动。1913 年，由苏格兰人玛达生创建的上海车夫福音会，是基督教在沪上的一个超宗派传教组织。该会常募集经费向处在社会底层的车夫施粥和发放棉衣；为增加传教效果，他们还让皈依基督教的车夫享受在仁济、同仁两家医院免费看病的优待；对于那些参加识字班后成绩优异者，福音会还将他们保送进邮局、电车公司及航运单位当职工，这等于给穷苦的车夫找了一个"金边铁饭碗"。[①] 1918 年，车夫福音会通过《字林报》向各大公司商号募得巨款，用其置备了食盒 8 000 只（内装肉包子或面包等）、粥 1 500 碗、棉衣近 2 000 套，雇用 4 辆悬挂福音会旗帜的马车，在圣诞节前后的三个晚上四处分发，"各车夫得之，非但感谢不已，且亦争赴圣诞庆祝会焉"；有些受惠车夫还专门去报馆表达感激之情，报纸亦再次刊登此事，扩大了该会的影响。[②]

据其本年度报告，今春又在浦东辟分会所及义务学校一所，至闸北新民路之新会所，已于本年八月二十五日行落成礼，可容六百人。该会全年施食一零五八五〇次，平均每日二九零次，施给耶诞食品一五〇〇〇包，衣服一零五〇件、草帽草鞋四四八〇件，开会讲道八五〇〇次，往□者四一二〇〇〇人，借会住宿者二零五〇〇人，发给文告三五〇〇〇份，据其估计，大约苦力辈有百分之十略知文义，普通工人辈有百分之三十粗解文义。[③]

1934 年 7 月，公共租界工部局采纳人力车管理处的建议，拟创办车夫互济会。（一）互济会之会员。"以领有执照之公用人力车车夫为限，一俟会务能自力进行时，当由车夫会员选出代表，加入执行委员会。"[④]（二）互济会会务之大纲。"（1）办理免费医

① 葛壮：《宗教与近代上海社会的变迁》，上海书店出版社 1999 年版，第 69 页。
② 阮仁泽、高振农主编：《上海宗教史》，上海人民出版社 1992 年版，第 869—870 页。
③ 《黄包车夫福音会之成绩》，《申报》1926 年 12 月 22 日。
④ 《工部局拟定改善人力车状况》，《申报》1934 年 6 月 20 日。

务（诊治及看护）或由会自办诊所，或暂委托已有之医院代办，由会付费；（2）设立浴所；（3）设立免费宿舍，或只收低廉之租金；（4）为会员及其子女办理教育；（5）开办合作商店；（6）筹办电影等项之娱乐；（7）办理演讲，会员福利及车务等项；（8）其他应办之事，随时酌定之。"（三）互济会之经费。"拟就人力车每一班征收小洋半角，此数由车主在工部局规定之车租外附带征收。车主经允许征收此款后，每月每车交大洋一元五角于互济会，凡车主请续领车照时，必须有此项交费之收据。工部局对于允为合作之车主，于给照时，得优先待遇。此项附征之费，即自车租减为十角小洋时实行。"（四）互济会之初步工作。"即为协助车夫，俾可领得拉车执照。此外在开办时，会款或可更充其他有益用途，凡会款纯为车夫福利之需，概不移作他用。"① 人力车夫互济会创办之始，由工部局派麦西、朱懋澄、王志仁为基金委员。

该会之组织，纯以公用人力车车夫之福利为目的，而以车夫之自力及互助为基础。至于会务经费，则由车夫每人每日捐集小洋一角，此数由车主代收，即由车主每月每车交大洋一元五角于会中。至于车夫担负一角小洋之费，并不致为难。因自八月一日起，工部局已规定车租为每日小洋十角，加此一角，共十一角，较之现行之十四角车租已减少矣。旋由各委员讨论进行办法，决先推塞维斯、仇子同、朱懋澄三君组一小委员会，研究进行之程序，侯本月二十七日二次会议时提出报告，至管理部之委员，以后或更行增聘其他人士加入。②

1934 年 7 月，上海辛未救济会许世英、王一亭、屈文六、黄涵之等八人，致函人力车同业公会，建议救济人力车夫。原函如

---

① 《工部局拟定改善人力车状况》，《申报》1934 年 6 月 20 日。
② 《人力车夫互济会 工部局着手组织》，《申报》1934 年 7 月 18 日。

下："贵会对于人力车夫痛苦，极为注重，拟议救济办法，足见注重人道，钦佩同深。兹值夏季天气炎热，各马路被日光曝晒，柏油熔化，车夫赤足奔走其上，有如沸汤，其苦真不堪设想，用特函恳贵会，于车夫每日所缴车租费内，酌提若干，勒令购制草鞋，散给车夫，于每缴租价时给予，以免足底受暑毒，传及全身，致生中暑急症，功德无量；俾社会人士，于贵会之实行救济，亦莫不声称赞美矣。"[1] 当时，上海市社会局也拟具救济人力车夫之计划纲要，具体如表 16 所示。

表 16　救济人力车夫计划纲要

开始办法	举办车夫登记
	救济过剩车夫
根本办法	建筑劳工新村
	举办合作教育、卫生、保婴、保险等福利事业
	公营人力车
工作分配	举办车夫登记与公营人力车，由市府办理。
	其余工作，另组人力车夫福利会办理之。福利会之组织分子，分下列二种：基本成员　人力车夫；赞助会员　热心人士与团体机关。
经费筹划	退回车捐之一部分与全部，为建筑新村之经费。
	市府最近借款中，已指定五十万元救济人力车夫，请即以此款为公营人力车之开始经费。
	车夫所缴会费，完全作为救济车夫、举办福利事业之用（新村除外）。
	赞助会员会费，作为福利会职员薪水及办公费。

资料来源：《市当局救济人力车夫》，《申报》1935 年 3 月 22 日。

1936 年 4 月，上海市人力车夫福利会筹备会召开第一次筹备会议，公推张镇山为主席，由主席报告发起组织福利会经过，并讨论各案如下："（一）会所问题应如何办理案。议决：会所地点，

---

[1]　《许世英等建议救济人力车夫办法》，《申报》1934 年 7 月 1 日。

决定在南阳桥一带为原则，并推张铭之、贾荣璋、秦镒卿等三人负责办理。（二）本会经费应如何筹措案。议决：车夫方面收入极微，不胜负担，决由各区承放人分派负担之。（三）征求赞助委员及会员问题案。议决：（甲）赞助委员由各筹备委员分别征求之；（乙）会员由人力车夫协会办理征求事宜，其征求办法另订之。（四）本会应事实之需要，应先办理保障车夫之工作。议决：车夫平时拉车，每遇车辆失窃，或违犯捕房规章，及被汽车撞损等情形，无力负担，决定先行举办窃车保险，及车辆安全保障两项，一俟办法拟就，即着手进行。"① 当然，针对议决案和先行举办"窃车保险"及"车辆安全保障"两项，有人就提出"未能尽这个福利会的责任"。

看了他们的议决案和先行举办的两项福利事业，我们认为未能尽这个福利会的责任。我们认为，举凡一切福利事业应从最迫切方面下手，而又非深刻了解车夫的痛苦不可。关于车夫的痛苦，除了失业车夫的无法维持生活外，如因车委会与车商倾轧，而至引起类似月初的风潮，致遭受莫大痛苦，和日常所受的非人待遇，以及互助会的征收会费等等，都是当前急待解决的事情。至于一切保险事业、教育事业、娱乐事业等，均须以解除目前痛苦以后才谈得到。否则，舍解除目前痛苦而不理，只谋那空洞的不切实的福利事业，又究与车夫本身有什么福利可说。②

鉴于人力车夫之车辆屡屡被窃，痛苦不堪，市公用局等机关决定举办人力车失窃保险。1937 年 3 月，市社会局等各机关在公用局共同集议，最终讨论的结果是："车商缴纳会费，同样办理，由市银行代收，保费减为每辆每月五分。关于赔偿问题、替工车

---

① 《人力车夫福利会昨开筹备会》，《申报》1936 年 4 月 28 日。
② 《人力车夫福利会》，《申报》1936 年 4 月 30 日。

问题等，由公司与工会洽商办理。保险办法试办一年，自本年四月一日起实行，特区南北市、沪西营业人力车，均须一律投保。"①

本市人力车界窃车勒赎案件，自车业同业公会成立南北市车商不赎集团后，较前日渐减少，但仅限于南北市方面，而被窃之车，橡皮一经被剥，无论新旧只赔五元五角。又公司门外失窃，不在赔偿之列，车商以按辆所缴五分，系出自各车主，反无相当救济，遂不免啧有烦言。市当局以此项组织有关车夫生计与车业信誉，由公用、社会、财政、警察等四局数度召集公会负责委员及宁绍、太平两保险公司代表等会议，曾决定南北市特区、沪西所有营业人力车，一律投保失窃险，保费仍照不赎集团规定，按辆每月五分，并分别随会费代收，汇缴保险公司等。②

无论租界还是华界，它们都以提倡福利为号召，通过举办免费登记、降低车租、增加车夫收入等方式，积极救济人力车夫。然而，对于当时庞大的人力车夫群体而言，这些救济只是杯水车薪，范围极其有限，而且有些举办车夫福利的措施并没有得到落实，成为一纸空文，尤其是各方在救济车夫时并没有较好地合作，这在一定程度上降低了救济车夫的有效性。

第二节　人力车商对车夫的管理

人力车商不仅是车夫的雇主，而且对整个人力车产业来说，也起着十分关键的作用，他们充当了人力车业的又一个管理者，是整个人力车产业链条中不可缺少的一环。从某种程度上说，人

---

① 《人力车失窃保险》,《申报》1937 年 3 月 17 日。
② 《全市人力车失窃保险》,《申报》1937 年 6 月 1 日。

力车商是市政当局管理车夫的桥梁和纽带。

一、人力车商的概况

近代中国，自人力车成为城市的公共交通工具之后，就产生了人力车商这一职业。人力车商对车夫除了是雇主外，还是管理者。他们购置一批人力车专门租给人力车夫使用，完全靠按日收取租金过活，是人力车夫的雇主。人力车作为一种新兴的行业，从中能获取高额利润，拥有资金和商业眼光的人竞相购买人力车，成立车行以出租人力车获利。

车主出租人力车的方式也不相同，基本上有四种：第一，车主亲自管理车行，直接向车夫出租人力车；第二，车主将车行承包给他人或公司，由他人或公司管理，车主向其收租，此车租要少于车主亲自管理车行所收取的车租，车主还需承担车辆的维修费；第三，车主将车辆租与大头目，为期一年或二年，除执照费由车主缴纳外，修理费及经常费用均由大头目负担；第四，车主将工部局所发之执照牌出租。在第一种方法之下，据车主推算，每月每车一辆，可得利二十四元；在第二种及第三种方法之下，减至每月每车一辆可得利十四元；在第四种方法之下，减至十三元五角。[①] 四种出租人力车的方式下，车主的收入各不相同，第一种车主收入最高，最后一种车主的收入最低。拥有人力车多的车主不愿意亲自管理车行，宁愿少收入一些，也要把车行承包给他人或公司，自己坐享其利；拥有人力车较少的车主为获得较多的收入，则自己亲自管理车行。据 1933 年国民党市公用局所作的《上海市人力车业调查报告》记载：租界境内"大概 10 辆以下的车主，直接放车与车夫……10 辆以上之车主多包与承放人转租"；在南市、闸北、浦东地区，"多头包而无二包"，"包与人租放者约

---

① 上海市公用局关于人力车问题研究委员会文件,上海市档案馆藏：Q5—5—1618。

十分之二三"。①

人力车夫极少拥有人力车，他们绝大部分是向车行租借人力车，因此各大城市中车行都较多。然而直到20世纪早期，上海的人力车业中，外国公司仍占支配地位，如上海人熟知的南和、飞星公司，都是外商创办的车行，这些公司直接将车租给中国承包商，然后由他们转租给车夫。② 1946年，上海的人力车行共有一百二十余家，大小不一，有的拥有车辆五六百，有的只有二三辆。③ 关于人力车造价，据车主所言，彼此大不相同。按照人力车委员会调查，"八十三元五角，可造中等品质之车一辆；若造一优等之车，则需九十六元五角"。据上海市人力车同业公会的书面陈述，多数人力车的造价无从估计，但有部分车主坦言"最低造价为六十五元，最高为一百五十元，平均为一百零二元三角二分"。④

人力车同业公会这一名称，初次出现是在1882年，1919年3月由飞星公司老板提倡创办。1919年3月6日，公会以外国律师事务所的律师古柏和马斯德为代表，召集公共租界内营业的5家外国公司和48家华商，商讨统一车租，防止行业垄断，以"保护车商和车夫的利益"，结成"华洋人力车同业公会"，正式开始活动。⑤ 1921年12月，华洋人力车公会召开全体大会，并发布通告："为公共租界工部局总巡司麦警告，公用人力车夫知悉事，照得车门布不用之时，须放在车箱内，如有车夫将车门布放在踏脚

---

① 上海市出租汽车公司党史编写组编：《上海出租汽车、人力车工人运动史》，中共党史出版社1991年版，第78页。

② ［美］卢汉超：《霓虹灯外——20世纪初日常生活中的上海》，段炼、吴敏、子羽译，上海古籍出版社2004年版，第66页。

③ 《人力车沧桑史——从诞生到死亡》，《申报》1946年8月23日。

④ 上海市公用局关于人力车问题研究委员会文件，上海市档案馆藏：Q5—5—1618。

⑤ ［日］佐佐木清美：《近代上海人力车行业的结构——以20世纪20—30年代公共租界为例》，载熊月之、高纲博文主编《透视老上海》，上海社会科学院出版社2004年版，第148—149页。

板上，致被乘客脚上之泥污秽，巡捕得拘拿之。"①

　　白克路华洋人力车公会开紧急会议，到者五十余人，洋会长国恩因事未到，由华董事报告。本月二十八日，本埠报载浙江路五十号人力车工商互助联合会，系由吾车业中热心公益之著名商人创设，现已正式宣告成立云云。该会既名为工商互助，当然由吾车业中人组织，但我车业诸君，是否有人与闻其事，抑无人与闻，或为外人冒托名义，藉图破坏营业，本会不能不筹对付方法，请公决。当经到会者佥称，并无一人知之。该会关系车业当大，应调查详细，继由包国香谓该会成立，仅据报载，未足深信，其内容如何，尚不得知。自当先行调查，如查冒托名义，或有妨碍营业等事，再筹对付方针。②

　　后来，华洋人力车同业公会停止活动，由包国香等华人重新组织了人力车同业公会。1929 年，南京国民政府颁布"商会法"，规定每个同业团体只能有一个公会，因此，上海人力车务互助联合会和上海人力车同业公会合并，随后华洋人力车同业公会也并入其中，并将名称改为"上海市人力车同业公会特区办事处"。③1930 年 5 月，上海特别市商民协会人力车业分会及北市人力车商公会，奉令合并改组后，召开第一次整理委员会议，议决要案："（一）推定宋垚坤、车立生、王荣卿为常务委员；（二）会址暂在北市大统路安祥里三十八号，此后正式成立，各委员如有未便处，须征求南北车商同意，妥拟兼顾之法，方得变更之；（三）限两星期内整理各项文卷账册，以便从速整理，得于最短期间正式选举；

---

　　① 《人力车公会开会纪》，《申报》1921 年 12 月 27 日。
　　② 《华洋人力车公会开会纪》，《申报》1923 年 11 月 5 日。
　　③ ［日］佐佐木清美：《近代上海人力车行业的结构——以 20 世纪 20—30 年代公共租界为例》，载熊月之、高纲博文主编《透视老上海》，上海社会科学院出版社 2004 年版，第 149 页。

（四）登报声明改组经过，并呈报上级机关及主管各局。"① 随后，上海市人力车同业公会组织成立。下面是人力车同业公会章程：

第一章 总纲

第一条 本会系上海市区域内人力车同业所组织，定名曰上海市人力车同业公会。

第二条 本会事务所设立于上海闸北大统路安祥里三十八号门牌。

第二章 会务

第三条 本会应办之事务如下：

一、关于同业之调查研究，改良整顿及建设事项；

二、关于兴办同业教育及其监督公益事项；

三、关于会员与会员或非会员间争议，经会员请求之调解事项；

四、关于同业劳资间争执之调解事项；

五、关于党政机关及商会委办事项；

六、关于会员营业必要时之维持事项；

七、关于会员营业上之矫正事项；

八、关于请求政府免除杂税事项；

九、关于会员被累之维护事项。

第三章 会员

第四条 凡上海市区域内经营人力车业之车商，依照本会章程，遵守本会纪律，履行本会决议案者，皆得为本会会员，但须经过下列入会手续：

一、本会会员二人以上之介绍，经执行委员会过半数之通过；

二、填写入会志愿书；

三、缴纳入会费；

---

① 《人力车商首次整理会》，《申报》1930年5月9日。

第五条　会员应享之权利：

一、选举权及被选举权；

二、提出议案及表决权；

三、本会章所载之各项事务之利益。

第六条　会员应尽之义务：

一、遵守本会章程及议决案，并呈准备案之行规；

二、担任本会推举或指派之职务；

三、应本会之咨询及调查；

四、按期缴纳会费；

五、准时出席会议；

六、不侵害他人营业；

七、不兼营不正当营业。

第七条　凡会员有不遵第六条各项义务之一者，轻则予以警告，次则停止其应享之权利，重则除名出会。

第八条　入会会员如欲请求出会者，须备具理由书，经会员大会过半数之通过，方得出会。

第九条　入会会员如出会或被除名时，其所缴会费概不发还。

第四章　组织

第十条　本会以公司行号为本位，每一公司行号得派代表一人至二人，以经理人或主体人为限，但其最近一年间平均店员人数在十五人以上者，得增派代表一人，由各该公司行号之店员互推之。但有下列情形之一者不得为代表：

一、褫夺公权者；

二、有反革命行为，经法庭判决者；

三、受破产之宣告，尚未复权者；

四、无行为能力者。

第十一条　本会会员委派代表时，须给以委托书并通知公会，改派时亦同。

第十二条　本会受上海市党部之指导，市社会局之监督。

第十三条　本会为上海市商会之会员。

第五章　职员

第十四条　本会由会员代表大会就会员代表中选举执行委员十五人，由委员互选常务委员五人，就常务委员中选任一人为主席，均为名誉职。

第十五条　本会执行委员任期四年，每二年改选半数，应改选者不得连任，惟第一次改选时，由抽签决定之委员人数，如为奇数时，留任者之人数得较改选者多一人，以后交替改选。

第十六条　委员如有下列各款情事之一者，得开会员代表大会公决，令其解职：

一、旷废职务，遇事推诿者；

二、于职务上违背法令、营私舞弊或有其他重大之不正当行为者，或由主管机关令其退职者；

三、因有不得已事故，请求辞职者；

四、发生第八条各款情事之一者。

第十七条　本会得因事务之繁简，酌设总务、财务、调查等科，或设置分组委员会，推举专职委员以专责成，并得雇用办事员。

第六章　会议

第十八条　本会会议分下列三种：

一、会员大会每年开会一次，由执行委员会召集之，但执行委员会认为必要时，或经会员十分之一以上之请求，得临时召集之；

二、执行委员会每二星期开会一次，由常务委员会召集之，但遇紧要事项，得临时召集之；

三、常务委员会每星期开会一次。

第十九条　本会会员大会之决议，须以会员代表过半数之出席，出席代表过半数之同意，行之；出席代表不满过半数者，得行假决议，将其结果通告各代表，于一星期后两星期内，重行召集会员大会，以出席代表过半数之同意，对假决议行其决议。

第二十条　下列各款事项之决议，以会员代表三分二以上之出席，出席代表三分二以上之同意，行之；出席代表逾过半数而不满三分二者，得以出席代表三分二以上之同意，行假决议，将其结果通告各代表，于一星期后两星期内，重行召集会员大会，以出席代表三分二以上之同意，对假决议行其决议：

一、变更章程；

二、会员或会员代表之除名；

三、委员之退职。

第七章　经济

第二十一条　本会以下列各项收入为经费：

一、会员入会费；

二、会员月费或年费；

三、特捐；

四、公会基本金。

第二十二条　本会如遇特别事故，须筹募特捐时，须经会员大会之决议；如会员大会不及召集时，经执行委员会议出席委员三分二以上之通过举行，但仍须提交下届会员大会追认之，并备具理由书，呈准市社会局备案后，方得开募。

第八章　附则

第二十三条　本章程经会员大会通过，并呈请上海市社会局核准备案施行。

第二十四条　本会办事细则另订之。

第二十五条　本会章程之修改，须经会员大会之决议，并呈请上海市社会局核准备案，始生效力。①

抗战胜利后，各会员应众车商请求，呼吁恢复人力车同业公

---

① ［日］房福安原：《中国的人力车业》，莫若强译，《社会月刊》第2卷第7号。

会。1945 年 11 月，根据上海市社会局第 2369 号委令，车商陈志尧、郑缄三、王炳炎、柏振纲、张宝林等五人被指派为整理委员；1946 年 5 月，人力车同业公会会员代表大会召开，选举陈志尧为理事长，柏振纲、王坤、张宝林、葛锦标等四人为常务理事，郑缄三为常务监事等。[①]（见表 17）

表 17　人力车同业公会理监事履历表

职务	姓名	性别	年龄	籍贯	学历	经历	通讯处
理事长	陈志尧	男	28	东台	大同大学土木工程系学士	曾任上海特别市党部总干事等职	六合路 81 号 303 室
常务理事	柏振纲	男	49	盐城	盐城中学毕业		新东京路 57 号
	王坤	男	40	泰县	私塾		车站路富润里 22 号
	张宝林	男	45	东台	东台县立小学毕业		马当路 714 号
	葛锦标	男	54	盐城	私塾		曹真路 222—224 号
理事	徐宝琨	男	45	阜宁	私塾		武定路紫阳里 35 号
	于达金	男	62	盐城	私塾		徽宁路 33 号
	王炳炎	男	47	阜宁	私塾		昌平路 88 弄 61 号
	于金龙	男	53	盐城	私塾		永年路 90 弄 2 号
	张玉纪	男	43	高邮	私塾		法华东街 203 号
	邱金生	男	47	阜宁	私塾		江苏路曹家堰 54 号
	王立广	男	46	泰县	私塾		南市鸡毛弄 5 号
	杨如纯	男	47	盐城	私塾		海潮路 34 弄 1 号
	李秉义	男	62	河北	私塾		晋育东路三民坊 37 号
	胡华章	男	31	泰县	中学		昌平路 205 号

---

① 上海市公用局关于人力车各项组织会会务等事项案,上海市档案馆藏：Q5—5—615。

（续表）

职务	姓名	性别	年龄	籍贯	学历	经历	通讯处
候补理事	丁德森	男	44	盐城	中学		东台路 126 号
	许发师	男	44	阜宁	私塾		延平路叶家宅 3 号
	陈长生	男	45	兴化	私塾		南市鸡毛弄 5 号
常务监事	郑缄三	男	57	镇江	前警官学校毕业	曾任上海特别市党部六区党部委员等职	中正中路 1218 号
监事	王坤一	男	57	盐城	中学		洛阳路多福里 54 号
	丘季让	男	53	广东	中学		山海关路 316 号
	杨福昌	男	46	上海	私塾		浦东东昌路彭家宅 93 号
	徐德富	男	61	阜宁	私塾		伦敦路 59 弄 6 号
候补监事	徐万群	男	54	盐城	私塾		泰兴路 587 弄 12 号
	徐成章	男	43	盐城	私塾		霍必兰路 54 号

资料来源：上海市公用局关于人力车各项组织会会务等事项案，上海市档案馆藏：Q5—5—615。

　　重组的人力车同业公会自整理期间起，到会员代表大会成立为止，有会员 2 755 家单位，车辆 18 060 辆，后因虹口区会员加入及其他各区同业来会补办登记手续，会员渐增至 3 055 家单位，车辆增至 19 621 辆。各区登记之车辆如下：西区约计 2 379 辆，北区约计 3 183 辆，中区约计 4 679 辆，东区约计 793 辆，南区约计 8 587 辆。人力车同业公会财政上的来源，主要依靠会费收入，因一部分会员观望的缘故，欠缴会费渐成为习惯，"至五月五日本会成立以后，会员来会补办登记手续者渐多，因此补缴会费者亦续有增加，可是据理想总数要打个对折"[1]。

---

[1] 上海市公用局关于人力车各项组织会会务等事项案，上海市档案馆藏：Q5—5—615。

人力车同业公会拟定 1947 年应完成事务有：（1）成立分事务所。分事务所拟定于 1947 年 3 月正式成立，"盖本会前为谋远道会员服务便利起见，曾拟在本市公用局所辖车辆登记所分别设立东南西北中五办事处，并拟定细则，经呈奉社会局，指令开办事处应改正为分事务所细则，亦经遵令修正呈请备案中，惟各区主任前已聘定在案，顾全事实需要，拟于 1947 年 3 月正式开始办公"。（2）会员入党（国民党）登记。"查本会前为巩固党的下层基础，灌输会员基本党义，呈准上海特别市党部设立区分党部，客岁以会务繁忙，未曾举办会员入党登记手续，拟于 1947 年 3 月正式开始登记以期完成预定之计划。"（3）开办合作社以减轻会员负担。"会员入会者迄目前止，已逾三千多会员，统计则有两万余部，每日因五金材料消耗甚多，为谋会员之福利起见，拟设立合作社，购买自由，可免奸商居奇垄断，此事有关会员全体福利，至希集中财力物力，共鸿策图。"（4）捐款兴学。"会员中不少聪敏子弟，然因家贫而失学者，数不在少，武训一丐者耳，尚有乞食兴学之善举，吾人又何能让光贤专美于前，故拟集资兴学，俾无力者有升学之机，至望全体会员共襄盛举。"①

二、人力车商管理的举措

人力车商不仅出租车辆给车夫，是车夫的雇主，而且作为车夫接触者，负有管理车夫的职责。人力车商的管理主要体现在协助市政当局对车辆的管理、提供统一号衣、组建人力车公司等方面。

首先，人力车商协助市政当局对人力车辆的管理。

人力车商作为车夫最"亲密"的接触者，较清楚车辆的实际管理情况。人力车商的建议往往也会被采纳，为市政当局的决策

---

① 上海市公用局关于人力车各项组织会会务等事项案,上海市档案馆藏：Q5—5—615。

提供重要参考。1925 年 8 月，华洋人力车商同业公会因公共租界工部局验车处"对于来月定期验车，原定每人名下所有车辆，须逐日继续送验，至验完为止，而在有车稍多者，因修理工匠无多、油漆待干需时、停车地方有限、送验车夫不齐，种种关系，均难赶及送验"，推代表刘绳武、陆德泰、蔡顺泰、曹顺泰、陆长顺五人赴周家嘴路验车间，要求分期验车。随后获准分期验车，"稍隔数日一验，期尽二个月内，将界内一万辆人力车验完；并闻其详细办法，系有车百辆以上者隔三日一验，百辆以下五十辆以上者隔二日一验，均分三期验完，其在五十辆以下者，则每月检验半数，不另分期云"①。

　　人力车商作为车夫的管理者，协助市政当局开展对人力车夫的登记。1935 年 2 月，工部局人力车务管理委员会认为车夫登记不踊跃，是因为车主方面未能履行商定之合作办法，于是"令委员会即行拟具办法，对于车夫登记一事，务令车主履行其所担任之工作"②。8 月，关于人力车夫登记，人力车公会特区办事处通告各车主，原文如下：

　　吾特区人力车业，关于车夫登记一项，自闻工部局有七月三十一日截止之消息，经本处迭次书面交涉，只允如有未登记之车夫，限于八月一日至十五日，带车向原登记处注册，以资补救。现距限期不远，望各车主对于未登记之车夫，加紧督促，尽量派遣前往注册，须知事关行车前途，多多益善，不可坐失时机。又新式车辆验捐一项，原案将两月一验，改为四个月检验一次，嗣因车辆修理不善，洗刷不清，当局认为有碍市容，函知车行两月一验。经本处代表严重交涉，结果新车如能整理完善，准予宽至四月一验，否则验车期限，仍照向章办理。是验车之限期长短，

---

①　《租界人力车准分期检验》，《申报》1925 年 8 月 14 日。
②　《黄包车夫登记迟滞》，《申报》1935 年 2 月 26 日。

惟视业车者之能否认真整理为断。以上二项，关系车业利害存亡，至为深切。凡我特区车商，值此营业衰败、当局苛求之际，务须特别注意，亟亟遵行，万勿因循自误，致遗后悔，切切此告。[1]

　　人力车商还协助市政当局进行交通管理。华界自市公用局成立后，在交通方面对人力车辆大加整顿，人力车同业公会为人力车商团体，"凡车商能力所及，辄时加督促整理，以符协助市政进行之至意"[2]。

　　其次，人力车商为车夫提供统一号码的衣服。

　　人力车商作为管理的另一方，为车夫提供号衣，以便识别。市政当局规定车主为车夫预备号衣及雨衣，如果车主不遵守这项规定，就取缔其车照，以儆效尤。市公安局认为，"人力车夫为数众多，若辈贫苦异常，衣服褴褛，甚或袒胸露臂，殊欠雅貌"，"拟请公用局饬令各车商按照车辆数目制备号衣，遇车夫租车时，连同号衣租给"。[3] 另外，提供号衣还可以把车夫与窃贼区分开来：

　　　据锦丽黄包车公司等呈称，窃维上海五方杂处，人类不齐，盗贼充斥，智胜于常，甚有人所不能臆料者。如同业自草创以来逐渐改良，已觉无微不至，而不测之情形，竟层出不已，防不胜防，业细本巨，不堪受害。如近来发现一种窃车之事，每乘车夫于送物或接客时，一霎之间将车拉去，惟窃车者均无号衣在身且不乘客，故同业现议就各车夫一律身穿号衣，与偷车人有以区别，俾警察一望而知，易于识别。除取缔车夫外，为特禀请通饬各警署饬知岗警，凡见有拉黄包车而不穿该公司号衣者，概行拘办，

　　① 《人力车业办事处通告　督促登记整理车辆》，《申报》1935 年 8 月 14 日。
　　② 《人力车公会请变更撬照罚款办法》，《申报》1930 年 11 月 20 日。
　　③ 上海市公用局关于公安局请饬人力车商制定号衣分发租车人，上海市档案馆藏：Q5—2—921。

以杜偷窃而维商业等情。①

公用局为便利市中心区交通，特制新式人力车，"该项车辆规定不得驶过淞沪铁路，故只能在市中心区一带行驶，车资租价由车夫每月纳费六元，与普通黄包车租价按日征收者不同，于车夫方面便利不少，且制有蓝布制服，拉车者务须穿着，以免车夫赤身露体，有碍观瞻云"②。人力车商为车夫提供号衣，不仅可以整饬市容，而且也规范了人力车业的正常发展秩序。

最后，组建人力车公司以便对车夫的管理。

为了便于对人力车夫进行管理，人力车商组建人力车公司。1874年，租界境内先后开设人力车公司约10家，拥有车辆1 000多辆，开始形成了人力车行业。③ 到了20世纪30年代，英租界营业人力车数大约在1万辆以上，最大的公司为飞星、捷成、亨利，都由外国人开设。飞星有车3 500辆，捷成有1 800辆，亨利有1 000辆，其余的小公司，最多的有车300辆，最少的80～90辆。华界约有7 000辆以上，一半是属于小公司的，最多有50辆，最少的只有数辆。④

飞星人力车公司是当时最大的人力车公司之一。飞星人力车制造厂也非常大，该厂有停车间一大间，可停人力车150辆，修理间可容车140辆，此外尚有空地可停车140辆，总计该厂共可停放人力车400余辆。⑤ 该公司主要将人力车租给大头目转放，多至三四百辆，少则四五十辆不等。"由大头目抖与小头目者十部、五部不等，再由小头目散放于苦力拉车。其租价，公司租与

---

① 《车夫与窃贼之区别》，《申报》1914年4月19日。

② 《新式人力车昨起行驶市中心区》，《申报》1937年7月7日。

③ 上海市公用事业管理局编：《上海公用事业（1840—1986）》，上海人民出版社1991年版，第249页。

④ 《资本家大小头脑巡捕警察重重迫剥削下的人力车夫》，《红旗日报》1930年8月26日。

⑤ 上海市公用局检验吴淞营业人力车，上海市档案馆藏：Q5—2—941。

大头脑每部每日交租洋七角半，又每月每部由公司另给工资大洋五分。所有公司停车地点或分公司或租地房屋及雇用出店洗车暨铜匠垫子间等薪水，均归公司负担。若遇天雨，或发生他故，碍及停车者，所有损失归大头目承认，车件损坏，亦惟大头目赔偿。"① 人力车商组建人力车公司，一方面方便了车夫租车，另一方面也便利对车夫的管理。然而，从车主到大包头，再到小包头，这一过程无疑加重了对人力车夫的剥削。此外，人力车公司因不断增加租金，也经常成为车夫抨击的对象，车夫甚至发出"世间最无人道之营业，亦莫过于人力车公司也"② 的悲叹。

人力车商协助市政当局对人力车夫进行管理，成为市政当局与车夫之间的纽带。市政当局若直接管理车夫，制定章程规定，可能会脱离人力车的运营实际。而车商作为车夫的雇主兼管理者，也是车夫最"亲密"的接触者，很熟悉人力车业的状况，在市政当局不断地调整人力车政策方面起了较大的作用，对规范人力车正常发展做出了贡献。但是必须指出的是，人力车商建言，是从车商利益出发，使得市政当局在制定政策时，往往偏袒车商而忽视车夫的实际利益。

三、租车网络：雇主对车夫的盘剥

人力车夫在社会里处在"驴马一般的地位"，他们以劳力获取生存，还要受到车主的层层剥削。一般来说，人力车主并不常与车夫相接触，他们通过大头目或小头目出租车辆。上海的人力车制度最为复杂，在租车网络中存在对车夫的层层盘剥，"中人者，为数在千人以上；先由领照之人，将其执照租给中人，由中人租给车主，车主再与小车行交易，顺递而下，直至车夫"③。

---

① 《人力车夫之负担》，《申报》1922 年 8 月 15 日。
② 《警告人力车公司之投函》，《时事新报》1919 年 3 月 9 日。
③ 伍锐麟、白铨：《中国人力车夫的研究》，岭南大学社会学系社会调查所 1939 年，第 7 页。

上海市租界直接租于车夫的，租金为三十三元，除缴月捐、管理、修理、折旧、房租，以及车辆有时闲置损失外，每月尚可盈余二十四元，以每辆人力车的造价论，其利益为年利百分之三百，几使人不能相信不劳而获的厚利至此可惊的境地！无怪上海市领照的费用合计不过六十元，而购买执照的价格高至六百元，相差几达十倍之巨。车照既无形中形成了专利权，无疑地羊毛出在羊身上，转嫁而取于人力车夫了！①

自从人力车投入营业后，因为车价不贵，乘坐方便，商人、旅行人员及居民乐于乘坐；更重要的是，当时每辆人力车一日的车租竟相当于车子价格的三十分之一。② 如此暴利，诱使投资者竞相开设人力车公司，如飞星公司"有黄包车三千辆，分租与大包头目三十一人，每日每车收租七角五分，大包复转租与小包头目，其数约五六百人，每日每车收租大洋七角五分，然后由小包分租与各车夫，每日收租小洋十角，辗转剥削，车夫对于租钱之昂，已觉不胜负担，加以车辆倘有损坏，概须车夫认修，倘因违章被捕房扣留，罚款亦须车夫认缴"③。从车主到大包头，再到小包头，这样层层剥削，加重了车夫的负担。另据工部局调查，车租占车夫收入之百分比，平均为47.50%，即是说人力车夫以血汗所换来的收获，几乎被他人占取一半，由此可见车夫生活之苦。"要是汗和血所换来的活命钱，都能够放在自己的袋里，倒还可透一口气，但是，他们与酷暑严寒奋斗所得的收获，还要遭无情的车主的掠夺，这真是凄绝人间的一回事。"④

---

① 蔡斌咸：《从农村破产所挤出来的人力车夫问题》，《东方杂志》1935 年第 32 卷第 16 号。
② 上海市出租汽车公司党史编写组编：《上海出租汽车、人力车工人运动史》，中共党史出版社 1991 年版，第 74 页。
③ 《人力车夫亦罢工》，《申报》1922 年 8 月 8 日。
④ 蔡斌咸：《从农村破产所挤出来的人力车夫问题》，《东方杂志》1935 年第 32 卷第 16 号。

图 17　停车待客的人力车夫

图片来源:《良友》
1941 年第 164 期。

坐在车子上的先生们，假如是不大接近着他们的话，有谁会意想到他们是在过着非人的奴隶的牛马生活？至于那些嫌车子跑得还不够快，顿足连催，要车夫拼命，跑得像汽车一样快的先生们，更是不消说的了。我们每天在马路上只要是稍为留心一下，便常可以看到外国水兵殴击车夫，拳打足踢，和巡捕们撬车夫的照会，车夫作揖下跪叩头苦苦哀求的悲剧，这是车夫被压迫被虐待的一面，另一面便是受车主们的剥削了。车子是车主的，因之，大部分每日汗血所得的要送到车主的荷包里面去，讲到车夫们的衣、食、住，那我们更是不愿去想像它了，一句话，在地狱里过着日子。①（见图17）

人力车车租高的原因之一，是人力车供不应求。"车租之所以贵，由于车照有限，而欲领照之人多，展转竞买，遂至一车照贵至数百元，车照中所用去之资金，悉欲取偿于车租，而车夫于是大苦。"② 自租界当局限制人力车执照之后，执照便成了可以投机买卖的具有垄断性的物品，一纸执照不知经过若干人之手，层层剥削，皆是苦力车夫身上之血汗。正是由于这些因素，上海人力车的租价要远远高于其他城市，导致一部分车夫蒙受更高额的盘剥，而另一些车夫则失去谋生手段。适如一篇报道指出，车夫"一天拉得最好，至多不会到二元，拉得不好呢，甚至要倒赔车

---

① 《替人力车夫说几句话》，《新生》(周刊)1935 年第 20 期。
② 上海市人力车业同业公会编:《上海工部局改革人力车纠纷真相》，上海市人力车业同业公会特区办事处 1934 年，第 162 页。

租";"车夫百分之百的平均，至少是每个人两块欠租，一块钱一星期的利息是一毛，自然车夫是不会还得清账的，只有增加起来，这样本钱连利息像滚雪球一般的滚下去，结果，每一个车夫实际上是成为小头脑的'奴隶'，一点动弹不得，只好让小头脑抽筋剥皮"①。

车夫既然成为小头脑的"奴隶"，身子自然完全受小头脑支配。今天拉的人多了，小头脑可以随便不许他拉，因为他又另外捞现钱；早班车租出去，夜班车没人拉了，就使车夫已经拉了日班车了，车夫也非不要性命替他拉不可，因为他决然不肯让车空一班。照理，车夫拉一班车，要休息两班，体力才能复元，这样接着的拉下去，车夫真是苦得不堪言状，钱自然是拉不出了，结果是又加上一笔欠租。②

至 1933 年，人力车行业出现三种不同的出租类型，从表 18 可以看出，车主均能获得较高盈利，公共租界里的车夫交纳的租金更高，车主和包头的获利也高于其他地区。

人力车商对车夫的盘剥，还体现在车辆的维修上。"大头脑修换车胎及其它用具便又有残酷的鬼计在内，车胎及其他用具，大头脑一定要使它用得很旧，很容易出病，大头脑故意不管，旧的太狠了，车夫一不经心便要撞破，撞破了，这笔瘟生钱又要车夫出的了。"③ 人力车价格有时高达几百元，照理人力车主应备加珍惜，经常维护，然而实际情况却是车租价格愈高，车辆之腐败状况愈甚。其原因有以下两点：第一，由于租金高昂，修理一日即损失一日租金，车主为利润打算，不肯停修；第二，车主大多将车辆经放车人

---

① 《资本家大小头脑巡捕警察重重压迫剥削下的人力车夫》，《红旗日报》1930 年 8 月 26 日。

② 《资本家大小头脑巡捕警察重重压迫剥削下的人力车夫》，《红旗日报》1930 年 8 月 26 日。

③ 《资本家大小头脑巡捕警察重重压迫剥削下的人力车夫》，《红旗日报》1930 年 8 月 26 日。

出租，放租人因非己物，不愿修护，导致人力车窳败破烂。①

表 18　车主、包头收益和车夫交租情况表

第一类	"车主"没有车辆，但利用据有的车辆牌照出租			
车主付出牌照费		全年租金收入	全年收益	盈利率
62.16 元		120.00 元	57.84 元	93%

第二类	车主将车辆租给包头承放，分区情况如下：					
区域	每辆车价（元）	全年车租收入（元）	各项费用支出（元）	包头佣金（元）	车主收益	
					金额（元）	盈利率（%）
公共租界	90.00	348.00	124.32	132.00	91.68	102
沪南	80.00	168.00	82.44	36.00	49.56	62
沪北	80.00	120.00	53.40	24.00	42.60	53
沪西	70.00	75.60	30.60	18.00	27.00	39
吴淞	45.00	54.00	28.20		25.20	57
洋（泾）塘（桥）	75.00	72.00	28.20	18.00	25.80	34
高（桥）陆（行）	80.00	66.00	30.60	12.00	23.40	29

第三类	车主直接将车辆租给车夫，分区情况如下：				
区域	每辆车价（元）	全年车租收入（元）	各项费用支出（元）	车主收益	
				金额（元）	盈利率（%）
公共租界	90.00	348.00	124.32	223.68	249
沪南	80.00	168.00	82.44	85.56	107
沪北	80.00	120.00	53.40	66.60	83
沪西	70.00	75.60	30.60	45.00	64
吴淞	45.00	54.00	28.20	25.80	57
洋塘	75.00	72.00	28.20	43.80	58
高陆	80.00	66.00	30.60	35.40	44

资料来源：上海市出租汽车公司党史编写组编《上海出租汽车、人力车工人运动史》，中共党史出版社 1991 年版，第 79—80 页。

---

① 上海市公用局关于人力车问题研究委员会文件，上海市档案馆藏：Q5—5—1618。

综上所述，造成车租高的因素，除了人力车夫过多外，还有就是存在中间剥削的租车制度。此外，执照数量的限制也使租价升高。为了能够生存，人力车夫必须主动兜揽生意争取业务，他们分散到车站、码头、娱乐场所等处，流动于闹市大街小巷或偏僻地区候雇，尽可能多拉些乘客。

第三节　冲突与妥协：人力车纠纷的思考

近代上海因租界当局实行人力车改革，曾发生数次人力车风潮。其中，1934 年公共租界发生的人力车纠纷，是历时最久、规模较大的风潮之一。这次风潮的发生和结局，包含着许多历史信息。透过这次人力车风潮，能够更清楚地认清当时租界社会的发展状况，认清导致历史事件走向的关键因素等。为此，本节拟对这一人力车纠纷做一详细考察，以深入认识人力车纠纷中各方扮演的不同角色。[1]

一、人力车纠纷起因

为整顿公共租界内的人力车业，1933 年 7 月，工部局董事会命令该局有关各处，对已发之人力车执照情况及条件加以调查，以便研究改革人力车方案和实施的步骤。同年 9 月，工部局成立人力车委员会，以研究改革人力车的方案。该委员会自成立后，即向工部局各处调取有关文件，并登报征求公众意见，同时又函致北平、天津、青岛、汉口、香港、新加坡及日本各城市，调查各地人力车情形。又派专员到人力车夫住所调查其营业及生活状

---

① 关于该问题研究，也可参见何建国、谢永栋《近代城市发展中的规范与危机：1934 年上海人力车纠纷探析》，《兰州学刊》2011 年第 2 期；田彤《行政管理与劳资关系的调适——以 1934—1942 年沪公共租界人力车业改革为论例》，《近代史学刊》2018 年第 1 期。

况，并约访人力车业主代表、车夫团体代表及其他人士。[①]

1934年2月，人力车委员会向工部局提交调查报告及革新建议十六项，其建议之摘要如下：

（一）招致愿遵守上述规则之一团体，向工部局呈请发给人力车执照二千张。自一九三五年一月一日起，此项执照系自现有之领照人中，除去持有不及五张执照者外，以其持有之数目为比例，收回转给，领有执照之人力车，将来倘有任何移转情事，必须经工部局核准并登记。（二）自一九三六年一月一日起，依照同样之条件，再移转公用人力车执照二千张，至关于一九三六年一月一日以后之移转，应由工部局按照所得之经验，斟酌办理。（三）由工部局采用某负责团体所提一种合作之所有权办法，添备至多五百张之执照，充此种合作团体之用。此种执照，系依照所定为由工部局控制之公司所备执照二千张之办法，在现有之执照数目内，停止续发五百张而得。（四）对于将公用人力车数减至一万辆以下一层，委员会不提出任何确定之建议，但经拟议，工部局应于两三年后，将此事重加考虑，藉知人力车业之情形，业已如何受新制度之影响，然后按照情形，酌定办法。（五）近为委员会而编辑之"真实"照主登记册，应尽量从速实行。（六）车夫之生活状况，应立加改良，其办法在规定车租、车资、车夫之执照及设备较佳之车辆等，藉使车夫之收入机会增加。（七）所有人力车夫，不论自用或公用，应一律由工部局发给执照，每年征收少数照费，并照汽车夫办法，将车夫之相片一张粘贴执照之上。发给执照之计划，应尽量从速准备及实行。此项计划，应力求简单有效，而将"官样文章"之需要，减至最少限度，车夫之执照牌应为该车夫之私产，并应如手车夫之办法，将此牌明显悬于腰间。（八）公用人力车夫所付之最高租价，为每二十四小时小洋八角，不及二

---

① 《工部局人力车委员会之报告》，《申报》1934年2月13日。

十四小时者，照此比例推算，车租价目，由工部局订定，并将下列条款，列入执照规则之内，即"向车夫所收租价，不得超过现行之工部局所准收取之最高限度"。（九）应将按距离及时间计算之人力车资价目表一张，明显粘贴于每辆公用人力车上，委员会以为，每一英里之价目应为小洋二角，每次至少小洋一角，每一小时之价目，为小洋六角。此项价目表，应印于珐琅牌之上，而钉于人力车上之适当地位。（十）公用人力车之式样，应一俟事可办到，即加改良。（十一）车辆之检查，应远比迄今所施行者为严密。（十二）现时人力车之灯，光极不足，车前车后之灯，均应大为根本改良，而尤以车后之灯为甚。（十三）遇有可设人力车停放之处，如在业产正在发展地点，或民众常往场所之外，亦可设立；惟如设立，应订定规则，务使乘客必须严格挨次雇用。（十四）在将施行制度加以任何改变以前，车夫执照规则，现行公用及自用人力车执照规则，以及捐税股发给此种执照之方法暨时间，均应由工部局之有关系各处，加以考量，并报告董事会，以便核定必要之办法。（十五）警务处应继续进行取缔"野鸡"包车之运动。（十六）由工部局向法租界及华界当道，商请合作，俾三市区内之公用人力车均得改良。①

这份报告引起了车商、车夫、承放人、人力车同业公会的强烈反应。人力车商对于报告书首先抨击，指责报告调查不准确，反对收照减租、登记换车，承放人也随之反对，纠纷就这样开始了。

二、纠纷中各方的反应

人力车商认为报告调查不准确。他们提出疑问，认为华界车

①　上海市公用局关于人力车问题研究委员会文件，上海市档案馆藏：Q5—5—1618。

辆所涉及的材料与修理、房租等开支较租界低廉，这是社会人士所公认的。但该表列出的车辆成本一律为八十元，经常维持月费一律四元。这是疑问之一。租界与华界都定期检查车辆，车辆不得不定期修理、油漆、送验，加上意外事故，停业之日颇多，约计每月营业不及二十四五日，每年四月至九月又为农忙时期，车夫回乡，车辆颇多闲置。该表对此概置不论，只说车租每月约合大洋三十三元，除去费用净得二十四元，又除去承放人酬劳，车主净得十四元。这是疑问之二。车价方面，既然南头、闸北每辆均一百元，除成本八十元，余二十元为磁牌价，公共租界每辆七百元，除成本八十元，应余六百二十元为磁牌价。该表竟列租界之磁牌价为六百五十元，措词未免夸张。这是疑问之三。车商曾呈请自动整理车辆，并雇请四名清洁检查员，沿路严格取缔不良之车，虽未能尽数整洁，但亦不至于腐败不堪，该表称"轮轴朽烂，车身倾欹者有之，中途行驶，车身崩坏者又有之"，确实如此吗？这是疑问之四。[①]

人力车承放人也向工部局抗议，联合反对。其一，承放人大都是拉车出身，关于车夫疾苦，无不周知，承放人为车夫设备宿舍，置办用物，以供其需要，于租金中稍得厘头，并无不合理；其二，承放人招致车夫，每名非给五元至十元不可，又间有车夫积欠车租，动辄二三十元之多，他若车辆行驶发生意外，如撞坏或失落、没收等等，车夫无力赔偿，全归承放人补足，人所共知，义务既如此其大，当然有权力之可言；其三，沪上工友扰攘，罢工层见迭出，治安每受影响，所有工厂，倒闭者有之，停业者有之，特区人力车夫来往有十余万之众，近年来却没有此类不良现象，这未尝不是承放人维持之功。"乃该报告书之建议，竟以调查五十余人，论为全体车夫之标准，只于车夫部分生活，应如何提

① 上海市人力车业同业公会编：《上海工部局改革人力车纠纷真相》，上海市人力车业同业公会特区办事处 1934 年，第 19—20 页。

高待遇，应如何改善拟议，至为详尽；惟对于承放人责任、义务、权利，毫不顾及，岂承放人独无生计乎、亦无家室乎?"①

改革人力车之建议，原为改善人力车夫之生活，但车夫担心生计会受影响。第一，因包放制度，"减少车租"可能会导致车夫无车可拉；第二，以英里计距离，以时间定车资，致车夫与乘客发生纠纷，恐车夫营业之时少，与乘客计较之时反多，提高起价，将驱使乘客尽乘电汽等车，导致车夫无业可营；第三，车夫系贫苦者，人所共知，既拟改良救济又将发给执照，费用三万三千元，使其负担，殊感困难，"强健车夫原占多数，然未必尽然，若验不合格即不给照，势必停止拉车，一旦失业，难免不铤而走险"等。②

上海市人力车业同业公会特区办事处也代表车商致函工部局，指责工部局拟收回车牌之主张"侵及纳税合法车商之领照营业，殊违法理人道"，因此"向工部局董事会力争租界内华人领照合法固有营业权，以维敝业十余万劳苦民众之生活"。③

1934 年 5 月，工部局成立了一个专管人力车务问题的委员会，即人力车务委员会（又称"人力车管理处"，简称"车委会"），专项实施人力车改革计划。人力车务委员会开展的第一项工作，就是"验视车夫约五万五千人之体格，以每车一辆车夫四人，私人之车，每辆一人为根据；闻入手之初，验视并不甚严，仅体格确属不合者，将拒绝给照，俟给照初步工作办竣，将逐步加严"④。随后人力车务委员会又制定公用人力车标准式样，于 1934 年 5 月 29 日发出布告，"限车商即日起，凡破旧之车遵照修理"。工部局为早日推行车主登记一事，于当年 6 月 9 日发布公

---

① 上海市人力车业同业公会编：《上海工部局改革人力车纠纷真相》，上海市人力车业同业公会特区办事处 1934 年，第 23—24 页。

② 《人力车夫代表上工部局书》，《申报》1934 年 3 月 9 日。

③ 《人力车商呼吁》，《申报》1934 年 3 月 14 日。

④ 上海市人力车业同业公会编：《上海工部局改革人力车纠纷真相》，上海市人力车业同业公会特区办事处 1934 年，第 46 页。

告，"请车主来局索取空白陈请书如式填明，于十四号以前递交。刻下车主已纷纷将陈请书递入，人力车管理处正就所填各项及所具保证人，详细审核，如查明所陈系属无误，则照原定日程，逐次将证书发给"①。

上海市人力车业同业公会于1934年6月中旬召开全体车主大会，决定成立上海市人力车业同业公会特区办事处特别委员会，并派代表殷芝龄等向工部局总办钟思请愿。工部局迫于各方压力，邀请各报社记者，对改革初衷、减低车租、改善要点、救济工作等逐一说明。其中改善要点包括：

本会建议改善事项，约有数端。（一）车租减至八角，现虽已通过，但为便利实行起见，八月一日起先减至十角。（二）执照不准转售。（三）执照须车主自领，车主并须领车主证书，此事现已实行。（四）车夫亦发执照，因现时车夫犯规时，常有殴打及撬照会等被辱情事，以后如有犯规，即抄录其执照号码，以便提起公诉，不准随意踢打，以提高其人格。（五）改良车辆式样，务使经济轻便，耐用舒适。以上种种，无非欲求各方面之改善，至于规定之车价，亦以增加车夫收入，以提高其生活为目的，但并不强制实行，惟规定一种标准，不使车夫与乘客有争价之麻烦耳。②

7月9日，工部局公布新车务章程，规定车主领用公用人力车执照需持车主证书在规定时间内领取；如车主拒绝领车主证书或申请人不足时，车委会可接受新车主申请。"凡请领公用人力车执照者，非特有人力车务委员会所给之车主证书，概不发给；又载现有车主领证不足额时，车委会准备接受新车主之陈请书，或现有车主愿遵守局章者，如欲扩充车辆额数，亦得请求，且定七

① 《工部局审查人力车主证书》，《申报》1934年6月21日。
② 《工部局人力车委会报告改善计划》，《申报》1934年6月23日。

月二十五日至二十九日为陈请期云云。"① 车商驳斥车委会所定办法，而车委会则表示不会变更规定，这样双方就形成对峙局面。为避免事态扩大，江淮公所主席成銮春，特请华董虞洽卿出面调解，但所提出的调解办法仍不为车委会所接纳，调解失败。时已至此，车商纷纷发表宣言，以求社会人士关注。

窃本市人力车业历有数十年悠久之历史，依此为生者直接、间接达五十万人，其动定兴替关系于社会安宁，至为深巨。乃者本市公共租界工部局，据上年人力车问题研究委员会各项不合理之建议，于是借改善车辆、救济车夫之名，颁布每种理想之新办法，并设立人力车务委员会主其事，对于特区车辆，苛虐备至，摧残殆尽。而检视此种不合理、不合法之计划，不独越出改善救济之范围，实将使车业破产，车商危殆，而置依赖人力车谋生之数十万群众于绝境，言念及此，实堪痛心。兹将该项计划中，不合理之点略举于后。

（一）查人力车务委员会最近通告，有自八月份起，责令车商代向车夫每车每日征收所谓车夫互助救济会费一角，并着车商于每月领照时，预为代缴每车每月一元五角，否则即停止其缴捐领照等语。查是项变相附税不独违背洋泾浜章程之规定，且既以救济车夫为标榜者，竟何以转而剥削车夫，以增车夫之负担（况每年是项巨额款项，其用途如何支配，至今未见宣布其精确之预算）。若以车夫汗血之资供少数人高薪厚禄任意挥霍者，固为不可，然即使全部用于救济车业之用，亦不过"羊毛出在羊身上"，而救济车夫亦应全市普遍一致，何能别以轩轾？且欲征收是项费用，亦应慎聘保管人选，明定动法办法，以示大公，否则徒以局外人之操纵，虽系别无用心，亦殊难使人置信，此其一。

（二）查人力车夫之来源，大都以各地农村破产，于是背井离

---

① 《车委会决定车务新章 特区车商请展缓实行》，《申报》1934年7月19日。

乡，相率而来，冀以汗血劳力维持生计。是一般车夫终年居沪，以拉车为固定职业者，实占少数，大部分则系春去秋来，视农村收获而定。倘欲举行车夫登记，不但于检验体格时，素乏营养之车夫无什之一二可以合格，而车夫熙来攘往，行踪无定，则登记工作实无法施行；且车夫拉车为农村破产中一种过渡职业，并非终身以此为生，设一旦登记拍照留名，使若辈忠善农民成为固定车夫，岂非限制其终身之发展，阻止人向上之机会……即使于现有车夫中举办登记，取其四万人合格者准予登记给证，但其他不合格之数万车夫，又将何以处置？于兹农村破产工商凋零之际，救济失业犹恐不遑，今反驱数万有业之车夫，濒于无业之境，为政者居心何在？殊令人不无疑虑，此其二。

（三）查现存特区车辆式样，均系工部局车务处所订。历年以来车商遵守唯谨，未敢陨越，及今人力车务委员会异想天开，不顾实际，置现有之朴实坚固之式样于不顾，另订浮华高贵之新式样，责令车商遵行。为政者朝令夕改，出尔反尔，不独使若辈车商无所适从，且徒事浮华而车商方面陡增数倍成本，虽服从有心，奈遵办无力，实无从接受此项负担，此其三。

（四）历年以来，特区车商在工部局车务处、捐务处管理领导之下，令出即行，从未抗拒，如车商对于主管当局之一切计划设施，无不竭诚赞助。今工部局于原有机关外，另设人力车务委员会，机关骈枝，政令纷歧，若非蓄意破坏车业，何以出此，此其四。

综上四端，概为荦荦大者，他如车租之减低、产权之规定，无不极尽吹求之能事，而予车业以致命之打击。在商言商，果工部局当局具有改善车辆、救济车夫之诚意，则各车商不惜以巨大之牺牲，予以竭诚之赞助，而促其计划之实现。倘以少数人之野心阴谋，藉名改善，以图根本破坏车业者，则车会不忍车商等数十年来苦心孤诣、惨淡经营之特区人力车业，破坏于少数人之手，则全市车业当一致起而援助。为此，竭诚呼吁敬求各界人士同为声援，俾全市车业不致破产，十余万车夫苟延生计，车商幸甚，社会幸甚，谨此宣言。①

正当双方僵持之时，车商代表殷芝龄前往工部局数次，促成8月3日及6日召开的两次车商代表与工部局非常（对等）会议。双方达成协议，具体条款包括："（一）自本年八月十五日起，公用人力车每日最高租价，定为大洋七角八分。此外车主每车得加收大洋七分，但车主每月每车应先交大洋一元五角，以充车夫互济会之捐款。（二）车主得于八月十三日及十三以前，请领车主证书及车辆执照。（三）车主协助人力车务委员会确定真实车主之名单，并解决关于车产之争执，期于八月底以前，将此类争执了结清楚。（四）如因车产争执，致八月十三日尚不能发照者，准仍续用七月份之捐照（知照巡捕房），以俟月内换发新照，但所欠照费及捐款，均须于九月份发照时一律补缴。（五）车主须交出一元五角互济会费之银行收据，方可发给车照，但八月份此项会费，得由登记之车主汇总缴付，捐务处接得已缴之通知后，即可给照，无须每人呈验收据。（六）车夫互济会董事部及管理部之组织，于八个月后再行修改之。（七）前项管理部，除现有之董事三员及聘请指导捐款用途之七员以外，再行增加登记之车主互选之代表二员，登记之车夫互选之代表二员，在车夫登记实行以前，由江淮公所主席成燮春君代表车夫。（八）公用人力车之新式样，已照车主车夫等各方之建议打造，一俟完成，公开展览，试用后，仍可考量改善之意见。（九）为解除公用人力车章程文字上之疑义及误会起见，特商定（1）领受执照之车主，得为个人或车行或公会；（2）工部局保有在每月月终将执照发放与否之权，但对于车辆之因买卖而转移，或因领照人之死亡而转移，得给予相当之便利，惟新领照人必须为适当之人，愿遵守执照章程，交付互济会捐款，

---

① 《上海市人力车业公会宣言》，《申报》1934 年 7 月 30 日。

如此，则工部局对于承受人或承继人之领照，可以照办。"①

双方协议后，车商开始领取执照，但又引起了部分车夫的不满。8月9日上午，200余名车夫在长沙路和小沙渡路一带集合，向车委会请愿。"各车夫以此次车主与车委会协议解决办法内，将原定车租小洋十一角，改为大洋八角五分，以目下价目计算，合小洋十一角，铜元十六枚，超过原定价目，增加车夫负担；兼之车夫互济会，允许车主派代表二人参加，与互济会本旨不合；同时对于车夫登记等问题均无明白规定，致引起各车夫之反感。"② 部分沿途请愿的车夫手执小旗、标语，勒令其他车夫停业，随后警务当局通令各捕房拘捕闹事者。8月10日秩序恢复正常。

人力车纠纷先后持续数月，经车商代表殷芝龄与车委会主席麦西交换文件后，双方意见渐趋和洽，纠纷暂时解决，双方协定内容，简要如下：（一）公用人力车夫登记，将按照登记自用人力车夫方法进行，登记车夫满足需要人数时，方得执行登记车夫拉车，登记车夫如经证明违章取消执照，或因死亡及"永远"离沪，或行为不良者，准车主介绍补充车夫；（二）为体恤车商困难起见，若愿积极合作进行车夫登记手续，通融三百五十辆，以不堪再用之车辆换之；（三）工部局决无干涉车辆抵押之意，若受押人经过正式合法手续过户车辆，能有充分证据及原车主证书，自当准许过户给证；（四）为应车主要求起见，试办特准新式车辆，验车由每二月一次改为四月一次，此项验车办法，如经试验满意，当继续实行；（五）车行征收车夫欠款及膳宿等费，此项收款需另给收据，并与车租分开入账。③

①　《工部局召开董事会议 追认解决人力车办法》，《申报》1934年8月8日。
②　《人力车纠纷余波 车夫昨向工部局请愿》，《申报》1934年8月10日。
③　上海市人力车业同业公会编：《上海工部局改革人力车纠纷真相》，上海市人力车业同业公会特区办事处1934年，第148—149页。

三、纠纷解决的思考

关系五十万群众生计，牵动社会秩序的人力车纠纷案，经车商代表殷芝龄与工部局换文，结果确定改革人力车的施行方针，于是纠纷乃告解决。当时有人以"人力车纠纷案解决之面面观"为专题，对此次纠纷解决的结果做一剖析：

联合造车厂的出现。其目的有三：第一，使车辆形式与材料整齐划一，修造认真，"不致因日久玩生，趋于窳败，再受当局的吹求"；第二，联合造车厂的公积盈余仍为各车商所有，各车商对于联合造车厂的努力即不啻谋自身利益的发展，发达的联合造车厂可集车商群力以互助，使各车商将来免除无钱制车的痛苦，"近世商业竞争贵在有组织，有计划，行以渐，持以久，车商欲获得永久的繁荣，实有努力发展联合厂的必要"；第三，车商委托联合造车厂修造车辆，"纵较小规模的工场中修造的费用较大，然而，验车的减少和撬照的废止，已足够弥补此项超出的损失"①。

车行得附带征收正当费用的规定。车主和车夫关系至密，除主客雇佣关系外，尚有密切的经济联系，如车夫向车主借款等，已成普遍的现象。对等会议达成协议后，车主在车租外带收借款等行为，被车委会遽加惩罚，引起众多纠纷。车商害怕借款难收，不肯再予车夫借款，车夫车主间之经济关系几乎中断，于是在协定中遂有下列的规定："车行征收车夫欠款储蓄及膳宿等费，此项请求，当然合法，但收款须另给收据，并与车租分开入账，若车夫负有此项付款之义务，应另记账册，俾车委员会查核。"②

车辆信用的巩固。各车商在正当合法的手续下举行车辆的抵

① 上海市人力车业同业公会编：《上海工部局改革人力车纠纷真相》，上海市人力车业同业公会特区办事处1934年，第151—152页。
② 上海市人力车业同业公会编：《上海工部局改革人力车纠纷真相》，上海市人力车业同业公会特区办事处1934年，第152页。

押和买卖，已成普遍的现象，当车委会成立后，对于此种现象曾力加非议，并主张严格禁止，当时车辆之信用一落千丈，此次协定中有规定，为解除公用人力车执照规则文字上之疑义与误会起见，经商定两项如下："领取车辆执照之车主，不必拘定个人、车行或公会，均得为领照人；本局虽经保留有在每月月终核定给照与否之权，但对于车辆因出售而转移，或因领照人之死亡而转移，当给予相当之便利，新领照人，果经认为系适当之人，并愿遵守执照规则，及缴付车夫互助会捐费，则在其承买车辆或依法继承而请领执照时，本局当可照准。"① 据此规定，车辆的产权已明确，车辆抵押买卖的信用较之前更为巩固。

车夫登记问题。车夫登记原定四万人，由工部局直接选择一万人，由车主推荐三万人，此种规定，缺点甚多，现改为照自用人力车夫登记办法，全用车主介绍，如登记满额，事实上仍不敷应用，得酌量扩充名额。此规定之优点有三："数目系属暂定，不致发生车夫与车辆供求不均的现象；不妨害车夫之来往农村工作的自由；虽车主的责任加重，而车主车夫间的关系可愈趋密切。"②

在这次人力车纠纷中，各方有各方的利益，它们之间既有冲突也有妥协。但是三者所处的地位不同，因而所争取的利益也不同。租界当局从城市社会管理的角度，对人力车制度进行改革，在维护自己利益的同时，客观上维护车夫的利益。车商在与租界当局协商中，尽可能地争取自己的利益最大化。租界当局、车商都以"救济车夫相标榜"，它们为各自的利益互相争斗，在一定程度上也降低了对人力车夫的伤害。对于车夫而言，他们只是出于谋生的渴望，拼命地固守这一职业，从而为车商和工部局提供了

---

① 上海市人力车业同业公会编：《上海工部局改革人力车纠纷真相》，上海市人力车业同业公会特区办事处 1934 年，第 152—153 页。
② 上海市人力车业同业公会编：《上海工部局改革人力车纠纷真相》，上海市人力车业同业公会特区办事处 1934 年，第 153—154 页。

一个可以充分盘剥的机会。有研究者也指出，在此过程中，车商和承放人组成了一个"利益联盟"，打着救济车夫的幌子，与工部局进行利益博弈，最终将车夫的利益"绑架"；而人力车夫所组成的"共同体"，因意见不一，成为一个"虚假的共同体"，从而使处于社会底层的"弱势群体"——车夫的利益并没有真正的代言人。① 人力车纠纷解决的结果表明：工部局与人力车商在"分肥夺利"上显得十分认真，它们在榨取车夫的血汗时是一样的凶残；纠纷虽然是妥协地暂时结束了，而整个人力车夫问题依然存在。

在城市社会管理中，租界形成了一套完备的管理体制，尤其在人力车管理方面。在租界的示范、刺激下，华界也开始仿效和借鉴租界模式，全面推进近代都市管理制度的建设。无论租界还是华界，都一方面进行人力车管理，另一方面谋划救济车夫，但并没有取得较好的效果。人力车商作为车夫的又一管理者，是市政当局与车夫之间的桥梁与纽带。人力车生意的好坏与车夫紧密相关，有时迫使车商不得不与车夫站在同一立场上；车商在维护自己利益的同时，客观上也保障了车夫的利益，使得他们的权利得到了最大的张扬。但是，作为弱势群体的人力车夫，市政当局与车商之间的妥协总是以牺牲他们的利益为代价的。

---

① 何建国、谢永栋：《近代城市发展中的规范与危机：1934 年上海人力车纠纷探析》，《兰州学刊》2011 年第 2 期。

第四章
人力车夫群体与近代上海社会

　　人力车夫与近代上海社会的多边互动，既增强了人力车夫与社会之间的联系，又是一种社会秩序的反映。多边互动包括车夫与市民，车夫与车霸、警察、帮会之间的关系。在面临人力车存废的问题上，市政当局常常处于尴尬的境地：一面要废除人力车，一面又标榜救济车夫。

第一节　人力车夫与市民的互动

　　人力车是中国都会街市交通的主要工具，尤其在上海，虽有不少汽车、电车等设备，但"人力车却仍旧是都市交通的主要动脉"，很多人靠着拉人力车而生活，"他们以驴马般辛苦的血汗，换取最低廉的代价，以最低微收入替自己及家人适应都市的消费而生存"[1]。

一、市民乘车的风俗

　　近代上海，大街小巷中奔跑的人力车，成为人们出行的主要交通工具。当时，不仅下层市民出门会选择人力车，上层人物也选择乘坐，还有一些外国人也常叫人力车。

---

　　[1]　《都会的人马》，《良友》1941 年第 164 期。

首先，市民常乘坐人力车，方便出行。人力车不仅为市民出行带来了方便，也使市民得到了享受。有的人认为坐汽车是不能得到十分乐趣的，因为通到郊外去的汽车公路很少，而且路面不平坦。许多附近城市的人来到上海为的是享受乘坐人力车之乐。为行路方便，富裕人家往往包租一辆人力车，专门为自己或家人服务。这种车一般设备齐全，装饰比较考究。

乘黄包车虽为细事，但亦有吾人应注意之点，兹谨就管见所及，缕陈数事如下。（一）勿乘老弱及孩童之车。老者筋力已衰，孩童筋力不足，偶一不慎，易有翻跌及冲撞之虞。（二）目的地宜先告明车夫。车行时东指西挥，车夫瞻前顾后，每致照应不及。（三）车价宜先与言定。希图省事，一跃上车，给价时每致争执多寡，枉费时间。（四）携有要件及细琐之物，上车时宜先看明车上号码。遇事出意外，或遗失物件时，知车上号码，易于调查。（五）上车时宜先观察车上有无水污、油污等，暑天更宜注意坐垫为日晒热否。车上不洁，易污衣履，坐垫发热，有碍卫生。（六）勿迫车夫急走。凡人急走，胸易受伤，彼车夫不幸而为苦力，吾人宜存一矜怜之心，且急走避让不便，易启祸端。（七）过繁盛街衢，宜随时注意往来车辆，关照车夫。车夫奔走之余，每多照应不及，吾人随时关照，所益非浅。（八）给车价时若与以银角，宜令观看清楚。今世人心不古，黄包车夫每有用铅角掉包之事，先令观看清楚，免后争执也。[1]

许多外国人也坐人力车。"在中国人的眼光里边，好像外国人倘若步行便是有失尊严的，因此，人力车夫看见一个外国人从公事房或总会里边走出来时，他们必蜂拥般赶上去兜生意，有些车

---

[1]　《乘黄包车应注意之点》，《申报》1924 年 1 月 11 日。

夫因急于兜到生意，甚至把车杠撞到外国人的腿上。"① 一个中国人和一个外国人同时叫一辆人力车，车夫往往愿意拉外国人。（见图 18）

图 18　两种面孔

图片来源：《上海生活》1940 年第 12 期。

车夫的心理，以为外国人个个是大富翁、大财神，付起车钿来，洋钿当铜元用，金四开当银毫用，而且叫车子时候不讲车价，又省却一番麻烦；不像中国人，一只铜元也要斤斤较量，刺刺不休，故情愿舍此就彼。逢到喝醉的外国丘八叫车子，他们更拼命上前去承接，闻说这班丘八先生给付车资常常会掏出金磅来当车费，因此要想发财，不得不拼了命去招呼。但是有时候，不但得不着什么金磅、银磅，结果反而尝到一只来路货的火腿和五枝舶来的雪茄烟，也是常有的事呀！②

其次，一些闺阁小姐及知识界名士也是乘坐人力车的常客。上海都市中常常可以看到那些衣冠楚楚的大亨阔少和富家小姐乘坐人力车在街头穿梭往来的情景。车行之时，车夫们拉车飞驰狂奔，坐车人左顾右盼，洋洋得意，此情此景，堪称近代上海都市

---

① ［美］霍塞：《出卖上海滩》，越裔译，上海书店出版社 2000 年版，第 100 页。
② 郁慕侠：《上海鳞爪》，上海书店出版社 1998 年版，第 178 页。

中一道特有的风景。知识界的名人也经常乘坐人力车，他们出门办事、探亲访友、游玩娱乐时，常常以人力车代步，一边乘车行路，一边极目观景。此外，在上海，还有一种术语叫作"拉黄牛"：

上海马路，只有苏州河的桥梁上有些弓背形的高坡，若与香港、首都等处的山坡比较，直似小巫之见大巫，但在拉惯平路的上海黄包车夫目中看来，已像翻山越岭一般吃力了。上海的小瘪三，镇守在桥堍，见有黄包车上桥，帮同车夫拉上斜坡，到了桥中央，便放下车杠，伸手向乘客索钱，一两只铜板，随客赏赐，他们的术语叫做"拉黄牛"。黄包车与黄牛，同是黄种，黄牛笨重，牧童牵它渡水，要费许多气力；黄包车上坡，分量也是不轻，帮同车夫拉过高桥，也要费几斤气力，拉车过桥，与牵牛过渡，情景仿佛，"拉黄牛"的名称定得倒也确切，不过坐车的朋友稍微吃亏些，要请他暂屈为牛。① （见图19）

图 19　拉黄牛

图片来源：《上海俗语图说》，
上海大学出版社 2004 年版。

最后，人力车上及车夫号衣上的广告与市民形成视觉上的互动。人力车上及车夫号衣上的广告，不仅能够使市政当局增加收入，而且与市民之间也能形成视觉上的互动。这种做法，可谓一举两得。1930 年，公共租界工部局接万国广告社函，该社拟于公

① 　汪仲贤、许晓霞：《上海俗语图说》，上海大学出版社 2004 年版，第 97 页。

共人力车上标制种种广告。"该社愿赠送各人力车公司内若干布篷，备装置于人力车上之用。该社即对于篷上有标制广告之专利权，篷之两旁留有空处，以备登绘车务上、卫生上各种标语；在该布篷及撑杆之间，可以嵌放零星物件，亦不致有偷窃之虞。"工部局接此函后，与法租界公董局交换意见，函复该社如下："（一）该项广告仅能限于商业性质，并须经警务部核准者，或本局各部送登者，篷上应留出空位置，以备本局各部登载各项必需之告白。（二）该布篷应保持清洁，装在车上，应布置妥贴。（三）该布篷不得碍及车辆之运转及车夫之行动，并不能使乘客有所不适。（四）该布篷不能遮没车上之执照及号牌。（五）本局对于该项广告税，目前虽未拟定，但有权可以征收。"[1]

鉴于广告事业之日新月异，1931年，仁记路三十六号柏高广告社，"爰首创最新奇之黄包车篷套广告，将来效力之无远不届，印象之深入人心，自不待言"[2]。详细情形如下：

该社由吴麟江等筹备迄今，已逾三月，各方进行，不遗余力，造成此海上从来未见过之最新广告，所用篷套，曾下一番科学化之研究，全用帆布裁制，装置黄包车篷上，式样既美，手续绝易，广告登载之地位，在篷套后背之正面，有二十八英寸阔、七寸高之空白地位，广告即登载于上，无论停驻街上或奔走街衢，一目了然，令人注意。天雨之时，车篷翻上，则篷套正面高踞篷顶，另有后幅空白地位，登载同一广告，故无论晴雨昼夜，广告可以全市望见，触目皆是。且黄包车到处通行，大街小巷，无远弗届，其效力之大，诚有意想不到之魔力。闻不日将全市大展览，苍头突起，定能轰动全沪云。[3]（见图20）

① 《人力车上将有广告》，《申报》1930年5月16日。
② 《异军突起之黄包车广告》，《申报》1931年2月24日。
③ 《异军突起之黄包车广告》，《申报》1931年2月24日。

利用公用人力车身背面登载广告之计划，虽经公共租界工部局核准，但仍有困难，法租界公董局不许界内人力车登广告："查公共租界人力车均可行驶于法租界，若利用车身背面作广告，该车即不得入法租界，故是项计划之能否实现，尚成问题，有关方面或将再度商诸法公董局，且观于工部局既予允准，一般人乃认法公董局或将撤销此禁。按工部

图 20　人力车广告

图片来源：《申报》1931 年 2 月 28 日。

局对于作此广告之人力车，拟征每月一元之特别税，且不得使用纸张广告品，而所有广告品，应先得警务处之核准。"①

对人力车上的广告，一般商家认为很惹眼，很容易与市民在视觉上产生互动。"年来广告事业日新月异，常常有匪夷所思的新发明。至车辆上的广告，火车、电车和公共汽车施行已久，已为司空见惯之事。去年某某广告公司创办黄包车上广告，在车帐后面缀有纵数寸、横数尺之玄布一条，用白粉写之，颇为别致，又极显明。"② 也有些商家认为这种广告虽很引人注目，但缺点是车跑得太快，一晃而过，不易收到实际的效果。

二、人力车夫社会关系网络

社会是由社会网络构成。人力车夫社会关系网络，包括车夫与车霸、警察、帮会等之间的关系。

（一）车夫与车霸

人力车夫获得一辆人力车，除了经领照人、持照人之手外，

----

①　《人力车身背面广告问题》，《申报》1941 年 6 月 6 日。

②　郁慕侠：《上海鳞爪》，上海书店出版社 1998 年版，第 85 页。

还要通过"承租人",又称"车霸""放车人",其作用是将车辆租给车夫。

车霸一般分大车霸、小车霸两类。大车霸向车主直接承租,然后再转租给小车霸。江北帮流氓魁首顾竹轩的三兄顾松茂,曾经是外商"飞星黄包车公司"十大包头之一,承放过 350 辆人力车;法租界捕房中国探捕大头目金九林,也曾开设过恒和人力车行,承放中外车商人力车二三百辆。① 他们并不是自己租放车辆,而是转手包给他们手下一些流氓、地痞,成为二包、三包,由这班人将车子放给车夫上街营业。车霸平时对车辆从不保养,任其行驶,有时将坏车租给车夫,车夫工作时发生损坏,只能自己掏钱去修;如果没有钱修,车霸就开出一张名目繁多的赔偿单给车夫,要求以车租赔偿。赔偿单上有:车篷赔 1 元,钢丝一条赔 1 角,车杠一对赔 8 角,篷架一根赔 4 角,叶子板赔 1 元,后车板破 1 尺赔 1 元 3 角,门衣赔 1 元等。②

车霸还勾结地痞流氓组织偷车公司,专门偷窃人力车。车夫的车如果不幸被他们偷去,车主按规定要求车夫赔偿;地痞流氓偷到车转手拖到人力车公司,人力车公司支付一定的费用以"赎回"公司车辆。"偷车并不是一个贼骨头的生意经,而是有很完备的公司组织的。偷车公司最主要的人物就是小头脑,现在在上海靠专门偷车吃饭的,大约有二千多人。贼骨头偷了车夫的车去后,一过手便交给小头脑手中了,小头脑只要给贼骨头八块大洋就得,小头脑在这一转手中便可拿进十二元。"③ 偷车是有公司组织的,所以车夫很难防备。如"递来沪上各警区署中,报请查缉被偷黄包车之案,层见叠出,绝不破获。现始知此项窃贼,其背后尚有

----

① 上海市公用事业管理局编:《上海公用事业(1840—1986)》,上海人民出版社 1991 年版,第 252 页。

② 上海市出租汽车公司党史编写组编:《上海出租汽车、人力车工人运动史》,中共党史出版社 1991 年版,第 92 页。

③ 《资本家大小头脑巡捕警察重重压迫剥削下的人力车夫》,《红旗日报》1930 年 8 月 26 日。

组织缜密、规模鸿大之偷车机关，为之庇护包销，以是若辈之胆乃尤大。此项窃贼，咸讳称黄包车曰'黄牛'。偷到后，即将车交诸'牛贩'（即贼与机关之中间人），转交与机关中，然后为之拆卸或整部代销，可以不愁破露，以是咸尊称之曰'牛行'。"①

（二）车夫与警察

城市贫民生活窘迫，本来就属于弱势群体，但这并没有减轻雇主和黑恶势力对他们的欺压。以人力车夫为例，车主、警察和流氓对他们的剥削和欺压没有因为他们是弱势群体而减轻，反而变本加厉。

旧上海租界内有巡捕在街上巡逻，维持社会治安。该役系工部局所调用，承充者半为洋人半为华人。华人若当巡捕须由有业者具保方可，其衣左右圆圈内有中西号码，使人易识。洋人巡捕挂刀，华人巡捕执棒，白天分段查街，夜晚则腰悬暗灯。负责通宵巡缉的又叫三道头者，督察巡捕之勤惰，如有不力及犯章之事，即回报捕头，以记其过而扣其薪金。后来多雇印度人为巡捕，红布缠头，身材高大，红须倒卷，面目狰猛，立于街头，令人望而生畏。②（见图 21）

图 21　"巡捕"

图片来源：《旧上海百丑图》，上海科学技术文献出版社 2002 年版。

---

① 《可惊之偷窃黄包车机关》，《申报》1928 年 6 月 14 日。
② 王金海：《旧上海百丑图》，上海科学技术文献出版社 2002 年版，第 85 页。

警察和巡捕利用苛刻"规则"，经常撬车夫牌照或对其罚款。帝国主义的巡捕房、国民党的公安局为开进财之门，针对人力车的规则是定的特别多，特别严。"车夫如不小心违犯一条，便要撤照会，一次罚五毛，然而这只是指英界说的，一到法界半天去缴五毛，一天去缴一元，以后是按照时间增上去。国民党公安局是更加黑暗了。本来巡捕警察那里，车夫是可以贿赂的，但是巡捕警察为发财，拼命捉车夫讹头，车夫恨极了，曾经有过告发，巡捕警察为报仇更压迫得残酷，打、骂、罚一齐来，叫车夫走头无路。"[①] 人力车夫除受车行老板的剥削外，还要受巡捕巡警的盘剥和敲诈。巡捕对车夫拉车稍有差错或者车子破损，便任意辱骂殴打。据上海劳动状况调查指出：他们行车动辄触犯所谓交通规则，轻则罚款了事，重则被摘去车照，断绝生路；吃巡捕巡警的棍棒，更是常事，有的活活被打死。[②]

　　沪南小东门外中华路那个地方，在十五日下午时分，有一黄包车夫在路旁停着车儿和坐客争讨车钱，忽然那附近的警察，跑来说车夫拦路停车，违了警章，便向他赶逐。那车夫惊忙的很，慌慌忙忙只有弃车而奔。那警察跟着他就猛脚一踢，他便马上倒地，那警察还以为是一种装模做样的态度，再把枪柄猛力地向心坎一顿。唉！那可怜的车夫，登时就和痴子一般的吐呕，便不久儿气绝身死了。该警报告那警厅长的时候，仅说是他自己跌死，所以警厅就看作常事似的。后来街市上舆论纷纷，传到了警厅长的耳边了，方才严厉地去追究一番，追究的结果，不但是那些接近该车夫致死的地方的商号，对着那巡长巡官说，是的的确确是他忙碌飞奔，自己跌死，连那车夫底亲身叔父，都也说是他自己

　　① 《资本家大小头脑巡捕警察重重压迫剥削下的人力车夫》，《红旗日报》1930 年 8 月 26 日。
　　② 刘明逵编：《中国工人阶级历史状况(1840—1949)》(第一卷第一册)，中共中央党校出版社 1985 年版，第 602 页。

不小心，自己跌死，与别人无关啊！唉！谁会说个清白？可惜他是死了！①

巡警有时也故意为难，轻者用棍棒教训车夫或罚款了事，重者就把车都扣下。如："昨（十二）晨八时许，正中西人士上写字间办公时期，汽车往来不绝，会有六五八〇号照会之包车，因见绿灯已开，由东往西，向前行驶，讵走至十字路中间，绿灯已闭而换红灯，该包车夫进退维谷，急向南而行，被第二千号华捕查见，以其违章，上前拉住车篷，撬其包车照会。该车夫不服，向捕理论，致启争执，该捕臂上之白布细章，忽行扯下，即将该包车夫拉住，以其扯毁制服，妨害其行使职务，该车夫尚欲争辩，致遭殴打。"②

（三）车夫与帮会

近代上海社会危机的存在，造成了众多帮会势力。有些帮会头目是人力车夫出身，顾竹轩是其中的一个例子。③ 拉人力车起家的顾竹轩，投靠青帮后成了赫赫有名的"江北大亨"，成名后的他在人力车行中有着强大的势力。

旧上海有个流氓叫顾竹轩，由于他的鼻子特别大，在家排行

---

① 《警察活活地打死车夫》，《劳动界》1920 第 16 期。
② 《红绿灯故与包车夫为难》，《申报》1936 年 11 月 13 日。
③ 顾竹轩，江苏盐城人。青帮通字辈著名人物。于 1901 年前后来沪，先后随叔父在江淮戏院做杂工、拉黄包车度日。辛亥前后接办位于九路路的原天蟾舞台。1916 年该地由永安公司租下拆迁，顾从永安公司拿到一笔补偿费，即与人合伙，在福州路 701 号建造新天蟾舞台，聘周信芳主演。同时还包揽上海黄包车业，成为苏北帮黄包车夫首领，担任苏北旅沪同乡会负责人和闸北保卫团团副。1927 年四一二反革命政变中，动用黄包车参与其事。1936 年因涉嫌刺杀大世界经理唐素鹏案，被判刑 15 年，后改判 5 年徒刑交保释放。抗战胜利后，被宣布无罪，出任上海市参议员。全面抗战前后，受其侄子顾叔平（时任中国共产党上海局统战部帮会工作委员）影响，开始与共产党人接触，并多次营救、掩护中共地下组织人员。1949 年后出席过上海市第一届人民代表大会，1956 年病逝。参见熊月之主编《上海名人名事名物大观》，上海人民出版社 2005 年版，第 211 页。

老四，绰号叫作"顾四鼻子"。他最初替有钱人家拉包车，后来靠黄包车过日子，经过几年的积攒，他买了几辆黄包车租给别人拉，

图 22 "放黄包车"
图片来源：《旧上海百丑图》，
上海科学技术文献出版社 2002 年版。

自己坐收租金进行剥削，上海人称之为放黄包车。当时放黄包车非托庇于恶势力不可，于是顾以同乡关系拜法租界的曹幼珊为老头子，曹是青帮中的大字辈人物。从此，顾在闸北广收门徒，扩张势力，并通过英租界流氓头子季云卿和巡捕房，在丹桂戏院对面，开了一家戏院，取名"天蟾舞台"，生意很好，赚了很多钱。①
（见图 22）

在近代上海的历史上，帮会头目还参与调解人力车纠纷。杜月笙是近代上海青帮中的风云人物之一。② 1935 年，法租界公董局强迫人力车夫登记不遂，仍继续扣车，车夫向市府请愿，社会局、公用局两局向法当局交涉，车商请杜月笙出任调停。具体情况如下：

①　王金海：《旧上海百丑图》，上海科学技术文献出版社 2002 年版，第 17 页。

②　杜月笙，江苏宝山高桥镇(今属上海市浦东新区)人。早年父母双亡，13 岁在上海水果行当学徒。拜青帮陈世昌为老头子，后投黄金荣门下。后与黄金荣、张啸林合称"上海三大亨"。1927 年春，与黄、张共谋组成中华共进会，纠集徒众，助蒋介石"清党"反共。4 月 11 日晚，将上海总工会委员长汪寿华骗至杜宅残杀。旋纠集一万五千余流氓，袭击工人纠察队总指挥部、总工会会址。因此跃为南京国民政府军委会少将参议。1929 年任上海法租界公董局华董。1932 年组织恒社，结纳门徒，势力向工商界、政界、文化界扩展。善于结交权贵，笼络徒众，以经营烟赌而为豪门。1934 年任上海市地方协会会长。上海沦陷时，避居香港、重庆，从事情报、策划暗杀汉奸等活动。抗战胜利后，回上海。1946 年为上海市参议会议长，旋辞职。致力于向工商、金融、交通、文化、教育、慈善等事业中发展力量，身兼数十个职衔。1949 年 4 月携家眷赴香港。1951 年 8 月 16 日病逝。参见熊月之主编《上海名人名事名物大观》，上海人民出版社 2005 年版，第 83 页。

（一）车夫请愿。公用人力车夫不满公董局登记，派代表备文至市中心区向社会局请愿。由惠工股主任王刚接见，车夫代表将痛苦一一陈述，王刚允诺转达局长后，再向法租界当局交涉，同时并呈市府、法租界纳税华人会、第二特区市民会请求援助。（二）公会会议。人力车同业公会召开执监联席会议，讨论决定派代表请求法租界华董杜月笙出任调停。（三）杜氏调停。车商公会主席仇春山会晤杜月笙等，提出车商对此案最低要求，杜月笙允诺极力设法调停，并嘱车商静候解决。（四）当局洽商。社会局派王刚，公用局派李君同往，与公董局等协商解决办法。法当局表示："登记费数目太大，允转达法领事署加以考虑。对于所公告登记之车辆，自九月份起，将九月份应登记之一千五百辆，改为一千辆，其余五百辆，延至十月份登记，其他照此类推，其余问题，不愿考虑。"①

接着，法租界人力车夫发生罢工，"法租界人力车七千一百辆，车夫四万人，自前晨罢工后，因交涉未有圆满结果，同时发生流血惨剧，故昨晨仍继续罢工。英租界车辆因被泄气，故车夫均不敢南往，仅在法租界内拖拉，沪南交通除电车、公共汽车通达处所外，行人颇有无以代步之苦"。杜月笙以此案事态严重，关系华、租两界交通治安，于是会见法总领事，商谋适当解决办法。法总领事认为，"车夫登记非自法租界始，已有英租界之先例在，何以英租界车夫车主不反对，而独反对法租界后起之举动；且车夫又逞暴行，伤及越捕，故此案殊难变更"。随后，人力车同业公会派常务委员顾松茂、于达金、张怀扬、仇春山再次请求杜月笙出任调停。杜月笙认为每车先登记一人，其余一切，"本人敢负责进行解决，免事态之扩大，而引起社会不安状态"。② 法租界人力车夫登记纠纷，自杜月笙出任调停后，所有因未登记被捕房扣留

① 《杜月笙出任调停人力车登记纠纷》，《申报》1935 年 8 月 4 日。
② 《法租界车夫昨仍罢工》，《申报》1935 年 8 月 8 日。

之车辆，经免费登记后陆续放出。各车主为避免车夫误会起见，也不少偕同车夫前往一并登记。①

人力车夫也常被帮会流氓所勒索敲诈。当时各大城市，特别是像上海这样的大城市，地痞流氓势力猖獗，他们经常敲诈勒索人力车夫。有时他们在路上截住一辆车，把车上的顾客和行李都绑去，等给赎金，才放回人和物；有时他们雇一辆车，拉到荒僻郊野去，那里埋伏着同伙就出来殴打车夫，抢他们的钱。②

三、市民对车夫的同情

人力车夫大都是农村中破产失业的流民，他们在乡间无法维持生活才逃往城市，在谋生乏术的情况下选择拉人力车，以活命养家。

黄包车夫虽然也可以"上天讨价"，但人们也尽可以"着地还价"！拉不拉果然由你，但要吃饭也只好屈服！有一个黄包夫曾对我说："我今天上午只做了一次生意，一位客人携了一个笨重的大包，要我从爱多亚路拖到小沙渡路，我讨价两元半，他还价仅一元！坚称加一个钱就不要！结果我贪做生意，屈服了！等到拖到小沙渡路，已近交班时分，并且已是筋疲力尽，因为这包裹实在太重了！交过班，跑进饭铺连吃八碗白饭，方才吃饱，算一算账，一元三角！先生！这种日子如何过，自顾自还不够，不要说养妻儿了！"③

人力车夫作为城市社会中的一个特殊阶层，生活之困苦，本已难言，而其在拉车的过程中又经常遭遇不测，种种悲剧引起社

---

① 《人力车夫不愿登记纷纷回籍》，《申报》1935 年 8 月 13 日。
② 刘明逵编：《中国工人阶级历史状况（1840—1949）》（第一卷第一册），中共中央党校出版社 1985 年版，第 602 页。
③ 心期：《孤岛生活长期越野赛》，《上海生活》1941 年第 5 期。

会各界对他们的怜悯和同情。"黄包车被偷,或在马路上遭电车和汽车将车身撞毁,或车夫本身遭碾断腿骨,或伤害性命,或遭巡捕无故殴打,任意滥撬照会,或被处罚,耽误拉车工作时间,有碍生计,此系为最痛苦之事。"①

首先,人力车夫经常碰到意外事故。如公共租界内每逢火警,工部局瞭望台即鸣钟告警全体救火会,"西人各驱皮带车驰往施救,沿途急踏警钟,使行人闻声预先避让",但是也会碰撞人力车。"美租界边界之闸北松盛里(华界)失火,有救火会某号救火车往救,驶至新垃圾桥北苏州路,突有一千七百八十八号黄包车夫江北人高鸿芳拉车经过,不及避让,致被撞倒碾伤脑部。"②1933年9月,有一辆手车不慎将装载的坛子摔破,致硝镪水倾覆满地,一人力车夫失足遭殃,具体如下:

> 昨日上午十一时许西藏路上,有一手车(俗名老虎车)上装镪水两坛,向云南路方面缓缓而来,至新东方旅馆门前时,奈因装置欠善,致中间一坛,由车倒下,当场破碎,镪水流布满地,酸气扑鼻。该车夫正拟收拾时,讵路口适有一人力车飞驶而来,势将践入镪水内,旁人一见,恐肇祸端,亟呼其奔避,讵已不及;同时该车夫心急慌忙,一不审慎,竟失足仰天堕地,致全身尽入镪水中,所穿衫裤顿被烂蚀,并及肌肤。车上女客一名幸未跌下,仅左足踏入,故受伤尚轻。人力车夫受创狂呼救命,该手车夫一见竟弃车逃逸。③

有一些意外事件会导致人力车夫的死亡。如:"有一七六六号汽车一辆,由华人司机向西行经爱多亚路近西藏路处,与一电杆

---

① 上海市公用局关于人力车问题研究委员会文件,上海市档案馆藏:Q5—5—1618。

② 《救火车碾伤车夫》,《申报》1917年4月10日。

③ 《硝镪水倾覆满地 黄包车夫失足遭殃》,《申报》1933年9月9日。

相撞，该电杆立被撞倒，电线落地，偶触一黄包车夫，致车夫感受电流身死。"① 1927年6月，人力车夫某甲"拉车行经法租界西自来火街七十二号门前时，忽然上面电线损坏坠下，甲不及逃让，以致触电顿时倒地身死"②。又如："有黄包车夫载客及火油两听，在马路行驶，客口衔纸烟，偶因不慎，将燃着之烟头，遗在火油箱，顿时火起，他箱亦同时爆发，火焰四射，延及车夫衣服，灼伤甚重，送至同仁医院，未几即死。"③

人力车夫在拉车的过程中，也会遇到流弹的袭击。人力车夫江北人戴邦银，"拉三民公司黄包车，行至法租界吕班路山东会馆附近三十九号弄口，突然被人开枪狙击，珠弹由右眼射入，倒地身死。当由一二五号越捕闻声赶往，凶手已逃逸无踪，戴倒卧车横框内，血流满地"④。1935年4月，"闸北天通庵路明晶机器厂，忽有盗匪闯入抢劫，为邻人察悉，鸣警往捕，一时警笛乱鸣，各盗情知不妙，纷纷四窜奔逃。警察则跟踪追捕，盗匪情急，开枪拒捕，警察方面亦开枪还击，直追至西宝兴路，适有黄包车夫姜锡昌（年四十一岁，崇明人）拉车在彼经过，竟遭流弹击中前胸，伤及要害，立时倒地身死"⑤。

其次，人力车夫常常受到欺凌。有一些乘客自恃"高等"而欺人，把车夫当牛马使，他们上车不开口，只一挥手臂示意车夫往前走，途中要转弯，就用手杖在车夫背脊上戳一下，或者用脚踢其屁股示意转弯的方向。有些外国人依仗势力，飞扬跋扈，把车夫看成是他们的殖民奴隶一样，动辄打人、伤人，甚至置人于死地。1934年7月，人力车夫曹家雪在西华德路同仁医院南首之日本酒店门口，拉一年约三十余岁之日本人，至昆山路乍浦路转

---

① 《汽车撞倒电杆黄包车夫触电身死》，《申报》1925年3月20日。
② 《黄包车夫触电身死》，《申报》1927年6月16日。
③ 《黄包车夫被火油灼毙》，《申报》1926年6月23日。
④ 《黄包车夫被仇家狙击》，《申报》1928年4月23日。
⑤ 《强盗与警察格斗 流弹毙一车夫》，《申报》1935年4月5日。

角处新造房子弄口停下，该日人下车后，支付日本角子（钱币）一枚。人力车夫亦即在弄口休息，弄口坐有日本浪人两名，挥手命人力车从速离去，车夫即向吴淞路方向而去，同时又闻后面有人喊叫人力车，车夫因此掉头兜揽生意。该浪人不问情由，一人将车垫抢去，另一人将车拉住不放，"车夫以其无理，遂向渠责问，当被用竹杆猛击头部及右手倒地，并喉颈被叉住不放，以致晕绝约有五六分钟之久"①。还有一些所谓高等华人和下流外国人，他们态度蛮横，坐车不讲车价，等到了洋行、机关或舞厅、旅馆等目的地后，随意付一些车钱，便一溜烟地进去了。② 车夫也不可能进去同他讲理，因为管门巡捕会立刻把他推出去。

可是到了目的地，走了几里路，只给他一毛钱，甚至不名一文，砰地一声将门关上，给他一个不见面，他到这时，虽然怨气冲天，可是发不出威来。因为他的心目中，以为外国人是至尊无上，哪里敢进去办交涉呢！至于硬学来的几句洋泾浜应酬话，怎好在办交涉里使用？倘使再不识相时，还要吃仆欧们异味的火腿。所以有些强悍的，至多向这屋子吐一口涎沫，高声操了他的乡音，骂几句极下等的俚语，带着悻悻的形色，挽了车杠快快地自怨自艾走开。至于比较软弱一些的呢，连骂声也不敢提高，悄悄走了。③（见图23）

图 23　仗势欺人

图片来源：《上海生活》1940 年第 12 期。

① 《黄包车夫被殴受伤》，《申报》1934 年 7 月 29 日。
② 朱邦兴、胡林阁、徐声合编：《上海产业与上海职工》，上海人民出版社 1984 年版，第 675 页。
③ 碧翁：《上海的人力车夫》，《上海生活》1940 年第 12 期。

人力车夫在拉车的过程中也受尽了苦头，遇到好的乘客能够要到车钱，遇到流氓、瘪三不但要不到车钱，往往还因追要车钱而遭受毒打。1929 年 7 月，日本人安富平八"由鸭绿路雇坐盐城人徐建坤所拖之黄包车返家，既抵目的地，安富平八只予车夫铜元十三枚，徐索价一角，安加五枚，徐又请益，讵该日人返身入门，怒形于色，既出即袖出小刀，猛向徐之面部戳去，受创甚深"①。当然，遇上士兵、流氓之类来乘车则更需谨慎知趣，全听他们的，否则一定没有好结果。1941 年 3 月，在外滩汇中旅馆前，有白俄保镖名特赖托夫，与人力车夫互殴，竟拔出手枪伤人。"事缘两日本妇人乘人力车至汇中旅馆附近，车夫因其所予车资过微，乃随后叫嚷，两妇不理，车夫愤懑异常，伸手推妇，时特赖托夫方伫立其华人雇主之汽车旁（照会一〇一九八号），见状，加以阻挠，遂与车夫互殴。该白俄被车夫抱住，挣扎不脱，恼羞成怒，突然拔出手枪，用枪托击破车夫头部，鲜血直流。"②

最后，人力车夫丢失车现象也很多。人力车夫俞松桂，拉车至法租界，在饭店内吃饭，被窃贼张韩臣、顾阿龙两人乘隙将车窃去，"迨俞察觉，已不知去向"③。又如"闸北新桥、新闸桥及车站旱桥附近之黄包车窃贼，每趁车夫离车接客之际，将车窃去，不久橡皮剥去，弃置荒僻之地。此等橡皮，照保单贴赔与具领手续费，损失多不过十余元，其失窃后，连车无从寻获者，须赔款至四十余元。故两月间南北市及公共租界三方面失窃案件，以闸北较多，租界仅油衣、门布、坐垫零碎赔款。"④ 还有一般的无业流氓，经常躲在僻静冷落的弄堂，趁人力车经过之际，迅速抢走车篷上的包裹箱子，等到车夫发觉，他们早已逃之夭夭。有时，人力车公司也会遭到盗匪的抢劫。如："山海关路二百零一号三星黄包车公

①《日人向黄包车夫行凶》，《申报》1929 年 7 月 20 日。
②《白俄保镖击伤人力车夫》，《申报》1941 年 3 月 16 日。
③《车夫吃饭失车》，《申报》1922 年 7 月 4 日。
④《人力车闸北失窃日增》，《申报》1937 年 7 月 24 日。

司，每月六日为结算账目之期，昨晚照常理账，忽来匪徒四名，各持手枪进内，先将各黄包车夫驱散，然后将账桌上之银洋五百五十六元、小洋二千八百角，劫夺而去。匪徒出门后，各黄包车夫即在后追喊，为新闸路捕房探捕闻悉，即上前追拿，盗等开枪拒捕，探捕亦以枪还击，追至卡德路影戏院门前，盗遂狂奔无踪。"①

第二节　人力车夫救助：以互助会为中心

人力车夫之苦况为都市居民所深知，"其居处非狭小之阁（搁）楼，即矮窄之草棚；所食皆藜霍糟糠，所穿皆破布烂絮；有疾病时，更无财力以作医药之费；于日晒雨淋，餐风宿露之中，挣扎生活"②。针对人力车夫救助这一社会问题，市政当局曾做出了一定的努力，但相对于十余万的庞大数目，这些努力不免有些杯水车薪。为此，各方请求组织人力车夫福利会，于是出现一些车夫福利组织，其中人力车夫互助会是最具代表性的组织之一。

一、人力车夫互助会成立

人力车夫之亟待救济，已为当时社会人士所公认，上海市政府及公共租界工部局有鉴于此，曾经分别组织人力车问题研究委员会及人力车委员会，从事调查研究人力车制度及车夫生活改善之办法。③ 1934 年 7 月，人力车夫互助会理事部召开第一次常会，开始筹备工作。互助会最初在博物院路青年会全国协会内设临时办事处，于 1934 年 9 月 1 日开始办公。④ 1935 年 2 月 6 日，上海

---

① 《黄包车公司遭劫》，《申报》1928 年 11 月 7 日。
② 上海人力车夫互助会编：《上海人力车夫互助会会务报告》，上海图书馆藏，第 2 页。
③ 王刚：《救济上海市人力车夫计划草案》，《社会半月刊》第 1 卷第 15 期。
④ 叶传禹、黄昌汉：《上海市人力车夫互助会之过去与现在》，《社会月刊》第 2 卷第 3 期。

人力车夫互助会总会在东嘉兴路小菜场正式成立，"其目的在推行工部局所定改善人力车夫地位与生活状况之车夫福利工作"，如设立诊疗所，除医药免费外，还聘有探望护士多人，至各车夫家中巡回探望；设立车夫与车夫子弟教育班及免费浴室；又设有宿舍与食堂，仅收取最低限度之费；等等。① 当时，各会所分布地点：总会所，东嘉兴路小菜场楼上；西区分会，麦根路288号；南区分会，贝勒路恒庆里50号；南市支会，薛家浜青龙桥114—118号；闸北支会，大统路沪太汽车站对面同和里8—9号。② （见图24）

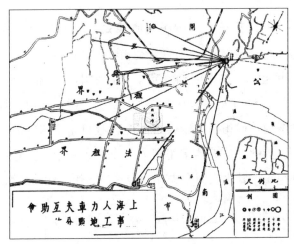

图24 "上海人力车夫互助会事工地点分布图"

图片来源：《上海人力车夫互助会会务报告》，上海图书馆藏。

人力车夫互助会总会所设于东嘉兴路小菜场二楼（见图25），室内系三角形，占地颇大，所有房屋，大部分作为车夫宿舍，计有三大间，每间置有双用铁床、垫被、被单、棉被等。其余分为课堂、礼堂、诊疗室、洗浴室、游艺室、会议室、会客室、办公室、医士室、医具室、幼童浴室、婴儿浴室、洗衣室、盥洗室及

① 《人力车夫互助会昨日招待报界》，《申报》1935年5月29日。
② 上海人力车夫互助会编：《上海人力车夫互助会会务报告》，上海图书馆藏，第2—3页。

储蓄室等，设备完美。规定车夫寄宿费，按月收小洋六角，按周收小洋二角，按日收铜元十枚。①

图 25　上海人力车夫互助会

图片来源：《上海人力车夫互助会会务报告》，上海图书馆藏。

该会印行的《上海人力车夫互助会概况报告》谈到其"产生的理由"："上海的平民，尤其是一般人力车夫们，差不多个个都是穷苦到极点的，一天到晚，一夜到天亮，为了衣食住去忙碌奔跑，没有工夫，更没有多钱，可以享用人类的幸福，这是何等可惜呢！所以要打算他们幸福的普遍，必须要设立一种特别的场所，使他们在空闲的时候，个个到这场所里去享用一般普通人类所享用的幸福。那就是互助会所以产生的理由。"②

我国劳工之最感痛苦者，莫若人力车夫，因为人力车夫奔走于凄风冷雨暴日骄阳之下，而其所得，仰不足以事父母，俯不足

---

① 《车夫互助会总会所昨开幕》，《申报》1935 年 2 月 7 日。
② 上海人力车夫互助会编：《上海人力车夫互助会概况报告》，上海图书馆藏，第7—8 页。

以畜妻子，一遇疾病，汤药不继，死亡相累，衣棺不得，境遇之惨，匪可言喻。当民国十六年北伐成功之后，中国工人运动，尚在蓬勃滋长，斯时本会人力车夫，当然不甘后人，刘甫均、陆良弼两同志，即起而联络南北区车夫三百六十余人，向各方要求发起组织上海人力车夫工会，但以当时车夫本身力量不坚固，未能组织成立，刘甫均、陆良弼两同志，卒以牺牲，而全市车夫，因此更加奋勇。于二十一年又推举朱凤翔与仓公文同志继续领导奋斗。前公共租界工部局当局对此特予以深切之关怀与注意，爰于民国二十二年九月成立人力车研究委员会，广征各方意见，计划改良方案，历五阅月之详实研讨，始提出办法十六条，其中自第四条至第十六条，经局董会议采纳，乃于二十三年五月组织人力车务委员会，专事办理关于人力车务之行政事宜。该会一面进行人力车业之改良，一面为谋促进界内人力车夫之幸福及改良其生活，乃发起组织人力车夫互助会，联络社会热心人士，共同推进。①

理事会为该会最高权力机关。第一届理事为麦西、王志仁、朱懋澄、仇子同、李登辉、彭金、陶德满、应书贵、邓裕志、谢安道、殷芝龄、顾松茂等十二人，总干事张登瀛。② 其中麦、王、朱三人由工部局聘为理事兼董事；仇、李、彭、陶、应、邓、谢七人，称为社会团体之理事，为麦、朱、王三人以董事名义所聘请者；殷、顾二人为特区车商推出之理事。③ 人力车夫互助会之组织包括教育委员会，设人力车夫子弟学校、成人识字班、图书室、阅书室、阅报室、国术场、出刊物、演讲；医务委员会，设中西医

　　① 叶传禹、黄昌汉：《上海市人力车夫互助会之过去与现在》，《社会月刊》第2卷第3期。

　　② 上海人力车夫互助会编：《上海人力车夫互助会概况报告》，上海图书馆藏，第3页。

　　③ 王刚：《救济上海市人力车夫计划草案》，《社会半月刊》第1卷第15期。

院（附设手术室及产科医院）、中医门诊室、西药门诊室、卫生指导室、产科指导室；保险委员会，设车夫死亡保险、终身残废保险、一手或一足一目或双目残废保险；救济委员会，设车夫家属死亡救济、车夫子女婚丧救济、回乡川资、运柩回籍、改业小本、火灾房金、车夫生病给米；益务委员会，设饮茶室、沐浴室、法律室、娱乐室、游艺场、说书场、纠纷调解室、电影、棋室、马路茶缸；人事委员会，专理本会一切人事事务。①（见图26）

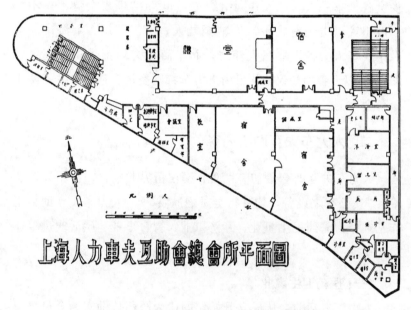

图 26　"上海人力车夫互助会总会所平面图"

图片来源：《上海人力车夫互助会会务报告》，上海图书馆藏。

该会之组织章程，经董事部及理事部拟定，送请工部局核阅批准。"查该会会员限于公用人力车车夫，会务目的系为车夫预备医药、看护、浴所、廉价之宿舍、学校、阅书室、公开演讲、娱乐、电影、茶会等等，将来并拟办理储蓄银行、合作商店，及对

---

① 叶传禹、黄昌汉：《上海市人力车夫互助会之过去与现在》，《社会月刊》第2卷第3期。

于残废死亡，予以救济。"① 1936 年 10 月，工部局人力车特别委员会召集会议，对人力车夫互助会之理事会改组，进行讨论。"据华籍诸委员之意见，理事会中车商车夫代表俱不需要，而互助会费此后亦不必由车商代向车夫征缴，尽可由增加执照费补充之，如此，则此种款项即属工部局之收入，工部局得酌量以此款划分，作为工部局对于互助会之捐款；至保管委员会之组织，则不妨一仍其旧，即由工部局董事会委任一人，复由纳税华人会及上海市商会各推举一人，三人共同组织之是也"；"理事会势不得不加以改组，可由现有之十二人减至九人，由工部局、上海市商会及纳税华人会各推举三人任之，而车商车夫均不得担任理事之职"。② 以上各项建议，均已由人力车特别委员会通过，并条陈于董事会。

二、人力车夫互助会内容

人力车夫互助会最初有两处：一在租界北端，一在租界西北端，"其已有之设备，均甚得会员之欣赏"③。人力车夫互助会工作基本分为医药卫生事业、互济事业、智育事业、生活改进事业等几块。

（一）医药卫生事业

人力车夫互助会从成立开始，即认为医药扶助实为会员最迫切的需要，"本会会员因经济维艰，一遭卧病，无力延医调治，健康受其损害，生活蒙其影响，而因循贻误，药石乱投，牺牲者更不知凡几"，为此筹建诊疗所二处，以作会员及其家属诊病之所；同时又举办健康辅导及各种重要卫生事业。④

---

① 《人力车夫互助会组织章程经工部局核准》，《申报》1935 年 3 月 13 日。
② 《车夫互助会理事部董事会议决改组》，《申报》1936 年 10 月 15 日。
③ 《人力车夫互助会组织章程经工部局核准》，《申报》1935 年 3 月 13 日。
④ 上海人力车夫互助会编：《上海人力车夫互助会会务报告》，上海图书馆藏，第 4 页。

　　总会及西区分会之诊疗所，于 1934 年 11 月正式开诊；南区分会及南市、闸北两支会之诊疗所，则于 1935 年 7 月与会所同时成立。至 1935 年 12 月底，各诊所诊疗次数总计 107 104 次，手术次数共计 1 398 次。各诊所开诊时间为上午 9 时至 12 时，下午 2 时至 5 时，特别疾病可随到随诊，若在深夜或未至开诊时间有患者来就诊，会内当值干事或护士需立刻通知医师应诊。[①] 1936 年，由理事部推定王志仁、麦医生、福医生、后绍庵、何武山、童星门等 6 人为医务委员，王志仁任委员会主席，"一切设施，均由该委员会向理事部建议执行"，共有西医 7 人，中医 1 人，健康辅导员兼巡回护士 3 人，产妇指导 1 人，男女护士 17 人。[②]（见图 27）

图 27　"人力车夫互助会诊疗所"

图来源：《上海人力车夫互助会会务报告》，上海图书馆藏。

　　现在该会共有诊疗所五处，附设于各该会所，由中西医生分别诊治，中西药品，亦由该会供给，并另于麦根路自办医院一所，内部设备，有病理试验室、外科手术室、病人浴室、消毒洗涤等

---

　　①　上海人力车夫互助会编：《上海人力车夫互助会会务报告》，上海图书馆藏，第 5 页。

　　②　《人力车夫互助会医药卫生事业》，《申报》1936 年 11 月 19 日。

等。病床共有二十八张，所有住院病人之服食，一切均由院中供给，对于重病会员，倘系本院不能医治者，由会转送各专门医院治疗，一切费用，亦由会付给。再该会鉴于会员因环境所迫，于生活习惯之卫生，难以顾及，特设健康辅导，平时劝导会员及其家属注重卫生，有病不能赴会诊疗时，除由医师亲至其居处诊治外，并由巡回护士为之调护，并随时注意其应济助之实情，予以辅助，其他防疫注射、产育指导等等，均一一举办，故会员无不称便。①

人力车夫互助会多次举行卫生运动，利用电影、讲演、幻灯、灭蝇灭蚊演习及口头与文字宣传，颇有成效。如吐痰习惯，在当时最为流行，人力车夫互助会特将痰中所含细菌之恐怖状态及传播危险，通过幻灯片播放宣传，并加以解释，经多次劝导后，会员渐渐改掉这一陋习。

（二）互济事业

人力车夫互助会，"除一方面办理医药卫生保险等事业外，并设立互济部，专司救济之责，如会员及其直接家属一旦发生不幸事件，如上述疾病、老弱、丧葬、火灾以及借贷等，均由该部予以相当切实之扶助，一切手续，力求迅速"②。人力车夫互助会之互济事业，分为普通互济与临时互济。

普通互济是互助会经常性的互济工作，会员可随时按照实情请求帮助，互济范围以会员本人及其父母、妻子、儿女为限。互济方式有下列六种。（1）给米。凡有下列情形之一者，需给予米票：会员本人生病不能拉车者；妻子生产无力调养者；遭意外灾变，短期内无力谋生者。依其家庭人口及时间酌定所给米粮多寡，一般大人每名每日 1 升，小孩每日 8 合，除特别情形外，时间最多为 3 个月。（2）协助丧事费用。会员本人死亡者，最多给予现

---

① 《人力车夫互助会医药卫生事业》，《申报》1936 年 11 月 19 日。

② 《车夫互助会互济工作概况》，《申报》1936 年 11 月 26 日。

金 30 元；若其父母、妻子、儿女死亡，也可申请救济，但最多给 20 元。（3）贷借小资本。遇有下列情形之一，可贷予小资本：家属人口众多，全恃会员一人生活；因年老或残废登记不合格；会员本人重病非短期所能治愈，而家属又能经营小贸易。贷借小资本数额，视家庭人口之多寡酌定，最低 2 元，最高 8 元。（4）重病送医院。会员本人或父母、妻子、子女等，遇有重病，需送往各大医院治疗者，经互助会医师证明后，可得住院费用之一部分或全部资助。（5）给衣。会员本人或父母、妻子、子女无法添置衣服，如会中存有旧衣，可拨出赠送，但每人每次以 2 件为限。（6）其他。凡会员生病愿回乡者，互助会给予川资，近视眼者可代配眼镜，遭遇火灾者予以房金及纠纷调解等。①

1935 年 9 月 16 日，人力车夫互助会开办临时互济，凡车夫持有登记不及格证书者，可来临时互济处，经证明确系本人后，给予临时互济证。分为下列两种形式。（1）遣送回籍。凡不及格车夫，本人愿意回乡者，照规定办理。（2）小本借款。有一部分不及格车夫，确系无家可归者，最初由互助会给予米粮；至 1935 年 11 月初，又增添小本借款，车夫每人可借 5 元，直接家属每人可借 2 元，助其从事小贸易经营，以维持生计。②

人力车夫互助会成立后，由理事部组织互济委员会，推定朱懋澄、金润庠、麦西、王志仁、仇子同等七人为互济委员会委员，

①　上海人力车夫互助会编：《上海人力车夫互助会会务报告》，上海图书馆藏，第 8—9 页。

②　遣送回籍的规定办法如下："（1）回籍者（包括车夫本人及其父母、妻子、子女）之轮船火车票，由本会为之购备；（2）按照回籍者之原籍路线分别集中，分批遣送，并由本会派人护送；（3）回籍者除车船票由本会购备外，其车夫本人每名由会另给予大洋五元，直接家属每名二元，以作内地旅费及生活维持费之用，但必须于车船抵埠后，方由本会伴送人付给；（4）在未动身前，由本会按照其家属人口给予米粮。小本借款的规定办法如下："（1）凡来请求小本借款者，须经本会个案调查员调查其所填各项属实，并由主管人员核准后，方得给款；（2）给款较多者，须分两次付清，俾能调查其所领第一次之借款，是否确在经营小贸；（3）领款时须觅取保证人，俾其日后有力偿还时归还之，惟确有困难不能归还者，得斟酌情形变通办理。"参见上海人力车夫互助会编《上海人力车夫互助会会务报告》，上海图书馆藏，第 10—11 页。

朱懋澄任主席，该会总干事张登瀛兼任书记，委员会计议一切应办事宜。[1]（见表19）

表 19　人力车夫互助会特别临时互济报告

案号	372	互济证号	401	不及格证号	4078 1086	1935 年 12 月 13 日	
车夫姓名	戴学高	年龄	21	籍贯	阜宁		
互济办法		家庭人口		互济用款项目			
小本借款分两次支付：第一次支付洋 6 元正第二次支付洋 5 元正		父　45 岁母　44 岁妻　20 岁共四口人调查者蔡吉卿印			项目	款项	经手人
					第一次支付 1 月 10 日	600	（印）
					第二次支付 1 月 15 日	500	（印）
					总共	1 100	
主任	陈椿葆　签	总干事	张登瀛　签	互济委员长	朱懋澄　签		

资料来源：《上海人力车夫互助会会务报告》，上海图书馆藏，第 11 页。

（三）智育事业

因人力车夫经济困难，子弟多无就学机会，人力车夫互助会遂创办多所子弟学校，以教养会员子弟。人力车夫互助会子弟学校有第一子弟学校，地址为虹口东嘉兴路小菜场楼上，开办日期为 1934 年 11 月；第二子弟学校，地址为麦根路世德里 31 号，开办日期为 1934 年 12 月；第三子弟学校，地址为法租界贝勒路恒庆里 50 号，开办日期为 1935 年 9 月；第四子弟学校，地址为薛家浜路青龙桥 114 至 118 号，开办日期为 1935 年 9 月；第五子弟学校，地址为大统路沪太汽车站对面同和里 8 至 9 号，开办时间为 1935 年 9 月；第六子弟学校，地址为恒丰路共和里，开办日期为 1936 年 1 月。[2]

---

[1]　《车夫互助会互济工作概况》，《申报》1936 年 11 月 26 日。

[2]　上海人力车夫互助会编：《上海人力车夫互助会会务报告》，上海图书馆藏，第 12—13 页。

　　各校的办理纲要如下：（1）入学规程，凡属互助会会员已满六岁之男女小孩，经过身心发育状态调查及互助会医师之体格检查，认为已达普通程度者，填具入学志愿书后，即可正式入学；（2）学级编制，分幼稚班，初小一二三四年级，高小一二年级，合计七级十四班；（3）课程一览，主要课程为国语、常识、算术、劳作四种；（4）教学方面，以学生为本位，生活为主体，以期适应儿童之个性，依照各个能力差别，分别教授及指导，才能启发特有资才，以适应生存环境；（5）考绩方法，为鼓励学生勤奋起见，特采用考绩法，考核项目包括平时积分、操行检查、体格检查、成绩测验、其他成绩；（6）训育事项，暂定整洁秩序二项为标准，各级成立级会，每周举行常会一次，每学期各校举行联欢会一次，同时举行各校成绩轮流展览；（7）卫生事项，除日常整洁检查外，每周举行大扫除一次，分别予以奖惩。①（见图28）

子弟学校各级课程标准表

顺别	课别	时向	低级 百分比	时／分	中级 百分比	时／分	高级 百分比	时／分	短期班 百分比	时／分
国语	读	书	36%	200	35%	280	30%	300	50%	540
	作	文		40概法		40		60		60
	写	字		120		120		90		150
常识	社会	自然	20%	200	10%	60/60/40/40/400	16%	60/60/40/40/40	27%	80/80/80/80/80
	史地	卫生								
算术	笔算	珠算	6%	60	12%	15	14%	120/90	16%	240
劳作	工	商 事			12%	150	26%	300/90		
唱	乐		14%	150	7%	90	4%	60	7%	90%
美	术		9%	150	7%	90	4%	60		
体	育		15%	150	7%	90	4%	60		
总计			100%	1010分	100%	1250分	100%	1500分	100%	1480分

附註：公民训练各级每周六十分

图28　"子弟学校各级课程标准表"

图片来源：《上海人力车夫互助会会务报告》，上海图书馆藏。

---

① 上海人力车夫互助会编：《上海人力车夫互助会会务报告》，上海图书馆藏，第13—14页。

与此同时，人力车互助会还为乐意求学的车夫开办成人学校，并设立图书馆、阅报室，放映教育电影，举办各种游艺会。直到1944年8月，在报纸上还可见"人力车夫子弟学校免费招生"布告，"本埠人力车夫互助会子弟学校，共分设三所，一在淮安路世德里卅一号，一在南黄陂路恒庆里五十一号，一在长寿路鸿发南里。自本学期起，添辟教室，免费招收会员子弟入学，初高两级尚有余额，凡车夫子弟，皆可前往附近学校报名入学"。"该会为使南市闸北会员子弟获得求学机会起见，拟在各该处设立学校二所，惟校舍一时难以寻觅，各界人士团体，如有余屋出租，请通知该会派员前往接洽"。[①]

（四）生活改进事业

为改进车夫生活，提高车夫地位，人力车夫互助会举办生活改进事业。"惟会员之生活，又几无一不需改进，而本会工务遂亦愈趋于繁重矣。为谋达到会员之切实利益计，爰权其轻重，察其缓急，俾能逐渐使全部实现。"[②]

人力车夫除一部分住于车主家外，大部分多自搭草棚。为此，人力车夫互助会于1935年2月决定拿出总会所五分之二面积创办会员宿舍三大间，后虽决定在各分支会所附近亦设法开办，终以市内地价太贵，租购不易，所以计划在近郊建造经济宿舍。对于寄宿手续，力求简便，凡寄宿会员只需先行登记，然后按照编定的铺位号码就宿。[③] 1935年4月，人力车夫互助会在总会所内自办食堂一所，"现在该会拟在嘉兴路总会所内，创设一自由食堂（Cafeteria），车夫费银数分，即可一餐"[④]。

---

① 《简讯》，《申报》1944年8月17日。

② 上海人力车夫互助会编：《上海人力车夫互助会会务报告》，上海图书馆藏，第18页。

③ 上海人力车夫互助会编：《上海人力车夫互助会会务报告》，上海图书馆藏，第19页。

④ 《人力车夫互助会要讯》，《申报》1935年4月17日。

食　设立公共食堂，完全依照自助招待法办理，餐券分铜元"十五""三十"二种，持券购食，任意选菜，力求滋养卫生，定价低廉。每日食料进价与餐券收数相抵，较有盈余，翌日增厚饭菜，作为贴还；有亏耗，翌日减轻饭菜，作为补贴。账目公开，办法认真。工资及一切经常费等，完全由会拨付，是以食堂中熙熙攘攘，环立如云，无不信口满意。

衣　当今百业凋蔽之际，一般车夫既不得一饱，何云乎添置衣履，故什九衣衫褴褛。该会虽力谋救济，终以力薄，不克周遍，最近由该会救济部具函各界，请求捐助衣履，凡单夹衣服，新旧鞋袜，不计大小，无论精粗，倘荷捐赐，嘉惠车夫，谅非浅鲜也。

住　设立寄宿舍，清洁卫生，备有铁床棉被等，每日宿费平均铜元五枚，并派员专责管理。最近投宿者每日近乎二百人，该会将以三楼平顶计一万六千尺，搭置木棚，作为夏季宿舍及游艺场，此举对于调济劳苦车夫精神，有莫大之裨益。[1]

部分人力车夫因经济不允，能力未足，对日常发生事件，常有处理苦难之感，人力车夫互助会因此于各会所设代笔问事处、纠纷调解处、家庭服务处。[2] 人力车夫互助会于各会所内开设饮茶室，备有茶叶、开水、小茶壶、茶杯等，另置报纸图画，供车夫随意浏览，并经常开展公民常识演讲。人力车夫互助会还发起

---

① 《人力车夫互助会新讯》，《申报》1935 年 5 月 5 日。

② 具体内容："(一)代笔问事处。会员中有不能写字或难问不能解决者，均可由本处代为解决。地址设于各会所图书馆内，时间为上午九至十二时，下午二时至五时，笔墨信封信笺等概由会供给。(二)纠纷调解。会员间有发生争执冲突或意外遭遇时，常来会申辩，为便利起见，各会所内特设一纠纷调解处，视纠纷之大小，分讲情讲理两种：讲情者如欠租、口角、执照臂章遗失等；讲理者如殴打、借贷、撬照及伤害(在车辆损坏之统计内)等。但只以能力所及与道理为主，尽劝解及代办之责，绝不勉强任何方面服从，或担保办到。如遇重大事件，则由本会义务律师依法起诉。(三)家庭服务。会员之家庭服务，派有专人负责，服务办理事项有下列数种：(1)家庭生活指导；(2)住所清洁卫生指导；(3)子女家庭教育简要方法；(4)家庭节俭指导；(5)疾病救助；(6)嫁娶丧葬之指导及帮助；(7)其他一切可能之事项。"参见上海人力车夫互助会编《上海人力车夫互助会会务报告》，上海图书馆藏，第21—23 页。

卫生运动、不吐痰运动、健康运动、防疫运动、安全运动等。以卫生运动为例，该会定期播放卫生活动影片，"如肺痨及痧眼预防法，及关于娱乐之风景片等，并由该会医师金复甦担任演讲，此举实属推行公民常识及辅导民众进入轨道之应有工作，裨益社会至大。闻过去举行电影演讲时，每感座少人多之慨"①。

人力车夫互助会东嘉兴路总会所智育部主办之卫生运动，选映有关卫生之各种电影及幻灯，自有专期举办迄今，成绩极佳，每次参加者，极形拥挤，足证该运动之为一般车夫所重视。兹特为切实普遍宣传起见，定今明日两天，该会所全部开放，任人浏览，并规定五次演讲及电影每次二小时。闻已分发南市、闸北、沪东三区限时之入场券，免防拥挤，以后尚须连续举行，务使多数车夫得到生命健全保障之认识，想其成功，必能预卜也。②

人力车夫若全家身体无恙，其生活基本可以应付；但若本人或家人遇到疾病、意外事故时，由于缺乏社会保障，就会陷入绝境。1936 年 5 月，人力车夫互助会"开始办理车夫保险，赔款迅速，成效卓著，实开我国劳动保险之先声；且其规模颇大，受保险者达四万一千余人，更为远东之冠，堪供我国热心社会福利人士之参考"③。具体情况如下。（1）组织。该会对于车夫死亡残废事件，原有互济部专司救济之责，为加强车夫保障起见，于 1936 年 5 月 1 日特设会员保险部，一次提拨经费 3 万元；成立保险委员会，由理事会推定朱懋澄、仇子同、何武山、殷芝龄等 8 人为委员，由朱懋澄担任主席。（2）办法。凡登记车夫，每人保险赔款为国币 40 元，车夫因任何原因死亡者（触犯死刑者不在此例），或因遭意外危险及其他原因，致失去双腿、双手、双足，或一足

---

① 《人力车夫互助会定期放映教育电影》，《申报》1935 年 2 月 23 日。
② 《人力车夫互助会卫生运动》，《申报》1935 年 3 月 9 日。
③ 《车夫互助会创办车夫保险》，《申报》1936 年 11 月 1 日。

一手者，或致双目失明者，或致一目失明及一手或一足终生残废者，概赔全数；凡因遭意外危险或其他原因，而致一目失明者，或致一手或一足终生残废者，赔款半数。赔款极为迅速，在可能范围内，必须于 24 小时内拨付。据该会负责人报告，"该项保险自开办以来，至本年九月底止，赔款案件已有一百十二起，计赔去国币未超五千元云"①。（3）分析。据该会分析，这 112 起赔款案件中，以死亡赔偿居多，计 107 人，占 95％强，残废者计 5 人。"该死亡车夫一百零七人中，其年龄以四十五岁至四十九岁为最多，计二十三人，四十岁至四十四岁十九人，二十五岁至二十九岁、三十岁三十四岁各十三人，三十五岁至三十九岁、五十岁至五十四岁各十二人。平均计算起来，多在四十岁左右，占三分之二，以此推算，每个车夫能生存四十三岁。"②

此外，人力车同业公会为防止车辆失窃，与太平保险公司商订保险办法："由车商每辆每月在捐照前缴纳保险费五分，由公会汇缴市银行，承保车辆，其失窃赔偿范围：（甲）车夫拉出营业时，全部车辆被窃；（乙）车辆交班后，停放车行门外被窃；（丙）特区车辆营业时，门布油衣或坐垫被窃。"③

三、人力车夫互助会成效

《上海人力车夫互助会概况报告》认为："办理这个互助会是比办理普通集团难得多，因为不容易立刻达到多数的会员，更不容易立刻使得会员认识"，"我们的方法是把事实来换取他们的信仰和认识"，所以"先要努力地做出眼见的事实来给他们看，一等到他们有相当的认识和信仰了，再慢慢地训练、陶冶、培植、灌输他们"。④

---

① 《车夫互助会创办车夫保险》，《申报》1936 年 11 月 1 日。
② 《车夫互助会创办车夫保险》，《申报》1936 年 11 月 1 日。
③ 《人力车防止失窃昨日起保险》，《申报》1937 年 6 月 3 日。
④ 上海人力车夫互助会编：《上海人力车夫互助会概况报告》，上海图书馆藏，第 9 页。

事实上，人力车夫互助会开办车夫福利工作以来，为救助车夫做出了努力。例如1935年1月至3月，该会医务所诊治7 037人，各教育班上课者10 013名，参加影片展览及演讲者25 998人，利用阅览室及游艺室者46 361人，车夫来会沐浴15 051次，在宿舍寄宿者1 156人，救济及看护车夫498人。[①] 以医药扶助为例，从1934年11月10日至1936年2月底，车夫及其家属来各诊所就诊次数达141 312次，"如会员因病不能拉车者，另由该会给米济助，重病而为各诊疗所设备所不及者，则送至各医院治疗，医药膳宿等费，统由该会付给"[②]。

自上海创办人力车夫互助会后，国内许多著名都市，如南京、青岛、北平、天津、杭州、宁波、武汉、重庆、福州、西安等，或派人参观，或通函研究，纷纷不绝；上海各大学社会学系学生及各公共团体也时来参观，加以研究，"盖以此种合作事宜，一方为车夫谋生活改善，一方为社会谋秩序安宁，凡有志于社会事业者，无不加以绝大注意"[③]。有研究者也指出，上海人力车夫互助会无疑是国内第一个形式完备且针对人力车夫这一特殊阶层的救助组织；单纯从社会救助的角度而言，互助会显然包含更多的现代成分；互助会是以抵御劳动风险为目的的互助组织，从制度属性、管理形式、项目设置、责任承担等方面，为后来的社会保险制度的产生和形成提供了组织经验基础。[④]

虽然人力车夫互助会为了改善车夫生活而做出了一定努力，但是该组织也遭到车夫及社会人士的抨击。车夫对于互助会全系少数上层分子包办非常不满，故于1934年8月，由仓公文等二十余人，呈文工部局要求车夫参加互助会理事及经济保管，并要求

---

① 《人力车夫互助会要讯》，《申报》1935年4月17日。
② 《人力车夫互助会对车夫疾病医药情形》，《申报》1936年3月10日。
③ 《人力车夫互助会之应声》，《申报》1936年6月21日。
④ 马陵合：《城市特殊群体社会救助制度的历史考察——以人力车夫为例的研究》，《近代史学刊》2007年。

将互助会改组，结果得到工部局许可，准许车夫四人参加正副理事。然而，这些人参加进去后，随即便忘记阶级利益，互助会仍为十足官办工会。[①]

车夫因互助会为少数上层分子所把持，表示不满，呈文工部局要求有参加互助会理事及保管公款之权。经工部局许可，准许车夫4人为正副理事，参加保管互助会的款项。即使如此，互助会还不是代表人力车夫的阶级利益。因此一部分觉悟较高的车夫于1935年秋季，组织车夫协会，登记者十分踊跃。不料互助会大起妒忌之心，提议取消车夫协会。各区车夫竭力反对，集合车夫3 000人往嘉兴路互助会总会实行武力接收。捕房派出探捕，前往镇压，车夫被捕者30人，被判拘押3个月者3人。互助会以不发拉车执照相要挟，强迫车夫签名，"反对车夫协会，一致赞成取消"。于是车夫协会无形解散。[②]

1936年1月，人力车夫为请求救济，与互助会发生冲突，共伤20余人，被捕30余人。具体过程如下：（1）发生冲突。有车夫代表500余人，先后抵达嘉兴路互助会门口集合，推出代表50余人进内，拟向总干事张登瀛交涉，当时张登瀛刚好到会办公，忽与其他群众发生冲突。事后根据车夫所言，来会的要求如下："（一）年关在即，列年承放人，均能借贷过年费，本年因市面关系，未能照借，因悉互助会有小借款贷放，故来请求借贷。（二）年岁荒歉，要求免缴互助会费三个月。（三）长期登记车夫，改善救济办法，修改会章。（四）借大礼堂追悼杨宝珊，乃非惟不允，反被凶殴，但据互助会称车夫不分皂白，即行动手打人。"

---

① 朱邦兴、胡林阁、徐声合编：《上海产业与上海职工》，上海人民出版社1984年版，第681页。

② 陈达：《我国抗日战争时期市镇工人生活》，中国劳动出版社1993年版，第370—371页。

（2）墙上布告。互助会办公处墙上粘贴白纸布告，原文云："工友们呀，我们生意不好，年关将到，费用很大，向老板借钱不肯，所以今天要向互助会借年关费用，若不答应，惟有不交会费三个月，作为真真救济，目的不达，请勿退后。"① （3）捕房传讯。嘉兴路巡捕房得报，即派大批探捕赶往互助会四周保护，并将互助会铁门关闭，将互助会正副总干事及车夫代表戴如桂等带回询问真相。当时其他车夫亦跟踪前往，要求一并拘押，捕房因人数众多，关闭铁门，禁止车夫进内。（4）驱散车夫。因恐发生意外，"中央捕房"派两辆特别警备车前往，将车夫驱散，又派 20 余名特别探捕在场维持秩序。但车夫散而复合，互助会除办事人员外，其他只准外出，不准进内，情势严重。（5）分头请愿。人力车夫协会派代表仓公文至公共租界纳税华人会请愿："（一）向工部局交涉，释放被捕车夫；（二）惩办张登瀛；（三）交出凶犯。"同时，人力车夫协会集合东南西北中五区车夫代表，向市政府市党部市社会局大举请愿，其目标：（一）向租界交涉长期登记车夫；（二）交涉将互助会归车夫自办；（三）救济车夫；（四）保证此后不发生同样情事。②

在人力车夫互助会招待报界消息的同一日的报上，我们又看到了一则"人力车夫开紧急会"的消息，最重要的议决案有：（一）车夫应该参加互助会的会务；（二）公开 10 个月来的开支账目；（三）互助会设备的下棋、吃茶、看报、听戏种种全是表面娱乐，没有用处，车夫需要真实救济如寒衣、施材、粜米、放粥、识字之类，请求互助会改头换面，不再欺骗；（四）互助会内所用的私人及一切浪费，车夫概不承认。很显然，人力车夫互助会和人力车夫对立起来了。人力车夫的这些要求是很合理的，他们要的幸福是实际生活的改善，"我们不希望标榜着为人力车夫谋幸福

---

① 《特区人力车夫昨晨与互助会冲突》，《申报》1936 年 1 月 10 日。
② 《特区人力车夫昨晨与互助会冲突》，《申报》1936 年 1 月 10 日。

的'人力车夫互助会'拿着车夫们汗血的金钱，只干一些不切实际的表面工作，我们很赞成车夫自己举代表参加了进去，这是他们当然应有的权利，而也因为只有同一阶层人才知道同一阶层人的痛苦，而晓得目前他们迫切需要的是一些什么"①。

这个互助总会成立以后，择定东嘉兴路所在地的二楼辟为单身车夫的宿舍，计 3 大间，每间置备双层铁床，并有全套被褥等供车夫住宿，每月收取住宿费小洋 6 角，按周收小洋 2 角，按日则收铜元 10 枚。此外还有课室、礼堂、医疗设备和卫生室等。这些专为车夫服务的项目，是上海市人力车工人们多年来经过艰苦斗争才得来的，真可谓来之不易。

但是获益最大的还是工部局。按当年上海公共租界黄包车数量，高峰时期约有 7 万余辆，每月每辆缴纳互助金 1 元 5 角，则每月达 10 万余元，全年约为 120 万元。照抗日战争以前出版的《地产大全》资料表明，1935 年的建房造价，用 2 500 银洋大约可建一楼一底里弄新屋一幢，以 120 万的巨额资金，可以建造当年连排式里弄房屋 480 幢。如果三家合住一幢，可以解决人力车工人 1 500 户以上住宿问题。这样大的数字，工部局轻描淡写地只说代收互助费，却只字不提账目公开，此中奥秘，不言而喻。

工部局生财有道，在黄包车事件上双手要钱。一手向车主收取车照捐，一手又向车夫收取互助费。他们做一点为车夫改善待遇的措施，就能达到缓和劳资间的尖锐矛盾，而又为自身稳定税收，增加财源。其手腕之高明颇足以令我辈增长见识。②

不可否认，人力车夫互助会成立后，虽为车夫谋得一些利益，但互助会的确有很大的缺点：第一，互助会丝毫没有负起教育、

---

① 《替人力车夫说几句话》，《新生》（周刊）1935 年第 20 期。
② 虞廷芳：《黄包车在上海》，载《20 世纪上海文史资料文库》（9），上海书店出版社 1999 年版，第 363 页。

组织、训练车夫的责任；第二，应该减低会费，会费应全数用于关于车夫本身福利之事业，节省一切不必要的开支，办事人员更不应滥支高薪、消耗公款；第三，车夫有良好意见向会方提议，会方尽量采纳，不应置之不理；第四，互助会应由车夫推举真正热心的代表负责管理，并聘请社会上热心专家为顾问，互助会不该是一个长期由外界操纵包办的官僚机关。[①] 互助会"未能注意积极改善车夫之根本办法，故收效甚微"；更重要的是，互助会的存在使得工部局的人力车政策模棱两可：一方面救济车夫，欲维持这一特殊城市劳工群体的生存；另一方面又以消灭人力车相标榜。[②] 就此有人认为，工部局"似乎歧路徬徨，模棱两可，将何以自圆其矛盾之使命，而不致贻'为德不卒'之讥乎"[③]。

第三节　近代上海废除人力车运动

自人力车在上海出现以后，发展很快，看着大街小巷随处可见的人力车，有人称其为"两脚马车"。市政当局出于城市社会管理的需要，时常限制或废除人力车，而人力车商因触及切身利益，人力车夫因失去生计，对当局进行激烈的斗争。在这一过程中，市政当局有市政当局的考虑，车商有车商的利益，车夫也有车夫的生存底线。因而在废除人力车问题上，市政当局常常陷于尴尬的处境。

一、人力车"限制"之争

人力车虽然对上海的客运交通发展起了一定作用，但是每遇

---

① 朱邦兴、胡林阁、徐声合编：《上海产业与上海职工》，上海人民出版社 1984 年版，第 682 页。

② 马陵合：《城市特殊群体社会救助制度的历史考察——以人力车夫为例的研究》，《近代史学刊》2007 年。

③ 上海市人力车业同业公会编：《上海工部局改革人力车纠纷真相》，上海市人力车业同业公会特区办事处 1934 年，第 169 页。

道路上人车拥挤和发生交通阻塞时，市政当局往往归咎于人力车的车满为患。因此，市政当局试图通过限制人力车数量，使之逐渐减少，以达到废除人力车的目的。

租界当局因交通拥塞，限制了人力车牌照的签发，特别是公共人力车牌照更是受到了严格的控制。照会登记不仅可以管理人力车，而且可以限制人力车夫。1924年至1926年，交通问题调查委员会曾建议逐渐减少人力车数目，"俾在十年之内，使公用与自用人力车总数减至五千辆"[①]。工部局赞成逐渐减少人力车，"惟将在十年之内减至五千辆一语删除"[②]。而在1917年至1924年间，工部局所批准领照之公用人力车数目为8 000辆，因1922年及1923年调查之结果，同意取消数目限制，自1924年1月至9月，为人力车数无限制时期，期间公用人力车迅速激增至15 000辆以上，所以自1924年9月1日起，又限定人力车最多数目为10 000辆。[③]

法租界公董局发出通告，"鉴于界内交通拥挤，爰经由董事会于一九三三年三月六日及十二月二十二日常会议决，采行公共租界工部局所施之限制公用人力车辆政策，将一九三三年及一九三四年份之车照，规定为一万七千张为限在案"[④]。公董局定于1934年1月起施行公用人力车车主登记办法，发给临时登记证，"各车主之领有此证者，得来本局领换新车照"，"查本局定章，凡公用人力车车照，概不准过户，各车主不得将其所领车照借让顶售，如该车主所备之车辆有所减少时，应即报知本局为要"。[⑤] 法租界

---

①　上海市公用局关于人力车问题研究委员会文件，上海市档案馆藏：Q5—5—1618。

②　上海市公用局关于人力车问题研究委员会文件，上海市档案馆藏：Q5—5—1618。

③　上海市公用局关于人力车问题研究委员会文件，上海市档案馆藏：Q5—5—1618。

④　《法公董局限制人力车领照办法》，《申报》1934年2月7日。

⑤　《法公董局限制人力车领照办法》，《申报》1934年2月7日。

限制人力车照会后，"致南市一般贫苦车商，有车无照，影响营业，不堪设想，辗转期待，无法营业者，迄已三月，而该车商等均系异常困苦，一家数口，坐而待毙，惨痛情形，目不忍睹"①。人力车纠纷因之而起，后经人力车公会代表张怀杨等向各方呼吁，又有法租界纳税华人会主席杜月笙、委员童理璋等援助，向法租界当局交涉，"经法当局允许增发救济执照一百张，连同所余之三十六张，计一百三十六张，由法当局会同法租界纳税华人会、人力车同业公会妥为支配，呈准法公董局董事会核准。当于七日起，着核准救济之各失业车户，觅具法租界内殷实铺保，往法公董局捐务处领照营业，并规定六月份捐领法照时，以五月份旧照缴换，并将登记时之上年十月份旧照，按数缴销，并闻嗣后不得再随意呈请增发车照。"② 跟着又发生的问题，便是限制登记。"人力车夫真是命途多蹇，一波未平，一波又起了。十五日举行失业车夫登记。因车辆限制，补充已登记的缺额，只有五千名，而失业者达三四万人。因之发生大骚动，结果捣毁电车汽车十五辆，受伤多人。而被捕车夫梅洪忠等十一名，于二十七日宣判，犯'妨害秩序'罪，判处拘役五十日。这纠纷的原因是限制登记，而失业车夫之所以骚动，也不外由于为了吃饭，不择手段。因此，最大的原因还是当局没有注意到车夫的痛苦。"③

　　1937 年 2 月，公共租界工部局拟采取抽签的方法，减少人力车，人力车商莫不大起恐慌。"该人力车业公会对于工部局减少人力车问题，曾抱定非经工部局圆满解释减少人力车数目之理由及用意后，不愿有所表示之目的，但工部局现竟不顾公众交通及车商利益，将用抽签方法减少人力车四百八十四辆之多，其减少人力车之理由及用意如何，无从说明。"④ 自工部局决定采用抽签办

---

①　《法租界人力车照会纠纷续讯》，《申报》1934 年 2 月 9 日。

②　《法租界人力车照纠纷解决》，《申报》1934 年 5 月 11 日。

③　《人力车夫福利会》，《申报》1936 年 4 月 30 日。

④　《工部局减少人力车　车商表示反对》，《申报》1937 年 2 月 5 日。

法来裁减人力车辆后，车商、车夫均表示反对。（1）车夫呼吁。公用人力车夫为反对工部局裁减人力车，向各方请愿，要求交涉。车夫代表向人力车公会请愿，要求："（一）依法组织上海市人力车业劳资联合办事处，以谋有效应付；（二）推举劳资和承放人，负责交涉；（三）向党政各机关请愿，要求工部局收回成命，不达目的不止；（四）组法律团，请伍澄宇、吴凯声律师交涉，暂缓执行抽签；（五）授权办事处负责进行，当由包振黄等接见，允协助交涉。"① （2）车主请愿。人力车公会举行代表大会，议决：向市政府提出交涉，请工部局暂缓三个月实行，并派代表向市政府请愿。

窃本市特区营业人力车，向系领有钧府及公共租界、法租界牌照，通行全市营业，已历有年所，而职会领导车商，对于缴捐纳税及政府功令，奉行唯谨，不敢陨越。惟自民国二十三年间，公共租界藉救济车夫之美名，改革界内人力车，以实行其经济侵略之目的，凡成立人力车务委员会，对我人力车业摧残备至。虽以各车商委曲求全，忍痛让步，乃工部局得寸进尺，更于上年决议，定于本年三月一日，将减少界内人力车五百辆之决议。数月以来，虽经属会之据理力争，奔走呼吁，无奈工部局认为，减少车辆系西董所主张，为维持界内外人威信起见，不允收回成命。属余除另行依法力争外，窃查现距三月一日为期迫近，届期倘一旦实行减车，不独数百车商之营业破产，而失业之车夫，连带其家属，将达万人左右，长此以往，不独车业危殆，实亦社会前途莫大之隐忧。②

人力车是否应当"限制"，也引发争论。一方主张限制人力车

---

① 《车主车夫反对减车　昨晨向市政府请愿》，《申报》1937 年 2 月 14 日。
② 《车主车夫反对减车　昨晨向市政府请愿》，《申报》1937 年 2 月 14 日。

数。认为人力车数过多，充塞道路，影响交通；随着电车及公共汽车等交通日益发达，车夫生计受损，或引起暴动；人力车是以人力代替牲畜或机械的一种交通工具，从社会进步的意义上说，应该淘汰。

人力车的所在地，我们纵观全球，只限于亚洲，而亚洲方面，国家之有相当地位的，人力车的痕迹，也逐渐消灭。如战前日本，在未成强国以前，原是人力车最多的地方，等到国力一强盛，人力车也就绝迹。往日本的旅客，除横滨市尚有几辆人力车可见外，其余如东京、大阪等地全都禁绝。即在英国统治下的印度，孟买市已完全没有人力车，马德拉斯虽有而甚少，只加尔各答还有数量相当大的人力车。印度以外，尚沦在殖民地地位的国家，如缅甸、马来亚、越南等地，尚有不少的人力车。中国既为独立而巨大之国家，在亚洲又肩负起安定世界和平之重任，自不应再留有此种可耻的殖民地的特征。从国际的观感上，我们不赞成中国依然永远有人力车。[①]

另一方反对限制人力车数。认为如果人力车管理得宜，则停放有定所，行驶有定规，决不致充塞，也不致多有冲突；街道狭窄不能通行公共汽车及电车，而人力车可作为交通补充；限制车额，使得部分车夫无车可拉，在没有好的善后解决办法的情况下，车夫的生计无法解决。

虽然，上海之人力车夫，果为如何状况乎？终日效牛马之奔驰，而所获之代价，竟有百分之四十七而强为租车者所攫去，所余者常不足以自给，而不免借贷以自增束缚，度此非人生活者，全上海约计有十二三万人，同时求为如此牛马生活而不得者又不

---

① 《取缔人力车平议》，《申报》1946 年 10 月 2 日。

知若干人，内地农村破产，乡人皆失业而投奔上海以求度此马牛生活而不得者又不知若干人，此等人若始终无作人力车夫之机会，不流为乞丐，即被迫而为盗匪，以人民之各个分子言，车夫生活虽等于牛马，而为牛马究尚可以救命，较之乞丐与盗匪犹为差胜一筹，以整个之上海全市治安言，与其增多乞丐与盗匪，以种扰乱之祸根，无宁增多为牛为马之车夫，尚可使贫富间暂时相安无事，所以处于现在情况之下，减少车辆之问题，固可不遽加考虑也。①

　　人力车"限制"之争，使得市政当局不得不考虑限制人力车辆后所带来的后果，因此放缓了对人力车数量的限制。随着城市日益繁荣，公共汽车、电车逐渐扩张，众多的人力车充塞街道，阻碍交通，当局不得不计划逐渐限制人力车数，直至废除。

二、废除人力车举措

　　虽然人力车廉价便利，容易觅雇，能前往汽车所不能达之地点，但随着时代的进步，废除人力车逐渐提上日程。交通改进推动了一般人力车的淘汰，但若操之过急，势必引起严重的社会问题，所以"一方面作逐渐淘汰的准备，对于车辆的开放主张予以限制，在限制车辆开放的原则之下，厥为就现有的人力车夫生活加以改善，以便获得改就他业的必需智识与技能"②。在市政当局看来，废除人力车有以下办法：一是把人力车转为三轮车；二是通过短暂的培训使车夫改就他业。

　　本市已有逐渐淘汰人力车的计划，行政院在全国交通会议中，也有废除人力车的议案。但远在十年以前，工部局已实施其初步，

①　上海市人力车业同业公会编：《上海工部局改革人力车纠纷真相》，上海市人力车业同业公会特区办事处 1934 年，第 160 页。
②　蔡斌咸：《从农村破产所挤出来的人力车夫问题》，《东方杂志》1935 年第 32 卷第 16 号。

如限制人力车登记，减少发给人力车执照，举办人力车夫登记之类皆是。其后抗战军兴，租界上人口骤增，而公共交通反受限制，人力车不但不曾减少，反而大量增加。目前旧事重提，看来这通行七十余年的人力车，终究有"判处死刑"的一天，但这五六万人力车夫的生活，将如何解决？间接依靠人力车为生的也有三十万人，更是个难题了。①

人力车的存在既有背"人道"，又浪费人力，"政府拟在三年之内以三轮车、公共汽车及电车取代全国之人力车"②。1946年10月，人力车同业公会在市商会大礼堂举行会员临时代表大会，到会274人，包括社会局、公用局、市商会、市党部代表。由陈志尧讨论会务及报告该会代表进京请愿经过。会议一致决议，依照政府指令，将人力车改装为单座三轮车，并劝告各会员视经济情形，逐渐改装机动三轮车，以期一劳永逸。③ 1946年11月1日，众车商在市府会议室当众抽签决定淘汰的车辆，各局负责人士及职工代表同时参加；先由公用局副局长张仁滔概述奉命办理废除人力车的经过，继又说明现有人力车共20 582辆，自用人力车6 308辆，需采用抽签方式淘汰十分之一，约2 000余辆。以10个号码（1—0）为签，抽中某一号，则牌照最后一位号码与抽出号码相同的这一辆车子即被淘汰。如果中签的人力车车主仅此一辆，本年冬季便不淘汰，以示政府对车商的体恤。"室内马蹄形的台子上，有着一只白漆的铁筒，上面盖着一方白巾，用红缎带扎紧，上置竹签十余放，涂以红漆，上书由1到0的号码，经市党部代表周濂泽先生抽出四字号码，计算本市有二千辆人力车必须淘汰。"④ 市政当局随后定出车辆救济办法。

---

① 《时代巨轮下人力遭淘汰》，《申报》1946年10月14日。
② 《人力车浪费人力 政府决于三年内取缔》，《文汇报》1946年2月28日。
③ 《人力车同业公会讨论改装三轮车》，《申报》1946年10月30日。
④ 上海市公用局关于人力车各项组织会务等事项案，上海市档案馆藏：Q5—5—615。

在市政当局的标准单人座三轮车尺寸没有发布以前，就有人设计出第一辆人力车改装三轮车，车座为红色，其他各部分均漆黑色。但市公用局认为它车身过长，车座太高，不但影响交通，而且车辆重心不易把持，有倾覆的危险，于是公用局规定三轮车尺寸如表 20。

表 20　新式三轮车的尺寸

前后轮中心距离	1 524 mm	两后轮距	635 mm
坐背高	965 mm	坐位高	609 mm
坐位阔	457 mm	齿轮	30 牙
刹车	兰林刹车		

资料来源：上海市公用局关于人力车各项组织会会务等事项案，上海市档案馆藏：Q5—5—615。

人力车商认为人力车虽然与三轮车相类似，但是如果废除人力车，将其改装成三轮车，某些部件就只能成为废铜烂铁。这在车商的眼里，显然是不可接受的。人力车商以材料费过昂，筹资不及，"请求缓期，或予设法救济"[①]。从这个角度而言，人力车商不愿意用较先进的三轮车代替人力车，也是人之常情。而国民政府试图在短期内改变这种常情反而不太现实，它们想要将人力车夫转变为三轮车夫也自然是一种奢望。

人力车夫对改就他业也表现得不太积极。抗日战争胜利以后，国民党反动派即挑起了内战，兼之四大家族对人民加紧搜刮，上海地区商业倒闭，工厂关门，而广大内地人民流入上海的却更多，因而失业问题更为严重了。[②] 自从当局下令淘汰人力车以后，"人力车应予机动化""人力车应追随时代"之口号不绝于耳，从政府制定的政策上看，多不切实际，让车夫们看不到希望。

---

① 《人力车改业　规定安置办法》，《文汇报》1946 年 11 月 28 日。
② 邹依仁：《旧上海人口变迁的研究》，上海人民出版社 1980 年版，第 34 页。

人力车和单人三轮车的机动化实在是一件极难困的事，值此国家经济枯竭、车商生意未苏之秋，不论从质从量那方面而言，都不允许来谈人力车的改良和进展，尤以我国幅员广袤，车辆之多，不知需要几许财力才能做到有效的阶段，而且车夫的技识，大都不合乎驾驶的水准，最重要的就是一切机械引擎国内尚不能制造，如仅仰供于外，又自然会造成外溢入超和工商更形衰落的危机，所以我们希望国内热心交通事业的贤达和力求富强的政府，共同联络起来，在官商互相经营的原则下，先集中资金创办制造车辆的工厂及培植大量的驾驶人材，然后依照全国交通的概况分区改革，以便促成全面的机械化。①

社会局接到内政部指令，为了尊重人力车、三轮车等从业人员，今后不再以人力车夫、三轮车夫称呼他们，"如何尊称，社会局正在研究中"。但是，有人认为"尊重人不是徒徒口头上说说便可算数，而要在事实上表现出来"，"要明白对方的需要，设法补救，要知道对方的困难，设法除去，这才真正算是尊重人"。② 事实是，车夫的需要是吃饭，车夫的困难是工作过分剧烈。他们在寒风中、烈日下奔走，结果却不能得到一顿饱，这是何等的悲惨？"我们要尊重他们，最要紧的是必须在这一方面去着想，去设法，去研究才对。"③ 所以有人提出，"可否不必再为我们讨论名称问题了，还是用这份研究的精力集中起来，解决我们的生活问题与工作问题，似乎比较切于实际些，不使我们终身做牛马，岂不是更好么？"④ 淘汰人力车，"其目的在求合于人道，但将人力车改装单人三轮车仍得仰赖人力"⑤，并且即使人力车改装成三轮车，

———————————

　　① 上海市公用局关于人力车各项组织会会务等事项案，上海市档案馆藏：Q5—5—615。

　　② 《为车夫们说一句话》，《新民晚报》1948 年 3 月 23 日。

　　③ 《为车夫们说一句话》，《新民晚报》1948 年 3 月 23 日。

　　④ 《为车夫们说一句话》，《新民晚报》1948 年 3 月 23 日。

　　⑤ 《取缔人力车》，《文汇报》1946 年 11 月 4 日。

三轮车夫同样也存在救济的问题。三轮车夫因"车胎及五金车件修理等费,已经支出浩繁,何况又加所谓'行基费'的非法剥削,重重的压迫,使我们连气都透不出来"①。

另一方面,社会局准备选择部分人力车夫,设立训练班。市政府决定分五期取缔人力车:第一期计划于 1946 年 12 月底止,抽去 10%;第二期计划于 1947 年 4 月底止,抽去 35%;第三期计划于 1947 年 8 月底止,抽去 20%;第四期计划于 1947 年 12 月底止,抽去 25%;第五期计划于 1948 年 4 月底止,抽去 30%。据当时调查,"现有之营业人力车二万辆,自用人力车六千辆。营业人力车每辆每日四人分拉,自用人力车二人分拉,由此,直接间接靠此生活者约计十万人以上"。社会局计划选出 1 万名强健人力车夫,"设立训练班,以示救济"。② 社会局所谓的救济方法至多解决十分之一人力车夫的善后问题,因此,有人干脆讽刺这是"虚伪的人道主义"。

三、"流产"的废除人力车运动

至 1940 年代,国民政府终于决定取消人力车,当时号称"决心以武力流血的方法达到废除人力车"。消息传出,社会舆论和人力车行业群起抗议。据统计,"人力车车行二千四百家,车辆二〇五八二辆,车夫十万人以上,连车夫家属,约有三四十万人";人力车公会发出宣言,希望社会舆论予以援助,认为废除人力车的时机未到,强行废除,反致社会失业增加,影响交通,危及治安。③ 人力车公会推举代表陈志尧等进京请愿,要求政府收回成命,暂缓废除人力车。④ 人力车夫也痛苦陈词,请求政府暂缓取缔,若蓦然实行,无异是断送车夫的生计。⑤ 废除人力车之所以

---

① 《三轮车夫的话》,《文汇报》1946 年 5 月 26 日。
② 《政府分期取缔人力车 社局训练车夫一万名》,《文汇报》1946 年 7 月 29 日。
③ 《人力车一旦淘汰 四十万人生活堪虞》,《文汇报》1946 年 7 月 27 日。
④ 《人力车将取缔 车商晋京请愿》,《文汇报》1946 年 10 月 13 日。
⑤ 《人力车夫痛苦陈词 请求政府暂缓取缔》,《文汇报》1946 年 10 月 14 日。

引起反对，主要原因如下。

（一）人力车夫群体庞大，可以说不是因人力车夫自己要做车夫，而是受生活的逼迫

人力车行业可以取缔，但对于取缔之后的人力车夫如何谋生，当局并没有较好的对策。当时，农村破产又不断地制造出大批人力车夫"后备军"，他们源源不断地来沪谋生。而对于大多数"无智无识"的农民来说，拉车在很大程度上成了维系其生计的一条重要出路。

然凡百制度，必有其渊源与背景者在，人力车制度见之于我国社会者，垂数十年，固非矫揉造作者可比也。比数十年中，西洋交通利器之输入，若汽车、若摩托、若飞机、若轮船，先后接踵而至者，不可胜数，而人力车制度依然得保持其常态，且其势力方蔓延于内地城镇者，何也？岂非以我国农村破产，民生凋敝，贫苦乡农无以觅升斗于畎亩，乃不惜麇集城镇，仰车主之鼻息得一车焉，以苟延其残喘为幸事。又岂非以东方人士之经济力量较薄，时间观念不厚，有一低廉之代步物若人力车者，用以任重致远，慰情聊胜于无。故人力车制度之所以形成，由于人力之过剩者半，由于社会之需求者亦半。[1]（见图29）

图 29 "将来的车夫"

图片来源：《良友》1931 年第 71 期。

---

[1] 上海市人力车业同业公会编：《上海工部局改革人力车纠纷真相》，上海市人力车业同业公会特区办事处 1934 年，第 167—168 页。

1948 年，上海全市依靠人力行驶的车辆，据统计共有 30 516
辆，这里面包括有 13 000 余辆以人力车改装的单座三轮车，
10 000辆双座三轮车，以及逐渐淘汰、数目已经激减到 5 000 余辆
的人力车。"它的驾驶人员现在有 12 万人以上，平均四个人经营
着一部车辆，假定四个人中每个人有大小四口的家庭，那么一部
车辆就维持着十六个人的生存。"① 如把问题研究一下，可以看到
人力车的增多与需求无关，而是与另一因素即人力车夫每天能赖
以生活的最低生活费用有关，一个人力车夫只要每天能挣得最低
生活费，他就会到人力车行去租车。② 虽然，多少年来，当人们
谈及人力车的"无人性"和"落后"时都认为它应该被淘汰，但
这类讨论的主要出发点是人力车所导致的"不文明的街景"，而不
是真正基于对车夫的关心。③ 这些人只是空谈取缔，对如何善后
人力车夫生活的问题视而不见；于是，任何台面上的废除理由都
经不起从人力车夫生计问题出发提出的反驳。

（二）在新式的交通工具没有充分发展的情况下，人力车可作
为有益的补充

"人力车为本市最普遍之交通工具，在未有其他交通工具代替
前，一旦废除，市民将感极大不便。"④ 废止了人力车，叫市民用
什么来代步？因此，在交通工具没有充分发展的情况下，人力车
可作为有益的补充。"人力车在交通工具言，虽是落后，但在目前
上海交通及繁荣而言，尚不无小补，同时现在依之而生活者，为
数不下数百万人之巨，故经济方面言，对市容安全亦是决定性之
力量"。"取消"人力车绝非善策，"必求其改进之道，如此方能促

---

① 《全上海人力驾驶车辆 每天收入达四百余亿》，《申报》1948 年 7 月 26 日。

② 徐雪筠等译编：《上海近代社会经济发展概况（1882—1931）——〈海关十年报
告〉译编》，上海社会科学院出版社 1985 年版，第 218 页。

③ ［美］卢汉超：《霓虹灯外——20 世纪初日常生活中的上海》，段炼、吴敏、子羽
译，上海古籍出版社 2004 年版，第 82 页。

④ 《民国路一带铁门开始拆除》，《申报》1946 年 1 月 9 日。

进交通，增加繁荣，而安定民生，提高生活水准"①。

在国家未走上工业化道路，机械化尚未普及的情况下，废除劳力却没有善后的好办法，无异是断送人力车夫的生计。人力车夫希望市政当局采纳民意，体恤民艰，暂缓废除人力车。"别的不谈，单以本市一隅靠人力车吃饭者竟有四五十万人，他们都是低级的劳工而赖此为生，处在这政局未靖民生凋零的环境中，失业的人只有天天增多，现在政府要废除人力车，试问他们的吃饭问题又如何解决！"②

在众怒难犯下，行政院和上海市政府只得变通，从1946年11月起，分期取缔人力车。第一期将淘汰十分之一，约2 700余辆。"每车恃以为生者三五人不等，失业车夫约达七千余人"，"社会局决定举办小本贷款，以资救济"。③ 人力车对失去了一切而流浪到城市里的人而言，是一种可以生存下去的谋生手段。正因为如此，每当取缔人力车的声音出现在上海的时候，人力车夫总会自觉地与疯狂剥削他们的执照持有人、业主、承包人、转承人等站在同一战线上，坚决地去反对取缔人力车。人力车夫的抗议和请求显示了力量，使市政当局不得不考虑他们的意见，废除人力车的改革一拖再拖。所以，人力车夫得不到安置，上海市废除人力车的计划失败也是顺理成章的事。

对于人力车的取缔，在今天似乎并不是一个最适当的时间。因此，我们希望行政当局能够权且从缓办理，还是暂从缓办为宜。如果必须要办，那么在取缔的时候，一切办法，务必求其平稳妥善。不可操之过急，不当罚之过严，期使这班劳苦人民的精神，

① 上海市公用局关于人力车各项组织会会务等事项案，上海市档案馆藏：Q5—5—615。

② 上海市公用局关于人力车各项组织会会务等事项案，上海市档案馆藏：Q5—5—615。

③ 《人力车淘汰后决办贷款救济》，《申报》1946年10月13日。

不致刺激太甚。务使他们在取缔以后的吃饭问题，虽不是全部有
了着落，至少一部分也有切实的解决办法。一件好政令的推行，
往往带着极大的困难。这是我们所知道的。我们愿政府采取郑重
稳妥的办法，以求逐渐达到这个"中国无人力车"的进步境界。①

直到1949年上海解放前夕，上海全市仍有人力车5 000余辆，
车夫7 000余人。上海解放后，人力车夫真正获得解放，人民政
府组织他们改行就业，另谋生路。1956年上海的最后两辆人力车
被送进博物馆，作为历史交通工具供后人参观，结束了人力车从
初创、兴盛到消逝的历程。②

综上所述，人力车夫与社会的多边互动，既增强了人力车夫
与社会之间的联系，又是一种社会秩序的反映。城市中大量人力
车的存在，既是城市交通的需要，也是流入城市的农民谋生的重
要手段。乘客需要人力车，车夫更需要人力车。车夫在生存的压
迫下，只能在一种互相竞争的环境中谋生，人力车是否供过于求
不是他们考虑的问题，他们考虑的只有自己是否有车可租。人力
车行业具有特殊性，在如何救济车夫的背后存在难以回避的人力
车存废问题。由于国民党政府和上海市政府缺乏对社会现实和形
势发展的充分认识，为填补上海人力车被取缔后的交通空档，行
政院竟异想天开地欲用增加公共汽车及电车数量的方法来取代人
力车，对可能发生困难预计不足，使得这场看似人道，冀图减轻
人力车夫艰难困苦的运动在上海一再搁浅后最终失败。

---

① 《取缔人力车平议》，《申报》1946年10月2日。
② 虞廷芳：《黄包车在上海》，载《20世纪上海文史资料文库》(9)，上海书店出版社
1999年版，第364页。

第五章
近代上海人力车夫群体革命意向

毛泽东在《中国社会各阶级的分析》一文中指出，人力车夫属于都市苦力工人，"他们除双手外，别无长物，其经济地位和产业工人相似，惟不及产业工人的集中和在生产上的重要"[①]。可见，人力车夫被纳入无产阶级之列，是中国革命力量之重要组成部分。中国工人阶级产生、形成在中国由封建社会变为半殖民地半封建社会的历史过程中，一开始就遭受到外国资本主义——帝国主义、本国封建势力和资产阶级的三重压迫和剥削，社会地位低下，劳动异常艰苦，生活极端贫困、悲惨；中国工人阶级的这种处境和状况，是旧中国工人阶级不断起来反抗和进行革命斗争的根本原因。[②]

第一节　近代上海人力车夫斗争

据现有资料记载，从 1874 年开始，上海工人们就自发地不断起来进行斗争。另据不完全统计，从 1911 年至 1919 年 5 月以前，上海工人共举行了百余次罢工，涉及面很广，既有近代工业各工

---

① 《毛泽东选集》(第一卷)，人民出版社 1991 年版，第 8 页。
② 刘明逵、唐玉良主编：《中国工人运动史》(第一卷)，广东人民出版社 1998 年版，第 139 页。

厂，又有手工业系统的各行各业，还有服务、苦力等工人。① 近代上海人力车夫受尽了剥削和压迫，他们每日辛勤奔波的酬劳，并不能解决他们草棚内简陋凄惨的生活；为了能够活下去，他们进行了各种各样的斗争活动。"因为他们的生活苦到如此地步，所受的压迫剥削如此的利害，所以他们斗争的要求是非常迫切，斗争的情绪是非常高涨。"②

一、游行示威

人力车夫生活维艰，他们终日勤劳，于赤日之下、雨雪之中，辗转呻吟，困苦如此。当生计受到影响时，人力车夫不断进行反抗，其中游行示威是其斗争的方式之一。

1928 年 8 月，因为铜元贬值，人力车夫生计受到影响，车主此时却要加租，于是车夫罢工示威。"对于车夫，将铜元折合双毫缴租者，则须缴铜元四十八枚，方合双毫两角之数，而车夫坚持以四十六枚作为两角，放车者不允"，车夫恨其剥削太甚，备办若干白布旗帜，进行罢工示威运动。旗上大书："拉黄包车同志们，现今申地新添公共汽车无轨电车，抵制我们黄包车的生意，加之薪桂米珠，实难支持。现今放车头脑人心不足，还要涨价，今不得已，邀请同胞们公议，先行罢工，无许私放私拉，倘有人放拉在马路上撞见，将人车殴坏，人伤莫要后悔。限定三日跌价，实情邀求生计，大家幸福，我们同志们，愿出租价一千文。"③ 因为人力车大小头脑大都住在虹口东嘉兴路一带，所以多数车夫手执旗帜，前往东嘉兴路"煽惑一般车夫罢工"。但是哈尔滨路捕房得到报警后，立派探捕到场弹压，将车夫驱散，并逮捕为首者，"旋

---

① 沈以行、姜沛南、郑庆声主编：《上海工人运动史》（上卷），辽宁人民出版社 1991 年版，第 28—29 页。
② 《资本家大小头脑巡捕警察重重压迫剥削下的人力车夫》，《红旗日报》1930 年 8 月 26 日。
③ 《黄包车夫之示威运动》，《申报》1928 年 8 月 10 日。

解临时法院请究"①。虽然这次游行示威运动失败了，但是对车主造成巨大的压力，使得车主不得不考虑加租所带来的后果。

1932年4月，"自沪变事起，华租交界暨各要道，均堆塞纱袋铁丝网等障碍物，以致交通断绝，又由提早戒严，商店罢市御侮"②，致使人力车夫的生意一落千丈，而各资方如三鑫、飞星等公司，对于人力车夫，不加体恤，反而增加车租。于是，人力车夫向市政当局发出请愿运动，要求减低车租，并呼吁各界同情援助。

上海人力车夫，共有二万七千余人，生活极为痛苦，特别是上海事变后，甚致最低限度的生活都不能维持；交通时常断绝，市面热闹，较前大减，人力车夫的营业，更一落千丈。可是三鑫、飞星等公司的资本家，反而加紧剥削，对最低限度的生活都不能维持的人力车夫，还要增加车租洋五分，连以前共洋八角五分，经大小中间人之手，至车夫时，须小洋十三角五分之多（上海大洋一元，只兑小洋二角左右）。他们在这种残酷剥削之下，简直不能生活，愤激异常，坚决要求减免新增的车租云。③

1933年2月，工部局共颁发人力车牌照一万张，由大包头承揽包下，转租小包头，规定每辆人力车每天租价为小洋八角半。小包头包下后，转租给各人力车夫，规定每辆每天租价为小洋九角半，但各小包头暗中涨价，每辆人力车租价竟涨至十三角！④各人力车夫都认为小包头垄断居奇，压迫苦力，使他们每日奔波所获，"偿付车租，且虞不敷，食住之资，更无从着想"，于是联合沪东、沪西、闸北、沪南、法租界、公共租界各区人力车夫六

---

① 《黄包车夫之示威运动》，《申报》1928年8月10日。
② 《人力车夫向当局呼吁》，《申报》1932年4月26日。
③ 《上海人力车夫斗争》，《红色中华》1932年6月9日。
④ 《人力车租价高涨》，《申报》1933年2月28日。

十余人，向市政府及行政院请求救济。① 市政府考虑苦力生计，令社会、公用两局筹拟妥善办法。

1935 年 7 月，法租界公董局发出通告，限令界内 4 万余名人力车夫在月底前进行登记，企图以此来限制车夫人数。8 月 1 日，公董局以登记期限已过，命令巡捕在街头强迫车夫登记，一度扣押数百辆车子。后虽经国民党党政机关调解，也未获成功。于是，1 500 多名车夫代表从南市出发游行，向有关当局请愿。游行队伍在斜桥附近被法租界巡捕拦阻，双方发生冲突，车夫 12 人被打伤，3 人被捕，1 人失踪；事件发生后，车夫派出代表 800 多人再次请愿，提出取消登记、惩办凶手等五项要求。② 最后，在各方协调下，达成协议：登记一概免费，登记期限延长两月。

1939 年 4 月，人力车同业公会向工部局提出加租二成后，遭到车夫一致坚决反对。4 月 14 日，由车夫代表向工部局董事会请愿，认为"八一三"战事爆发，"合家老幼，颠沛流离，忍饥受寒，露宿街头，非人生活，不如难民"，"迨后战事西移，南市、虹口、闸北交通仍全部阻断，我人力车局促孤岛，营业区域缩小，更以午夜戒严，禁止通行，因此之故，收入较战前大减，是以我车夫终日以牛马生活，而劳苦所得，除缴纳车租外，甚至不能一饱"。而人力车同业公会趁国难严重，物价飞涨之时，非但不体谅车夫的痛苦，不减轻车夫的负担，早将车租陆续增至原价（七角七分），"多数毫无心肝之车商，甚至已违反工部局原有规定之车价，私自增加至八角以上，如此层层剥削，非法榨取，早应受钧会之处分"。车夫请求主持正义，维护人道，严禁公会加租，并彻查违法加租的车商，"同时要求钧会体念车夫生活困难，饬令车商一律减租三成，以维车夫生计"。③ 这次请愿运动使得市政当局不

---

① 《人力车租价高涨》，《申报》1933 年 2 月 28 日。

② 沈以行、姜沛南、郑庆声主编：《上海工人运动史》（上卷），辽宁人民出版社 1991 年版，第 606 页。

③ 《人力车商加租 车夫反对》，《申报》1939 年 4 月 16 日。

得不考虑减租问题，也迫使车商对车夫做出让步，从一定程度上减轻了车商对车夫的剥削。

二、举行罢工

人力车夫不分白天黑夜，不论刮风下雨，成年累月奔忙在街道上；穷困的生活和高额的车租使车夫和车行老板的矛盾日益尖锐。人力车夫常以罢工的方式来反对高额的车租。

1915年，英法租界当局"欲图电车营业发达起见"，借口人力车过多有碍交通和市容，"饬将华洋各公司所置之黄包车按月递减"，各公司为了在租出车辆减少的情况下还能保持原有的利润收入，决定增加每辆车的租金。各车夫认为当下米珠薪桂，即使照原定车租，每日都入不敷出，因而向公司恳求免加车租，公司不允，车夫于是相继罢工。罢工的车夫如在途中见到仍在拉车的车夫，即将其车击毁，气势汹汹。此举使得市政当局不得不考虑加租后所带来的后果，但也遭到市政当局的严加防范，"惟恐人多肇事，特饬通班包探分往新租界及洋泾浜英法交界各处严行防范"。[①]

本埠英美法三租界及华界之黄包车，自阳历九月份以前，计有一万零三百余辆。嗣由英法两工部局提议，欲图电车营业发达起见，故自九月起，饬将华洋各公司所置之黄包车，按月递减，至阳历明年三月份为止，各界马路行驶之黄包车，止许六千辆。因此租界各马路之巡捕，凡遇黄包车之稍有破坏者，均将照会撬除，即以该号之照会，知照工部局，以后不再捐给，为减少黄包车之办法。

调查阳历十一月份公共租界工部局捐给黄包车之照会，仅有九千余号，约计车辆已减去十成之一。前日为阳历十二月一号，

---

① 《纪人力车夫罢工事》，《时报》1915年12月3日。

洋商黄包车公司，如飞星、汇芳、捷成、大昌等各车行，提议增加车租，每日每辆向收车租小洋六角者，兹自一号为始，每日全班（以一昼夜计算）须收小洋八角，即每日增加二角。且经手承包此项车租者，须再加收佣费数十文。是以拖车之贫民，每日租车一辆，须出租费小洋约近九角之谱，是以公议抵制，定昨日即二号起全体罢工。如遇租有以上各公司之黄包车在马路载客行驶者，即以野蛮手段对付，以致昨日各界马路之黄包车，甚属稀少。旋由拖车之同业汇总公司要求各车公司，以米珠薪桂，生意清淡，如果加租，则拖车者势难度命等语。讵各公司坚不应允，是以延至昨日傍晚，仍未解决。故各车夫定于今日再行会同筹议抵制方法云。①

　　人力车工人因反对华洋各公司加租，相率停止营业，酿成同盟罢工风潮。"兹悉此事已由道尹公署交际科员陈震东君，与各车夫所举代表，向华洋各公司一再磋商，业已议定，洋商车租，每日加洋一角，华商则加三五分不等。故已双方允洽，风潮已息，各车夫亦已一律照常营业矣。"②

　　1918年4月，租界当局又以人力车数太多，决定"每日拟收照会二百部，期以一月共当淘汰恶劣车辆六千部"。租界当局的这一决定，不仅将使万余车夫失业，还将引起其余车辆的租金加价，从而威胁人力车夫的生计，激起了他们的强烈反对。"兹调查得此次之肇祸，实因车租大，而取缔严，以致激成惨剧。查黄包车每日租钱须小洋八角，或有七角五分，近日新闸与戈登路两捕房，所派出之巡捕，见有黄包车在马路兜揽生意违章者，即将该车叶子板上所钉白磁黑色号码之小照会撬去（按小照会被撬后，该照会全失效力，该号码即行取消，不能再捐，非若车身后面之大照

————————

①　《纪人力车夫罢工事》，《时报》1915年12月3日。
②　《人力车夫罢工风潮之尾声》，《时报》1915年12月8日。

会撬去，只须罚洋五角也）。于是群疑电车公司指使，欲减灭车辆，众车夫即回诉头目，转诉来安、汇芳、飞星三公司洋东（该三公司均洋商组织，放出车辆以来安最多）。经各洋东调查属实，遂有暂停放租之议，各车夫均以我等苦力之人，若一日休业，三餐顿绝。故群聚滋闹，致召丧身之祸。"[①] 另据捕头禀称："昨晨八时半，得报卡德路黄包车夫聚众，用石片击碎电车上玻璃窗闹事等情，我即前往弹压，看见捕头爱尔司，在前持棒弹压闹事之车夫，见彼等各执铁尺，或持木棍、石片，向电车飞掷，不久避去，当时击毙一人，伤二人，查死者的（确）系为首之人等词。"[②] 部分人力车夫曾"头顶呈词，手执长香，至静安寺路交涉公署"，"以生计垂绝，请求施救"，但是中国官方不仅不支持车夫，反而由淞沪警察厅发出命令，要求各区警察署、巡缉队等配合租界当局，"于华租交界处所，严加防范"。

案据四区二分驻所呈称：黄包车夫因租界电车公司要求捕房取消黄包车执照，有碍生计，纠集二三千人，在卡德路与电车为难，打毁电车数辆，并将八号西捕打伤，西捕遂开枪击死黄包车夫一人，击伤二人，并将各车夫逼入华界，经本所员警竭力弹压，始暂平静，理合呈报鉴核。等情；据此。查黄包车夫，人数既多，性复愚蠢，现因生计关系，必不甘心，仍恐有聚众暴动情事，除分行外，为此训令该署所队，仰即转饬所属，于华租交界处所，严加防范，如遇有车夫聚众暴动情事，随时弹压解散，勿任滋事，是为至要，切切此令。[③]

1919 年 3 月，公司（即车主）与包车头之间在增减租金问题上的矛盾，引起全市人力车工人的大罢工。3 个月前，各洋商公

---

① 《黄包车与电车之竞争风潮续志》，《时事新报》1918 年 4 月 19 日。
② 《黄包车与电车之竞争风潮续志》，《时事新报》1918 年 4 月 19 日。
③ 《华界防范之命令》，《时事新报》1918 年 4 月 21 日。

司因有大批车辆租不出去，暗中许诺各包头每辆车"减价一二角不等"；经过 3 个月，各公司积压的车辆大都租出以后，车商又认为此前暗中减的车租全被包头私吞，"车主既收跌价之苦，而车夫之缴租价仍然照旧，分文未减"，于是"相约结合团体，创立公会"，共同议定"恢复原价，不得私减"。3 月 8 日，洋商飞星公司开始执行此项决定，引起包头不满，他们"拟仍取偿于车夫，每辆暗自加租二角"，并在车夫中散布说是"公司加租"。该公司察觉到包头的这种做法后，"立将存车（二千余辆）一概不放"，使数千车夫"陡失谋生之具"，"哄然聚闹"，并巡行街头，使全市人力车夫大多参加了罢工斗争。[1] 具体情况如下：

　　此次风潮之起点，据个中人自述：系因静安寺路飞星公司（洋商所办之最大者）对于包头（经手放车之人）结账冲突而起。缘三月以前该公司存车过多，管理洋人嘱包头设法将车全数放出，包头即请减少租价，以资招徕，公司洋人领之。按该公司向章，每辆每日租给包头小洋七角，包头租与车夫小洋九角，迨公司因车租出不多，允许减价一二角不等，悉数为包头所中饱。洋商车租暗中既减，华商车租前放与包头每日每辆六角七分，包头放与车夫则收八角五分，至此不得不随之暗自贬价竞争。三日以来经营包车业之人，无一得利，其能保全血本者已属万幸。

　　车主既收跌价之苦，而车夫之缴租价因仍依然照旧，分文未减，后经车主明晰包头之垄断，相约结合团体，创立公会，统一租价，保持车主与车夫之利益，公请古柏、马斯德二律师为代表。该两律师鉴于事关保全商业、维持苦力，毅然允之，所有章程亦由两律师酌量各方情形代为订定。计赞成该会之办法洋商五家，华商四十八家。前日开会公举飞星公司大班国恩（译音）为会长，

---

　　① 刘明逵、唐玉良主编：《中国工人运动史》（第一卷），广东人民出版社 1998 年版，第 416—417 页。

华商亨利公司经理陆伯安为副会长（亨利公司设于法界打铁滨，系苏绅吴雨栖独资所开设，为华商人力车巨擘），另举华商董事陆德太、曹顺太、陈阿、唐殷、张四（现改名昌裕）、蒋海清、凌理堂、陆昌盛七人，洋商董事捷成公司大班一人以主会事，公共议定恢复原价，不得私减。对于包头放车，严厉限制照旧，不准私加车夫之租价，剔除一二人之中饱，而谋公共之利益，法至善也。

适飞星公司前日包头结账，实行所议之办法，各包头因二月来吃惯中饱之厚利，经此遽然减削，私心不平，拟仍取偿于车夫，每辆暗自加租二角，公司察觉，严斥不准，立将存车（二千余辆）一概不放。包头反为布散谣言，说公司加租。愚鲁之车夫不察其诡，哄然聚闹。昨日由华商各公司派人前往调停，因包头有操纵车夫之潜势力，苟不和解，则该公司所歇之车夫数千人，陡失谋生之具，必与他公司之车为难也。至社会传说工部局减少车照，间接促进电车之营业，尤为无稽之说。实因华洋各人力车公司当减价期内鉴于存车过多租放不出，暗中受损，公议摊减二成（原额八千张，现议减去一千六百张），华洋照数摊派，减照之举，系出于车主之自动。①

沪北租界人力车夫因加价问题，群起反对，一律罢工，甚至波及华、法两界车夫。华界方面，"其中狡猾者反唆使各车夫，要求华界各车寓主，减收车租"，当局为控制事态，"传谕各车主并各车夫一律照常拉车营生，勿须聚众抗违"。② 法捕房认为各人力车夫"因不甘增加车租酿成罢工风潮，相率在界内沿途聚众集议，尚未解决，深恐滋事"，"饬各探捕四出查察，如遇见聚议情事，妥为解散，如有不服，即行拘案候核"。③

上海人力车夫的这 3 次大罢工虽然都遭到失败，但是它们曾

---

① 《人力车之风潮续志》，《时事新报》1919 年 3 月 9 日。
② 《人力车之风潮续志》，《时事新报》1919 年 3 月 9 日。
③ 《人力车之风潮续志》，《时事新报》1919 年 3 月 9 日。

引起了帝国主义租界当局的惊慌，在当时社会上有很大影响。特别是在1915年12月的罢工期间，革命党人陈其美等为反对袁世凯称帝，在上海聚众起义，"闻有大半车夫，约四五千人，为革命党所利用，雇充前敌"，表现了早期人力车夫的革命精神。[①]

上海市场内的工人，生活最苦的，就是黄包车夫，他们革命的要求，本来万分迫切，无奈他们都是散在各马路上工作，住在各乡僻的草房子里，每不容易有集体的行动。所以他们的斗争也很不容易发动，但到发动起来以后，却十分勇猛，这是谁都承认的。自军阀混战，经济破坏，金涨银贱，百物昂贵以来，黄包车夫每天的收入并无固定的增加，已经不够支持最低的生活，车行资本家反藉口金涨银贱，增加租金，工人不能再忍耐下去，因为不愿活活地饿死，不得不起来斗争！[②]

1930年9月，法租界人力车行老板以物价上涨为借口，决定增加车租。人力车夫不堪剥削，奋起反对加租，反对军警无故压迫。9月10日下午2时30分，他们在辣斐德路、贝勒路、西门路、马浪路一带发动罢工，渐渐推及菜市路、吕班路、毕勒路、徐家汇路等一带。上千部人力车相继停在各马路上，一时行人塞途，交通阻滞，整个法租界顿时形成非常严重的形势。当局随后武装巡捕，想以暴力镇压此次罢工，并在辣斐德路、贝勒路、马浪路等处，分头抓捕罢工指挥者。罢工的车夫们面对巡捕房的恐吓、警棍，不畏强暴，赤手空拳与巡捕搏斗，"当工人被捕时，巡捕执警棒乱打工人，打得工人遍体受伤，帝国主义对于罢工的白色恐怖，原是家常便饭，但每一次斗争，决不会因白色恐怖消沉

---

　①　刘明逵、唐玉良主编：《中国工人运动史》（第一卷），广东人民出版社1998年版，第417页。

　②　《法租界黄包车夫大罢工》，《红旗日报》1930年9月11日。

下去，结果反转是斗争更形尖锐"①。车夫们坚决不复工，迫使车行老板同意减少租金，斗争取得了初步胜利。法租界车夫罢工取得的胜利，极大地鼓舞了上海其他区的人力车夫，他们也相继举行了罢工，沪西劳勃生路、新闸路、新加坡路、小沙渡路、戈登路一带的车夫，在马路口拦截车辆举行罢工。②

三、捣毁车辆

电车开通以后，"多数依赖旧式交通机关维持生计之苦力营业必被剥夺无疑，以衣食所关，彼辈亦当然出以反抗"③。人力车夫"大都没有智识，其最初反抗，恒采取激烈行为，如捣毁公司车辆，扣留正在行驶之车辆，割胎放气，强迫加入罢工同盟等等"④。电车公司认为电车的行驶不但不会影响到车夫们的生计，相反会给他们带来很多好处，他们可以停在电车站附近，接待那些电车到达不了的地方的乘客，做短程生意。但是，出于被抢夺饭碗的愤恨，人力车夫经常将生活艰难的怨气直接发向电车与公共汽车，其最常见的方式便是对电车等的破坏与阻碍。

电车、公共汽车一开始行驶，举办者就"已经听到人力车工发出的怀有恶意的谣传和恫吓"。一般来说，在电车、公共汽车开通之前，不管其效果如何，人力车夫总要进行一番请愿或抗议活动。因为乘客乘坐电车，自然使人力车客源减少，人力车夫因反对开设汽车、电车公司而发生的罢工，甚至捣毁汽车、电车等事时有发生。1918 年 4 月，工部局整顿交通秩序，"禁止人力车夫徘徊街道中，招揽坐客"，致车夫以"妨碍糊口"而"生暴变"，

---

① 《法租界黄包车夫大罢工》，《红旗日报》1930 年 9 月 11 日。
② 上海市出租汽车公司党史编写组：《上海出租汽车、人力车工人运动史》，中共党史出版社 1991 年版，第 94—95 页。
③ 沙公超：《中国各埠电车交通概况》，《东方杂志》1926 年第 23 卷第 14 号。
④ 上海市公用局关于人力车问题研究委员会文件，上海市档案馆藏：Q5—5—1618。

"在爱文义路及新闸路等毁拆电车六架".①

　　人力车夫反对车主的加租，在举行罢工的同时，如遇到还有车主出租车辆，通常会砸烂其人力车，以示反抗。"住居法新租界李梅路之车主陈学周，于十二点时将黄包车租出推拉。讵被各车夫得悉，群起反对，上前将车一并捣坏，并拥至三十九号门牌陈所开之茶馆内，将茶碗、玻璃窗等物均抛掷打毁。"② 1919 年 3 月，因南北市人力车公司欲增加车租，各车夫群相反对，发生罢工风潮，"在途见有拉车载客者，必欲上前干涉，阻止营业，并有因而击坏车辆"③。

　　这次罢工风潮，为洋车夫会议的结果。次晨开始活动，各车夫三五成群，在南市南码头和西门外南阳桥斜桥一带，往来不息，也有立着闲谈的。他们的精神虽很活泼，面容却很凄惨。他们在街上遇着不罢工的车夫，即上前阻止。替班的时候，也是一样干涉。竟有用武力将车辆打坏，将车轮护板拆去的。当日午前十一时，在南市聚了一千多人，法界虽无暴动，车辆是不能拉的。听说：麦根路老闸一带，乘客有被罢工车夫打伤，一齐拉到捕房去的。车夫不肯罢工，有被同业的辱骂殴打的。午后三点钟，黄包车夫徐云学拉车走到三泰码头附近，想要交替，为罢工人韦纪才、放车人仲怀伯等看见，指他为违抗，阻止不遂，也把他车板打坏。④

　　从以上分析可以看出，为了能够生存，人力车夫进行了各种各样的斗争活动，包括游行示威、举行罢工、捣毁车辆等，其斗争的锋芒主要指向经济领域，经济斗争的矛头指向直接压迫他们

---

　　① 《上海取缔人力车之风潮》，《大公报》1918 年 4 月 18 日。
　　② 刘明逵、唐玉良主编：《中国近代工人阶级和工人运动》（第二册），中共中央党校出版社 2002 年版，第 319 页。
　　③ 《人力车之风潮续志》，《时事新报》1919 年 3 月 9 日。
　　④ 《上海人力车夫罢工》，《每周评论》1919 年 3 月 16 日。

的租界当局和车商。有研究者指出，从理论上讲，人力车夫们应该有很高的政治觉悟，能够积极地参加反帝反封建的各种罢工运动，而实际上，他们斗争的锋芒主要指向经济领域。①

第二节　工人运动中的上海人力车夫

上海工人阶级是随着近代工业在上海的产生和发展而形成和壮大起来的，他们大多数是从手工业工人、苦力、店员和各种破产的个体劳动者、农民等转化而来。在半殖民地、半封建的旧社会里，上海工人阶级身受帝国主义、封建势力和资产阶级的三重剥削和压迫，特别是租界里的工人，直接受帝国主义者的奴役，所以它在形成和发展过程中，就不断地进行自发的罢工斗争和其他形式的斗争，力谋改善自身的处境，并且寻求摆脱民族压迫和阶级压迫的途径。② 上海工人所受的压迫如此严重，"因此，他们在革命斗争中，比任何别的阶级来得坚决和彻底"③。当然，工人阶级中不仅包括产业工人，而且包括都市苦力工人，如人力车工人、码头搬运工人、清道夫等。

一、人力车夫工会简况

人力车夫是近代出现的城市下层社会职业群体，他们生活困苦，地位低下。"人力车夫在工作的时候，两手拉着车向前乱奔，气喘如牛，汗流浃背。夏天受烈日的熏炙，冬天受朔风的攻袭，

①　阎建宁：《试论工人运动中的人力车夫——以民国时期的上海为中心》，《湛江师范学院学报》2009 年第 1 期。
②　沈以行、姜沛南、郑庆声主编：《上海工人运动史》(上卷)，辽宁人民出版社 1991 年版，第 1 页。
③　《毛泽东选集》(第二卷)，人民出版社 1991 年版，第 644 页。

身体上所受气候方面的摧残，更不待言。"① 一旦生计受到影响，他们就不得不团结起来对抗外界的竞争与压力。大约在 20 世纪初，上海的现代工会问世。根据政治趋向及与执政党的关系，上海的工会可以分为"赤色工会"与"黄色工会"。"赤色工会"接受中国共产党的领导，奉行阶级斗争理论；"黄色工会"主要是政治上接受国民党党纲和三民主义的领导，奉行"阶级调和，劳资合作，反对阶级斗争"，且工会的活动接受资方的经济补助。② 当时，人力车夫工会也存在类似的情况。

1927 年，上海市各界工人受到了反帝、反封建大革命的影响，纷纷组织工会，华界人力车夫也响应新潮流，发起组织工会，但不久蒋介石发动四一二反革命政变，下令解散工会，人力车夫工会，亦在被解散之列。③ 1930 年，何武山等呈文上海市政府，要求准许组织工会，保障车夫权益，但未获当局批准。

本市人力车夫人数众多，向无团体组织，溯自本年五月间，有陆良弼等五十五人，联名来党部呈请组织人力车夫工会，自称领导全市人力车工人，设会所于法租界辣斐德路绍庆里十九号。当时经本党部派员查悉，发起组织该工会人员，并非纯粹该业工人，因恐一经许可成立，转授业外人操纵利用之机会，故当未予批准。案经搁置，直至九月十二日，复有何武山等八人，发起组织上海市人力车夫工会，设会所于西林横路西林寺内，并来党部呈请许可，亦自称代表全市人力车工人。时适法租界内发生流氓索诈，组织工会特别捐每星期一角情事，本党部以该前后两工会所称，均为代表全市，难免其中另作别情，或竟系人有欲藉组织

① 《取缔人力车平议》，《申报》1946 年 10 月 2 日。
② 宋钻友、张秀莉、张生：《上海工人生活研究(1843—1949)》，上海辞书出版社 2011 年版，第 219—234 页。
③ 陈达：《我国抗日战争时期市镇工人生活》，中国劳动出版社 1993 年版，第 370 页。

工会以遂私图，故即一面派员调查真相，一面批斥不准。①

面对繁杂喧嚣的城市，大多数人力车夫举目无亲、势单力薄。1933年，公共租界人力车夫组织车夫救济会，并经工部局批准成立。救济会当时计划开展车夫子女教育、车夫死亡救济、施药、冬季施衣施米、老年车夫失业救济等工作。后因车商竭力破坏，救济会于1933年11月停止活动。② 不久，工部局又批准成立人力车夫互助会，该会设有教育科，专门办理车夫子女教育事项；救济科，包括医药救济、死亡救济，并设有浴室、茶室、阅报室、宿舍、食堂；调查科，调查车夫死亡疾病情况。③

上海总工会是在五卅风暴中诞生的，它"对外以反抗帝国主义，对内以拥护国权为宗旨"，其会所设在华界宝山路宝山里二号，后由于会务日益扩大，会所又迁至共和路和兴里27号，直至1925年9月18日为奉系军阀所封闭，以后才另行择地办公。④《上海总工会简章》规定该会有十项职责：（一）工人组织之发展；（二）统一工会运动，务期密切团结；（三）整理各工会之组织系统；（四）指挥各工会之行动；（五）仲裁各工会间或各工会内之争端；（六）指示上海工人共同奋斗之目的；（七）代表上海工人与全国工人谋密接之结合；（八）提高工人之智识，联络相互之感情；（九）促进各工会彼此间有效之互助；（十）保障工人利益，设法解决救济及职业介绍等事项。⑤ 上海总工会的首任委员长是

① 《市民训会彻查人力车业纠纷内幕》，《申报》1930年10月23日。
② 陈达：《我国抗日战争时期市镇工人生活》，中国劳动出版社1993年版，第370页。
③ 朱邦兴、胡林阁、徐声合编：《上海产业与上海职工》，上海人民出版社1984年版，第680页。
④ 沈以行、姜沛南、郑庆声主编：《上海工人运动史》（上卷），辽宁人民出版社1991年版，第225页。
⑤ 赵一波编：《中国职工运动文献》（第1卷），上海十年出版社1946年版，转引自《中国近代工人阶级和工人运动》（第五册），中共中央党校出版社2002年版，第250—251页。

李立三，因"事务特多，应接不暇，诸多待理之事，未克实行，除由代表会决增加各科办人事外，并组织干事会，分设各科办事"①。随着帝国主义、国民党和资本家变本加厉地剥削和压迫工人，全市工人愈益需要有一个统一的、公开的组织来领导工人群众联合起来同敌人斗争；于是 1929 年 6 月 18 日，在中共江苏省委的直接领导下，全市统一的工会组织——上海工会联合会诞生了②，并发布了成立宣言。③ 1930 年，江苏省行动委员会、上海工联等，多次召开会议研究讨论在人力车工人中建立工会组织的问题，提出了要把人力车工人组织起来，发展人力车工会，加强对人力车工人斗争的领导。④

但因为他们精力疲乏，时间缺少的关系，还不能很好的组织起来，而且他们有一部分还不相信自己群众的领袖，还有一部分

① 《总工会呈五机关请求立案》，《申报》1925 年 8 月 11 日。

② 中共江苏省委发布《工联会组织和工作大纲》明确规定：工联会组织是全上海工人联合总的组织，其任务是号召上海工人起来援助各种斗争，领导经济斗争和争自由的斗争，把整个上海工人阶级团结在工联会之下，使工联会成为公开的斗争领导机关。参见上海市档案馆编《上海工会联合会》，档案出版社 1989 年版，第 2 页。

③ 具体内容："中外资本家对于我们工人的剥削一天比一天加紧，不独工作条件与待遇益加恶劣，最近大批的开除工友，使我全体工人的生活陷于动摇不安的状态，时有被开除而失业的危险！帝国主义与当局对于我们工人的压迫也是日甚一日，取消工人的组织，任意加以委派，封闭工会，逮捕工人领袖，连一点点小的自由都被剥夺尽净了。中外资本家勾结中外当局破坏工友一切反抗的斗争，施行无礼的强压，想来消灭我们工人的团结，并且暗杀我们的工人领袖！现在我们处于四面八方被围困的状况之中，敌人的进攻是更加有步骤而残酷呵！近来全上海各地工友因不能忍受剥削与压迫而起来斗争，而这一斗争必然会向着继续扩大发展的形势。我们在这些争斗和要待发争斗的当前，认为有整齐我们的步伐，联合一致以抵抗敌人进攻的必要，因此特发起上海各工会联合会的组织。现在我们的联合组织业已宣布成立了，我们的任务，就是援助各地工友的斗争，号召全体工友反抗经济进攻和政治压迫，求得我们工人本身的一切自由。我们希望还没有加入本会的工会组织，继续加入本会，更加扩大我们的战线，共同一致来对抗我们的敌人。全上海工人联合起来！反抗一切政治经济的剥削与压迫！争得我们集会、结社、言论、出版、罢工的自由！"参见上海市档案馆编《上海工会联合会》，档案出版社 1989 年版，第 13—14 页。

④ 上海市出租汽车公司党史编写组：《上海出租汽车、人力车工人运动史》，中共党史出版社 1991 年版，第 93 页。

看工会是上司机关，见工会工作人员，好像是见上司一样。这几点是值得车夫工友每一个人注意，把这种缺点战胜，加紧扩大加强自己的工会，拥护自己的群众领袖，斗争才是有力，才能打败一批一批的敌人。现在人力车工会正在筹备了，筹备会也已经开过一次了，全上海的车夫工友一致起来一致加入人力车工会，拥护人力车工会，才是车夫解放的出路。①

1930年9月6日，上海人力车总工会在南市正式成立，迅速地将车工们组织了起来。② 抗日战争全面爆发前后，上海各界积极响应中国共产党关于全民抗战的号召，交通运输各行各业纷纷成立了救亡团体，开展了广泛的抗日救亡活动。上海人力车工人救亡协会动员了大批人力车夫帮助前线军队搬运物资，构筑工事；仅上海南市人力车工人救亡协会，就组织了500多名人力车夫和300辆人力车开赴前线。后来，其中的300多名人力车夫在撤离时，坚持随军行动，继续为抗战服务。③ 淞沪会战爆发后，日本侵略者烧毁南市、闸北，占领虹口。上海的人力车夫大部分住在闸北、胡家木桥、太阳庙、大洋桥一带，他们的栖息之所悉数被侵略者焚毁，许多人力车夫被迫返乡。④

1945年6月9日，上海市人力车工会筹备会由51人发起，这51人都是上海老车夫，推定筹备委员11人。筹备会分为三个部分：沪南，区会下有3分会5支部，509组，每组24名组员；沪北，区会下有5分会8支部，600多组，每组24名组员；浦东，

①　《资本家大小头脑巡捕警察重重压迫剥削下的人力车夫》，《红旗日报》1930年8月26日。

②　上海市出租汽车公司党史编写组：《上海出租汽车、人力车工人运动史》，中共党史出版社1991年版，第93页。

③　上海市交通运输局公路交通史编写委员会主编：《上海公路运输史》（第一册），上海社会科学出版社1988年版，第156页。

④　张玲：《苏北人与上海革命运动（1921—1949）》，人民出版社2016年版，第238页。

正在筹备，当月内可成立。各区会成立后，召开成立大会，选举各理事、干事。他们先组织各区会，再设法成立总会。曾向公用局提出六条交涉：（一）请公用局淘汰自用人力车；（二）增发人力车登记表，由 2 人增至 4 人（一车不是 1 人拉，他们请求改为 4 人）；（三）增收互助费为 200 元（工会会费系由互助会管理）；（四）训练改业；（五）取缔黑市租（车商不遵守调解，增为 3 500 元至 4 100 元）；（六）不准浦东塘桥一带小汽车搭人，分区按车夫住所或车行为准。①

抗战胜利后，依据南京国民政府颁布的工会条例、工会法的规定，各地成立了许多工会，有些是产业工会，有些是职业工会。上海人力车夫人数众多，"大都来自乡间，生活清苦，知识较低，若不加以组织，势必益形散漫"，"兹拟遵照法规，组织人力车业职业工会，俾团结一致，既得以协助政府法令之顺利施行"，也能改进车夫之福利。②

二、各方对车夫工会态度

国民党害怕工人阶级运动，认为人力车夫没有组织工会的必要，对组织人力车夫工会持不积极态度。"人力车之组织，似以避用'工会'名称为宜。"③ 1931 年 3 月，700 余名上海人力车夫，手执旗帜标语，赴林荫路市党部，请求组织工会及减租，受到市党部吴家泽接见，车夫代表陈嘉龙等呈述来意及车夫痛苦情形。④

案查本部前据上海市人力车夫工会筹备处呈，为请准予成立

---

① 陈达：《我国抗日战争时期市镇工人生活》，中国劳动出版社 1993 年，第 674—675 页。

② 上海市人力车夫职业工会筹备员、发起人履历表、经费收支清册、沪南分会指导员履历表、沪西区分会、浦东分会成立支部、会员代表名册、各区分会及支部干事、代表名单，上海市档案馆藏：Q6—6—678。

③ 上海市政府有关人力车夫登记的文件，上海市档案馆藏：Q1—5—484。

④ 《人力车夫昨日请愿》，《申报》1931 年 3 月 26 日。

人力车夫工会等情。当以人力车夫虽系体力劳动者，但非基于雇佣关系提供其劳力，车夫租赁车辆，其与行主之关系，如房东房客，非一般雇佣与雇主可比。且人力车夫作业无定时，工作无定所，若组织工会，转足有影响其工作之处。经函上海特别市执行委员会，将该人力车夫工会筹备处撤消。嗣迳准青岛特别市党务指导委员会及江苏省党务整理委员会函同前由来部，均经分别查照解释各在案。①

中国共产党为谋车夫福利，积极支持成立人力车夫工会。中国共产党成立后即十分重视工人运动，派遣党员干部到工人中进行组织和发动，领导工人开展罢工斗争，争取正当权益，反对资本家的剥削。② 1930 年 8 月，南市龙华路人力车夫工会成立，到会车夫有 60 多人，工联会亦派代表 1 人参加。先由"主席报告，略谓不断的军阀混战，引起百物昂贵，我们工人生活更加恶化了，没有斗争，实无法子下去了，所以只有组织工人自己的工会，在市政总工会领导下斗争，以争取条件"；次由工联代表做政治报告，"一天辛辛苦苦拉的一家两口都吃不过，却要每天交六角大洋车租，现在还要再加租，所以应组织起来准备发动斗争"。③ 当中国共产党工运组织者在上海人力车夫中成立了一个工会时，国民党当局对"无知识之车夫"会被"反动分子"所利用表示担心。因革命潮流的高涨，群众斗争的紧张，国民党当局严密监视车夫的一举一动。1930 年 9 月 16 日，《红旗日报》以"黄包车夫喝茶也犯法"为题，报道了被严密监视的情况："原来个黄包车夫，因为跑路跑得太急了，口渴的利害，走进路旁一家老虎灶去喝茶，冤不逢辰，恰当其时，有一乘客高叫'黄包车'。该车夫因为要揽

① 《人力车夫无组工会必要》，《申报》1931 年 3 月 28 日。
② 宋钻友、张秀莉、张生：《上海工人生活研究（1843—1949）》，上海辞书出版社 2011 年版，第 219 页。
③ 《南市龙华路黄包车夫工会成立》，《红旗日报》1930 年 8 月 28 日。

生意，抛下茶杯，连茶都不敢吃，为的是想找几个铜板，撑撑肚子，一踏出店门，突然跑来一个警察，一把抓着说，'你为什么见了我来，茶都不敢吃了。你这样慌张，一定是在这里等什么人，图谋不轨……'不由分说，就把这个车夫，拿到公安局去了。"①

　　车主对人力车夫工会也持消极的态度，经常会出卖人力车夫。1930 年 9 月，有人力车工友在茶馆内宣传罢工，车行老板探到信息，立刻驰往哈尔滨路捕房告密，捕房接到报告，前去搜捕，因车夫工友人数很多，无从抓获。"工友更愤激至极，奔到车行那里，拿起武器在手，把车身打得落花流水，事后巡捕到来，竟被捕去最英勇的战士七人"；"这件事不但吓死了巡捕包探，而且轰动了全上海的人力车夫"。② 当时，沪西新闸路、戈登路、曹家渡、小沙渡路、麦根路等 20 余家人力车公司的 200 多名人力车夫先后罢工，各公司勾结巡捕房，逮捕了三四十名人力车夫，车夫格外愤激。随后，沪西车夫派代表参加上海人力车夫代表大会，代表回来向各车夫报告后，众人同意成立沪西罢工委员会，参加同盟罢工委员会，斗争纲领与法租界南区相同。但是，各小头脑不仅不答应车夫减少车租的要求，而且要求所有零件损坏均照价赔偿。他们勾结帝国主义巡捕房，预备压制车夫的罢工；各车夫均早有预料，积极计划对付方法，并召开沪西人力车夫群众会，"讨论要点很多，并有更充分的布置，一切的组织上，处处非常严密"，"罢工情绪格外浓厚，大罢工的爆发，大有即日实现之势"。③ 在法租界，车行老板们更穷凶极恶，"看到了工友们的罢工空气非常浓厚，因此企图把从工友身上增价以来和以后的工钱，专门雇用流氓工贼走狗在群众中实现法西斯蒂组织，以严酷的白色恐怖对付工人，以为这样就是准备对付罢工的唯一良策"；相反

---

① 《黄包车夫喝茶也犯法》，《红旗日报》1930 年 9 月 16 日。
② 《全上海十二万人力车工人有 今日开始同盟罢工讯》，《红旗日报》1930 年 9 月 21 日。
③ 《沪西黄包车夫扩大罢工》，《红旗日报》1930 年 9 月 16 日。

的，"这种企图不但不会实现，反而激涨了群众反抗的热烈"。①

"赤色工会"在为车夫谋福利的同时，也要同帝国主义（租界巡捕等）、国民党（公安局警察）、资本家（车行老板）做斗争。在租界，"有一外国水手不付车钱，工人向他交涉，不但没有胜利，反而给巡捕帮同压迫工人；至于华界方面，捕去工友更是一日数起，车行老板竟又勾结强盗偷车子等，也是每天发生的事实"。所以，"人力车工人纠察队，刻已在人力车斗争中成为活动的中心，反对白色恐怖的情绪非常热烈"。② 人力车工友为反对加租而罢工，"黄色工会"则出来"调解"，叫资本家宣言承认减租五分，"黄包车赤色工会早已指出这是黄色工贼出卖工友斗争的，决不会实现的"。工友要减车租，只有继续起来同盟罢工。据调查，"果然资本家直到现在，不但只没有履行条件，并且还实行更加五分，连前共加了且一角五分（首次只宣告加一角），所以现在每个工友每天要纳车租一元三角五分"。③ 因此，人力车夫非常愤怒，一致主张以斗争来强迫资本家履行宣言，并要减租三成以及答复其他等条件，并打倒"黄色工会"，组织"赤色工会"。

三、人力车夫工会作用

作为弱势群体的人力车夫，在社会上没有话语权，更没有足够的力量去维护自己的权益。工会作为工人的群体性社会组织，在工人运动过程中往往发挥着核心作用。人力车夫工会，尤其是"赤色工会"，在维护车夫权益，形成"同盟罢工"方面起了一定的作用。④

---

① 《全上海十二万人力车工人有 今日开始同盟罢工讯》,《红旗日报》1930 年 9 月 21 日。

② 《大罢工形势迫近中 人力车工会加紧工作》,《红旗日报》1930 年 9 月 20 日。

③ 《反对再加车租 黄包车工友酝酿斗争》,《红旗日报》1930 年 11 月 15 日。

④ 考虑本书重点,本节内容主要侧重于"赤色工会"探讨,因资料缺乏,在选取史料方面,也主要是集中于一定历史时期的报刊资料。另外,关于"黄色工会"专题研究,可参见田明、岳谦厚《一九二七年至一九三七年黄色工会问题再探讨》,《中共党史研究》2016年第 8 期。

一方面，组织领导，反抗增加车租，维护车夫权益。

在市政总工会指导之下，人力车工人举行南北市代表大会，决定发展工会组织，在南市法租界发展五十个分会，闸北发展五十个分会，一致通过拥护中国共产党对时局宣言的决议。"大会听了市政总工会代表关于共产党对时局宣言的报告以后，非常满意"，"大会深信中国无产阶级及其同盟军，只有在共产党的正确指导之下，才能获得彻底的解放。大会并号召全上海十二万黄包车工人一致团结起来，推翻帝国主义、国民党的反动统治"。[1] 下面是人力车工会的宣言与条件：

亲爱的工友们！

现在的米粮和一两年前大不相同了，现在比以前贵了几倍以上，一切的物价都比以前增加数倍，就是我们的车租也比以前增加了许多，这一切都是加在我们车夫身上，资本家把我们当作牛马一样，拉得动固就拉，拉不动也要拉，亲爱的工友们呀，我们到底为什么要拉呢？不错，不拉就要饿肚皮，但是结果并不是这样，而是用了我们的血汗和性命所拉来的钱还不够去付车租，这种痛心的事情有谁知道呢？可是那恶毒的、狼心狗肺的资本家和头脑，见我们缴不足车租的时候，不但不可怜我们，而且用对付牛马一样的手段来打骂我们，这样不算，还要将欠款变利债来剥削我们，想使我们永久作他们的牛马。唉！工友们，我们所得到的是什么？我们现在所得到的只是——饿肚皮，一家人痛苦，一家人流离死亡和自杀罢了。

工友们，现在的军阀打仗，天天的扩大而且延长，我们的生活更加痛苦了，在这当中，狼心的资本家和头脑又要增加我们车租了！工友们，现在我们再不能忍受下去了，我们要起来反抗呀！为我们一家生命而反抗加租呀！

---

① 《生气勃勃的黄包车工人代表会》，《红旗日报》1930 年 8 月 23 日。

工友们！现在是我们起来干的时候了，全国的工人、农民、士兵、贫民、红军，都已经干起来了。为劳苦民众解除痛苦的红军前几天已经占领长沙，不久即可攻陷武汉，全国工农的胜利在目前了，我们人力车的工友现在也应该起来干了呀！只有我们大家起来，才能争取全国的胜利！现在我们要实现下面的要求，我们就要有决心，要有决心，就要团结一致，要团结一致，就要加入工会。工友们！我们大家一齐加入自己的工会，大家一条心来争得下面所提出的条件：

一、承认工人自己所组织的工会有代表工人之权，反对资本家头脑所组织的黄色工会。

二、减少车租百分之三十，大照会每整天大洋七角，小照会七百文。贴水照市。

三、下雨下雪车租减半。停工自由，不得强迫上街。

四、发雨衣雨帽及号衣号帽（分四季）。

五、车身损坏，其修理费工人不赔偿，并照时间扣除车租。

六、里外橡皮胎满七个月要更换新胎一次。

七、挠烂污不缴车租。

八、生病医药费由资方负责，中西医听工友自择。

九、因工作而死亡或残废者，要给抚恤金，重伤者五百元，残废者一千元，死亡者三千元。

十、停拉期间要发饭钱大洋四角。

十一、反对华租两界警捕及资方头脑打骂。

十二、反对资方勾结强盗偷车子，偷车与工人无干。

十三、反对资方头脑以欠款变利债，取消一切利债。①

在市政总工会的积极领导之下，上海成千上万的人力车夫已

---

① 《资本家大小头脑巡捕警察重重压迫剥削下的人力车夫》，《红旗日报》1930 年 8 月 26 日。

着手组织或成立人力车夫工会，而各区也都陆续成立分会。闸北潭子湾一带是人力车夫集中的区域，其分会召开群众大会，讨论"九七参加示威的工作，赤色工会发展组织的工作"。"会场虽系小小的草棚，到会的人却挤得水泄不通，群众情绪异常蓬勃"，又"新民路亦将成立第二分会"。① 人力车夫工会因为加紧斗争的关系，新会员的加入非常激进，"每一会员既是纠察队队员，又施以纠察队的训练，但因为他们大都是农村出身，农民意识非常浓厚，在训练方面，除派人专任教练外，更注意于一般的政治训练工作"。"人力车因最近爆发坚持斗争，工会的组织基础，已日益巩固扩大起来。现在在市总领导下的赤色工会直接影响之下的已占全数的十分之七，目前总罢工的计划正在市总整个领导下充分的布置中。纠察队一天天的增多，各处分会亦决于最短期内完成这一组织工作，吸收新的积极分子加入纠察队来"。②

随着罢工形势的紧张，帝国主义（租界巡捕等）、国民党（公安局警察）、资本家（车行老板）对人力车工人更甚。全上海人力车工人在国民党、帝国主义的铁蹄之下，过着牛马的生活，车主（外国人）和大头脑更落井下石提高车租，使人力车工人陷于不能饱肚皮的境地。因此，"每一个工人都感到有团结起来反抗的必要，天天在找老工会和共产党，要武装，要暴动，这种情绪在群众中非常普遍"③。

人力车夫工会组织车夫罢工，以反对过高的车租。从法租界反对增加车租大罢工开始，沪西、闸北、虹口车夫的罢工紧随其后，他们下螺丝、不交班、围车行、捣车子。这些不断的行动，表现了人力车工人关于斗争的热烈、勇敢与坚决。④

另一方面，扩大影响，得到其他工会援助，形成"同盟罢工"。

---

① 《人力车夫成立各区分会》，《红旗日报》1930 年 9 月 3 日。
② 《人力车工人斗争中赤色影响日益扩大》，《红旗日报》1930 年 9 月 18 日。
③ 《生气勃勃的黄包车工人代表会》，《红旗日报》1930 年 8 月 23 日。
④ 《组织上海十二万人力车夫的同盟罢工》，《红旗日报》1930 年 9 月 23 日。

人力车夫的斗争，势头猛烈，影响日益扩大。1930 年 9 月 15 日，全上海人力车工友召开代表大会，后成立总罢工委员会，分闸北、南市、虹口 3 区，每区设委员 16 人，并决定组织纠察队，对于发动大罢工的方针，也有具体的决定。① 9 月 20 日，4 000 名人力车工人于虹口胡家木桥一带发动罢工，"就是直到现在，罢工形势还是不稍削弱，虽然挺着饿肚，可是在目前继续坚持罢工的工友，尚有五百多人"。"这五百多人由纠察部领导，当时就包围车行，一致拥护着罢工委员会，并自动的放出步哨，保护罢委，指导工作，同时很紧张热烈坚决的要求全体市政工友一致起来斗争，争取总同盟罢工的实现和胜利"。②

　　1930 年 9 月 22 日，人力车工会罢工委员会开会检讨工作不足，一是对斗争的形势估计不够，二是工作布置不充分而且不充实。为了弥补不足，做出如下的决议：要完成各区的代表大会，推举罢委的各区负责人，指挥各区的群众大会和罢工，实现同盟罢工；要更积极地广大地动员纠察队，准备领导马上就要爆发的罢工；要更广泛地扩大罢工宣传，使大众了解而且迅速参加；要把常务委员一个个地分配到各区去担任罢工工作。③ 人力车工会罢工委员会动员各区散发宣言十万份，宣言的内容如下：

　　全上海人力车工友们！全上海劳苦群众们！

　　我们在目前帝国主义、国民党、资本家大小头脑几千万重的压迫之下生活，实在是忍无可忍了！他们不但在我们身上加租钱，捕工友，而且雇用走狗，专门来暗杀、逮捕、打骂、压迫，我们如何能忍受下去呢？只有坚决的起来，马上宣布总同盟罢工，来

---

　　① 《斗争紧涨中的全沪黄包车夫代表大会》，《红旗日报》1930 年 9 月 16 日。

　　② 《人力车工友在不断斗争中日益走向总同盟罢工》，《红旗日报》1930 年 9 月 23 日。

　　③ 《人力车工友在不断斗争中日益走向总同盟罢工》，《红旗日报》1930 年 9 月 23 日。

解放我们自己。我们郑重的提出条件要资本家马上答复。如不答复，誓不复工！现在我们要：

（一）罢工减车租！

（二）罢工打走狗！

（三）罢工反对逮捕工友，释放被捕工友！

（四）罢工争取工会的公开存在！

亲爱的工友们呀！我们起来！团结起来！一致的拼命的斗争！我们的生死存亡，都要靠这一次的大罢工来决定的！我们快勇敢的坚强的参加大罢工！①

人力车夫工会陆续在沪西、南市、闸北等各区中成立起来。"生活已经是比牛马都不如了，车行及头脑还要增加车租，我们要斗争，我们要大家一条心组织自己的工会，争取一切条件的胜利。"② 从前散漫无组织的人力车工人，已经在斗争中开始发展巩固他们的组织；从前不能集中一致作战的人力车工人，现在已围绕在市政总工会领导之下，统一向敌人做坚决的斗争。③ 人力车工友的总同盟罢工，"现在是已经有组织的走向更成熟的形势了"，法南、沪西、虹口、闸北部分罢工，在市政总工会及人力车工会的积极布置之下，行动更加有计划，更加集中，并提出要达到自己的最低要求："（一）反对涨车租；（二）减少车租十分之三；（三）反对逮捕工友，释放被捕工友；（四）工人有罢工及组织自己工会的绝对的自由。""特郑重地向闸北、虹口、沪西、法界、南市的全体工友宣布全上海十二万工友一条心的在本月二十五日上午六时，实行总同盟罢工，九时到南京路示威。"④

_____

① 《人力车工友在不断斗争中日益走向总同盟罢工》，《红旗日报》1930 年 9 月 23 日。

② 《组织上海十二万人力车夫的同盟罢工》，《红旗日报》1930 年 9 月 23 日。

③ 《组织上海十二万人力车夫的同盟罢工》，《红旗日报》1930 年 9 月 23 日。

④ 《人力车工会罢委有 公布人力车大罢工讯》，《红旗日报》1930 年 9 月 24 日。

人力车夫的罢工斗争，也得到其他工会的援助。"人力车工人斗争的不断爆发，在它本身的意义和政治的影响上，都已经是比任何斗争还要英勇伟大，这在目前已经引起了广大群众的注目，而且已经唤醒了各方面工人斗争的共同的援助和配合的发动。"①

　　贫民协会站在革命立场上，决心援助人力车工友罢工，决定："（一）动员全体会员宣传队向黄包车群众散发宣传品，要一张一张的直接交与他们；（二）口头向黄包车工友谈话宣传，白天营业时随时随地遇着黄包车工友，就向他谈话，夜晚则到黄包车聚集的地方及车厂作广大的宣传鼓动；（三）动员纠察队参加黄包车工友一切行动，援助他们。"②

　　店员总工会站在阶级立场上，认定援助人力车工友同盟罢工为当前最重要的任务，所以非常注意对援助的布置。其认为人力车工友的斗争，渐趋向于同盟大罢工，"同帝国主义狗捕房肉搏"，所以店员总工会站在无产阶级立场，顾及准备总同盟罢工的任务，与争取自身利益的考虑，积极起来援助。③ 店员总工会除动员各业分会员起来做援助人力车工友的工作外，还散发《为援助黄包车夫反对公司加租宣言》，号召广大人力车夫一致同盟罢工，争取胜利。宣言大致说："黄包车工友已经被捕四五十人了，他们为反对增加车租每日一角，到处爆发斗争，资本家是完全是时时压迫我们，我们亦只有坚决反抗，才是唯一的出路。不要自身一罢工生活就生问题，而就甘受压迫。这正是我们的弱点，资本家是利用我们的弱点同我们进攻，我们只有坚持到底，反对黄色工会，与帝国主义、国民党肉搏，'团结'与'持久'，才是胜利之路。我们高呼：（一）援助黄包车工人被捕工友； （二）反对加租；（三）组织我们自己的赤色工会；（四）实行同盟罢工；（五）打倒

　　① 《人力车工友在不断斗争中日益走向总同盟罢工》，《红旗日报》1930 年 9 月 23 日。
　　② 《贫民协会援助黄包车罢工》，《红旗日报》1930 年 9 月 20 日。
　　③ 《店员总工会援助黄包车工友斗争》，《红旗日报》1930 年 9 月 24 日。

一切资本家帝国主义；（六）反对刮民党黄色工会；（七）拥护红军；（八）拥护苏维埃大会。"①

公共租界英商电车公司工人也积极援助人力车工人斗争。"人力车罢工浪潮日益高涨，马上即将爆发的时候，英电一定要坚决联络法电并援助人力车斗争，争取总同盟罢工的加速实现，以达到本身要求条件的胜利目的。"② 同时，英电工人俱乐部告全体工友书，如下：

全体工友们！

我们为生活上的问题，早就有了要求条件，要资方答复，而万恶的资本家和狞凶的走狗不但没有替我们大家解决，倒反转用强暴毒辣的手段，甚至开除或逮捕等等，企图来镇压斗争或破坏罢工。工友们！资本家的纸糊老虎一样的假威势，难道能够压倒我们不为条件而力争么？决不能的！我们只要团结，就是力量！快快齐心一致，起来斗争呀！

目前的一般情形都紧张得很呀！在我们这数十万市政工人中间，到处都发生斗争，尤其在最近，人力车工友为要求减低车租的大罢工，法电工友为反对开除工友和雇用新工人的猛烈斗争，很明白的摆在我们眼前，我们英电工人不也是有所要求么？不也是应该站在被压迫的工人阶级立场上一同起来援助他们么？……③

人力车夫罢工斗争得到其他工会的支持，一度形成了全上海的同盟罢工。这次罢工斗争震动了上海城，给租界当局和国民党政府以沉重的打击，迫使它们对人力车夫做出一定的让步，罢工取得了局部性的胜利。由于遭到当局的破坏，部分罢工斗争没有能够继续发展下去，但人力车夫英勇顽强和不屈不挠的革命斗争

① 《店员总工会援助黄包车工友斗争》，《红旗日报》1930 年 9 月 24 日。
② 《英电积极促动斗争　援助人力车工友大罢工》，《红旗日报》1930 年 9 月 24 日。
③ 《英电积极促动斗争　援助人力车工友大罢工》，《红旗日报》1930 年 9 月 24 日。

精神，得到了全市人民的同情和支持。应该指出的是，人力车夫工会领导车夫群体与市政当局、车商之间的冲突，不仅冲击了市政当局的政策，而且迫使市政当局不断地调整现行政策以适应客观现实的需要。尽管因各种原因，人力车夫工会所拥有的力量有限，但其在维护车夫权益等方面确实起着一定的作用。

第三节 潜在力量：动员车夫斗争的成效

近代上海人力车夫群体革命意向是在反抗帝国主义、国民党反动政府、资本家的剥削和压迫基础上逐渐产生的。上海是当时全国工商业最发达的地区，是全国工人最多的城市，也是帝国主义对中国经济侵略的中心，因此，上海工人阶级的一般生活状况更是苦不堪言。[①] 上海人力车夫群体有反抗现实与改变自身处境的愿望，他们为了生存而进行斗争，给租界当局和国民党政府以沉重打击，展现了人力车夫英勇顽强和不屈不挠的革命斗争精神。从一定程度上说，他们也是近代中心城市潜在的革命动力。

一、中国共产党对车夫的启蒙

人力车夫这种具有低素质和流动性、分散性特点的下层社会弱势群体，需要通过启蒙、灌输、培养，来提高他们的群体意识，提高他们的觉悟。[②] 中国共产党较早就关注并启发教育这支苦难深重的车工队伍。

李大钊作为党的早期领导人，对人力车夫这一群体非常关注，他非常同情人力车夫的悲惨生活。他在 1917 年 2 月 10 日《甲寅》

① 中华全国总工会中国工人运动史研究室编：《中国工会历次代表大会文献》，工人出版社 1984 年版，第 217 页。
② 严昌洪：《近代人力车夫群体意识探析》，《华中师范大学学报（人文社会科学版）》2007 年第 6 期。

日刊上发表《可怜之人力车夫》一文，并指出："夫以理言之，则以人类为牺牲，乃最背乎人道主义；以利言之，则驱尔许之劳力，掷于不生产之职业，乃见讥于经济原理。然以工厂不兴，市民坐困，迫之不得不归于此途，宁为牛马于通衢，犹胜转死于沟洫。"①

又据他们的调查，上海的下层劳工（如苦力、人力车夫等）的所得，比中国任何地方算是较高的。平均计之，苦力月得十五元，人力车夫月得八元，而一人及其妻眷的生活费，最苦的月亦须十六元，方能过活，今其所得，最多者且不过十五元，上海苦力及人力车夫生活的苦况，可想而知了。②

陈独秀在 1919 年 4 月 27 日《每周评论》上发表《贫民的哭声》，他借用人力车夫妻子的口气，"我的可怜的丈夫，他拉车累的吐血死了，如今我的儿子又在这大风雪中拉车，可怜我那十二岁的孩子，拉一步喘一口气！"③ 与李大钊、陈独秀注重理论启蒙不同，毛泽东亲自走上了与包括人力车夫在内的下层民众相结合的道路。毛泽东曾开办人力车夫夜校，他先在黑板上写一个"工"字，再在旁边写一个"人"字，再把"人"与"工"合起来构成一个"天"字，他告诉人力车夫，工人如果团结起来，就能顶天立地，极大地增强了车夫的自我意识。④ 可见，中国共产党早期领导人非常关注人力车夫群体。在启蒙人力车夫群体的过程中，中国共产党人有组织地以各种方式教车夫识字，播下了"劳工神圣"的种子，对于中国共产党后来开展工人运动具有指导意义。

对人力车夫的重视也体现在党的各级组织所制定的文件中。

---

① 《李大钊全集》（第一卷），人民出版社 2013 年版，第 454 页。

② 《李大钊全集》（第五卷），人民出版社 2013 年版，第 31 页。

③ 《陈独秀文集》（第一卷），人民出版社 2013 年版，第 457 页。

④ 关于该问题的研究，参见刘秋阳《中共领袖与人力车夫》，《湖北广播电视大学学报》2007 年第 3 期。

图 30　"中国劳动组合书记部"

图片来源:《三十年来的上海工运》,
劳动出版社 1951 年版。

中共一大通过的第一个决议,明确规定党成立后的中心工作是领导和推进工人运动,基本任务是"成立产业工会"。1921 年 8 月,中国共产党以推动工人翻身解放、独立自主为己任,在上海建立了公开领导工人运动的总机关——中国劳动组合书记部。① (见图 30)"劳动组合书记部成立之后,对于上海,确有相当影响,因为上海工人经过这个机关,也逐渐有了组织了,并且还领导了不少的工人斗争。"②

上海的工人运动是在劳动组合书记部总部直接领导下进行的。当时的上海是我国工业最发达的城市,许多工人背井离乡来到上海谋生。为了不受别人欺负,他们就自发地按地域组织了帮口,如宁波帮、湖北帮、安徽帮等。这种封建性质的帮口是组织工人成立工会的严重障碍。为了克服帮口思想对工人群众的束缚,李启汉等人在《劳动周刊》上接连发表文章,揭露官僚、资本家利用帮口分裂工人队伍,挑唆工人互相争斗的事实,启发工人按产

---

① 中共一大召开后的 8 月 11 日,即成立了第一个公开领导工人运动的机构——中国劳动组合书记部。这个名字是共产国际代表马林起的,"劳动组合"即工会之意,"书记部"即秘书处的意思。书记部办公地点设在上海公共租界新闻路北成都路口 19 号。主任先后由张特立(张国焘)与邓中夏担任,秘书为李启汉。中国劳动组合书记部成立之后,相继在北京、长沙、武汉、广州、济南、上海等地设立了分部机构,将工人运动的火种播向全国各地。参见《中国劳动组合书记部成立》,《中国工人》2020 年第 4 期。

② 邓中夏:《中国职工运动简史(1919—1926)》,人民出版社 1953 年版,第 17 页。

业建立自己的工会组织。①

　　根据中共中央的决定，在中国劳动组合书记部的发起和推动下，第一次全国劳动大会于 1922 年 5 月 1 日在广州召开，与会代表共 173 名，代表 12 个城市的 110 多个工会、34 万多名有组织的工人。大会通过全国总工会组织原则、罢工援助、组织全国人力车夫联合会等一系列决议案，开始了全国工人阶级的大联合，有力地推动了工人运动的发展。② 中共二大通过了《关于"工会运动与共产党"的议决案》。该决案是在共产国际的影响下，适应工人运动蓬勃发展的实践需要、贯彻民主革命纲领的要求而制定的，决案分析了中国劳动运动和工人组织的状况，阐明了工会的性质、任务、行动原则、工会与党的关系等基本问题，是党为指导工会运动做出的第一个决议，推动了工会组织的发展和工人运动的高涨。③ 上海总工会（见图 31）成立之后，在罢工中也对工人开展宣传教育：

　　总工会宣传科最近成立一演讲科（团），有演讲员五人，于各分区开会时，即出席演讲。讲题由宣传科拟定，共八种如下：（一）工会之意义；（二）为何组织工会；（三）工会中委员会、支部干事、十人组长之职务与责任；（四）此次罢工之意义；（五）救中国即救自己；（六）帝国主义侵略中国之方略；（七）世界工人对我之同情；（八）私自上工无异自杀说。前日该会并通告各分会、各派工人二人参加夏令讲演会听讲云。又该会现共有分办事处六处，近于每个办事处设立一演讲团，常驻演讲员四人，由学

① 金风：《中国第一次罢工高潮》，新华出版社 1990 年版，第 3 页。
② 王继凯：《第一次全国劳动大会与中国共产党的早期发展》，《党的文献》2012 年第 6 期。
③ 许艳华、葛宁：《中共二大〈关于"工会运动与共产党"的议决案〉探析》，《上海党史与党建》2022 年第 3 期。

生联合会与该会分派会员担任。闻经该会努力之宣传，一般工人对于此次罢工之意义，大部分已甚明了云。[1]

委　　　　员	李立三	刘少奇	刘　华	孙良惠
	杨之华	王亚章	刘贯之	蔡之华
	杨剑虹	李瑞清	张佐臣	顾　秀
	江元清	孔言南	陶静轩	郭尘侠
	李振西	等		
委　员　长	李立三			
副委员长	刘　华			
秘　书　长	刘少奇			
组织主任	刘　华（兼）			
宣传主任	孙良惠			
总务主任	刘贯之			
交际主任	杨剑虹			
女工部主任	杨之华			
小沙渡区办事处主任	刘　华（兼任，办事处地址设潭子湾）			
浦东区办事处主任	张佐臣			
杨树浦区办事处主任	蔡之华			

图 31　上海总工会委员会

图片来源：《中国近代工人阶级和工人运动》（第五册），
中共中央党校出版社 2002 年版。

1924 年前后，中国共产党在上海工厂区开展了一些教育、组织工人的活动，如：建立平民学校，教育工人；组织沪西工友俱乐部和杨树浦工人进德会等。[2] 大革命时期，中共上海党组织探索和建立了民族反帝爱国阵线，不但启发教育组织工厂工人，也教育其他各阶层民众如以苏北人为主体的人力车夫、码头工人等

---

① 刘明逵、唐玉良主编：《中国近代工人阶级和工人运动》（第五册），中共中央党校出版社 2002 年版，第 306 页。
② 上海社会科学院历史研究所编：《五卅运动史料》（第一卷），上海人民出版社 1981 年版，第 260—297 页。

苦力工人，领导了形式多样的罢工运动。① 党在教育群众方面最有力的阵地是补习学校，虽然现在还没有较多的资料说明有多少人力车夫参加补习学校，但是那时罢工工人经常有集会，由党的负责同志做报告，讲述团结起来与帝国主义做斗争的道理，用工人切身体会到的受压迫、受剥削的实例，来启发工人的觉悟，还用苏联革命胜利的事实，来鼓舞工人的斗争，帮助他们树立远大的目标。② 这样的形式也会直接或间接促进人力车夫思想觉悟。

二、中国共产党对车夫的领导

中国共产党成立后，首先发动工人运动，希望以无产阶级主力军力量来完成中国革命。上海是中国工人阶级的摇篮，是全国工人运动的重要的发源地；中国共产党是马列主义与中国工人运动相结合的产物，党从在上海诞生之日起，就致力于工人运动。③

解放前，上海的工人，与全国的工人阶级一样，是遭受到国内外统治者的双重压迫的。一面是遭到国际帝国主义强盗式的、超级的残酷压迫与剥削；另一方面是遭到国内统治阶级——封建军阀、国民党反动派、官僚资本主义、封建买办等的虐待与统治。因此上海工人是最受压迫的，他们在政治上、经济上、社会地位上，根本谈不到有任何的自由和保障。随着工商业的发展，上海工人在数量上急速地增加着，在政治觉悟上，也迅速地提高着。这是由于中国工人阶级，生长在世界无产阶级革命的时代，特别是俄国十月社会主义革命胜利的影响，迅速由一个自在阶级，成

---

① 张玲：《苏北人与上海革命运动（1921—1949）》，人民出版社 2016 年版，第26 页。

② 复旦大学历史学系、上海社会科学院历史研究所：《1927 年前的上海工人运动史》，上海社会科学院出版社 2021 年版，第 168 页。

③ 上海市出租汽车公司党史编写组：《上海出租汽车、人力车工人运动史》，中共党史出版社 1991 年版，第 1 页。

为一个自为的阶级。[①]

马克思说："工人的一个成功因素就是他们的人数；但是只有当工人通过组织而联合起来并获得知识的指导时，人数才能起举足轻重的作用。"[②] 上海的工人就是在中国共产党直接领导之下，其队伍的组织、政治的觉悟、对敌人斗争的知识和经验，均得到了推进与迅速地发展。人力车夫群体作为工人运动的重要组成部分，也成为中国共产党进行组织动员的重要对象。中国共产党成立之前，人力车夫就开始各式各样的斗争，斗争对象既有封建把头，也有外来侵略者，既有经济斗争、抗暴斗争，也有政治斗争。[③] 中国共产党成立后，非常关注这支苦难深重的车工队伍；为了引导车工们起来为自己的生存权利而斗争，第一次国内革命战争时期，就在上海车工中发展党员，带领车工参加各项斗争。[④]1925 年爆发的五卅运动，是中国共产党领导下的一次空前规模的反帝爱国运动。由于帝国主义、军阀政府对五卅运动的镇压和破坏，全市人民紧急行动，号召罢工罢课罢市，其中发布"告电车、汽车、黄包车工友"传单：

中国受外国的凌辱欺压真是到了极点！

外国人成了中国的皇帝！

中国人成了外国的奴隶！

尤其是你们天天受外国人的打骂侮辱，一定更觉得痛苦！

昨日学生为反对外国人种种强暴的行为，如印刷附律、日人

---

① 刘长胜等：《中国共产党与上海工人》，劳动出版社 1951 年版，第 1 页。

② 《马克思恩格斯选集》(第三卷)，人民出版社 2012 年版，第 10 页。

③ 张玲：《苏北人与上海革命运动(1921—1949)》，人民出版社 2016 年版，第234 页。

④ 上海市出租汽车公司党史编写组：《上海出租汽车、人力车工人运动史》，中共党史出版社 1991 年版，第 93 页。

残杀工人等，出来演讲，又被外国人开枪打死了十几人。

痛心呀！可耻呀！

凡是中国人，一致起来反抗呀！罢工、罢市、罢课。

握着上海生死机关的交通工友起来罢工呀！

反抗外国人的强暴！！！①

中国共产党在各个不同历史时期根据不同的情况，发展党员、建立党的组织，发动人力车工利用各种不同的形式开展斗争。②为了引导车工们起来为自己的生存权利而斗争，中国共产党在上海车工中发展党员，建立支部。闸北区是一个居民密集的地区，

---

① 上海社会科学院历史研究所编：《五卅运动史料》（第一卷），上海人民出版社1981年版，第755页。

② 本部分主要依据《红旗日报》《上海出租汽车、人力车工人运动史》等资料。其中《红旗日报》是第一家中国共产党中央委员会机关日报，1930年8月15日在上海创刊。1927年大革命失败后，中共中央在上海创办了数份刊物，主要有《布尔塞维克》、《红旗》三日刊、《上海报》等。这些报纸在党的领导下秘密出版，在保护自己的同时最大限度地传播党的声音。1930年8月14日，原《红旗》三日刊和《上海报》停刊，第二天（15日）《红旗日报》公开出版，由《红旗》三日刊原主编李求实任编辑。该报日出对开一大张4版，设有"社论""专论""专载""各地通讯""革命根据地来信""莫斯科通讯""欧洲通讯""国际消息"等栏目。第4版下半版辟有类似副刊的"红旗俱乐部"，办有"我们的字典""短斧头"和"小说"等小专栏。1930年10月30日该报开辟副刊"实话"，共持续13期。该报的主要撰稿人有李立三、关向应、张闻天、周恩来、瞿秋白等。该报公开宣布自己的阶级属性和党报属性，报头左侧印有"中国共产党中央委员会机关报"字样。由于不再秘密出版和发行，《红旗日报》完全暴露在国民党当局面前。该报公开售卖报纸造成很多发行人员被捕。出版20多天，国民党便衣搜查队就先后抓捕发行员四五十人，印刷所遭到四次破坏，印好的报纸被全部没收，连订户家里也遭到搜查，甚至行人手上被发现有一份《红旗日报》也会被逮捕。在国民党当局的迫害下，到1931年2月，该报只能日出极小一张，印1000多份。不过回溯《红旗日报》的言论和作为，报社工作人员的革命无畏精神一览无余。1930年9月29日，该报发表的《红旗日报宣言》写道："每天的工作，都是在帝国主义国民党的枪口上，都是在他们巡捕、侦探、走狗的包围之中"。同年12月1日，该报的《征收报费启事》写道："本报出版的头一天，便抱了绝大的决心，就是无论帝国主义和国民党如何摧残，本报仍然本着一贯的革命精神，冲破敌人的进攻，不使他有一天的间断。"由于出版环境持续恶化，《红旗日报》于1931年3月9日停刊。当天，秘密发行的《红旗周报》接替它作为机关报，出版到1934年3月1日。参见王润泽、王鲁亚《第一家中共中央机关日报——〈红旗日报〉》，《新闻前哨》2017年10期。

到处是小街陋巷和破烂的棚户，它是上海最下层中国人的住宅区。[①] 1926 年 7 月，上海地下党就在闸北人力车工中发展了党员，并成立了"闸北区人力车业党支部"，支部书记为侍银标。10 月，中共上海区委通告，关于发展上海民众运动，"各工会都要实行公开召集各种代表会议，在工人群众中尽量做宣传工作，与工人群众建立很密切的关系"；"在这次变动中，我们至少要使上总能够领导二十万有组织的工人，尤其要特别发展城市交通工人，如码头、电车、电器、电报、电话、海员、邮务、铁路、黄包车等工人组织"；并且指出，"党的工作，须特别加紧，各部委要能完全管领他所属区域以内的运动，尤须注重支部工作，要使每一种活动，都从支部做起"。[②]

1927 年 4 月以前，闸北人力车行业有中共地下支部 7 个，但在"左"倾路线的影响下，人力车工中的党组织遭到了很大的破坏，到 1929 年 10 月，闸北人力车行业的中共地下党员仅存 7 人。经过艰苦的努力，到了 1930 年 10 月，全市人力车工中有党员 26 人，"赤色工会"会员 190 人，"赤色先锋队" 2 个，纠察队 20 个。[③] 有研究表明，1930 年后，上海地下党和工联会所倚重的力量主要是自由职业者（知识分子）、学生、纱厂工人、手工工人、店员、农民、士兵、人力车夫、码头工人等，苦力的作用越来越凸显。[④] 面对日益扩大的车工罢工斗争，中共地下党及时地召开上海全市人力车工人群众大会和全上海人力车工人代表大会，决定成立全市统一的罢工委员会。中共江苏省委于 1930 年 9 月 20

① 徐雪筠等译编：《上海近代社会经济发展概况(1882—1931)——〈海关十年报告〉译编》，上海社会科学院出版社 1985 年版，第 216 页。

② 《上海革命历史文件汇集》(中共上海区委文件)，中央档案馆、上海市档案馆编1986 年，第 431 页。

③ 上海市出租汽车公司党史编写组编：《上海出租汽车、人力车工人运动史》，中共党史出版社 1991 年版，第 113—114 页。

④ 张玲：《近代上海苏北人无法成为中国共产党的倚重力量吗？——兼与〈上海罢工〉作者裴宜礼商榷》，《社会科学》2020 年第 12 期。

日向全党发出紧急通知，要求为争取人力车夫总罢工而斗争，并提出了三个方面的任务：

一、扩大宣传鼓动。

1. 各区委、各党团应即为车夫罢工印发大字宣传品，散发到群众中去。

2. 调动宣传队出发，向车夫作口头宣传，必须有计划分配到车夫集中地，力争公开演讲。

3. 总工联应通告所属工会起来援助，发表宣告。

4.《红旗日报》应通知所属工会起来援助，发表宣告。

二、建立健全的"罢委"同时要发展赤色工会组织。

1. 目前市政委员应尽最大努力，建立车夫"总罢委"，抓住选拔勇敢积极的纠察队员担任。

2. 总罢委之下，各区分设十一个办事处，罢委应分配到办事处办公，每个办事处各区应调同志去帮助工作。

三、准备黄包车夫的示威。

9 月 23 日在上海各区委、各党团书记联席会议上对罢工又作了具体布置：1. 当前人力车工人的斗争，没有与各区联系起来，要求指定区委第二天派人参加黄包车夫委员会的工作。2. 各区在抓紧做人力车工人的斗争宣传教育工作中，找出人力车工人斗争的群众路线。3. 人力车工人罢工最困难的吃饭问题，要组织工人 10 人一组到工厂去募捐。①

不管帝国主义、国民党"黄色工会"怎样压迫欺骗，人力车工继续不断地行动起来，包围车行，开群众大会，向资本家示威。尤其闸北、虹口等处，王云记、刘声记两公司工友已全部罢下来，

---

① 上海市出租汽车公司党史编写组：《上海出租汽车、人力车工人运动史》，中共党史出版社 1991 年版，第 95—96 页。

开始积极行动，"工友斗争精神，一般的是急剧高涨，斗争形势，日益澎湃"。① 资本家见此情形，大起恐慌，于是买通工贼孟晋臣、刘辅君、朱日昌等，欺骗工友："你们勿要罢工，资本家不怕什么，你们自己都要饿肚皮。"② 但人力车工一致叫出"罢工反对增加车租，要减车租三成！反对白色恐怖，释放被捕工友，反对黄色工会，打倒工贼孟晋臣等"口号，并且说："共产党是无产阶级的政党，我们欢迎他领导我们斗争，得到胜利！"③ 可见工贼欺骗毫无效果，资本家更是恐惧。（见图 32）

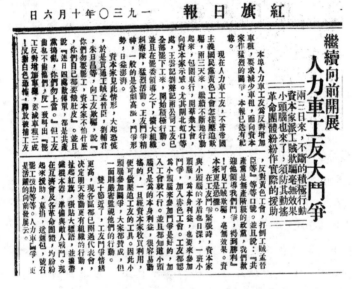

图 32 "继续向前开展人力车工友大斗争"

图片来源：《红旗日报》1930 年 10 月 6 日。

在工友斗争紧张时，资本家与小头脑的矛盾也日深，一班小头脑为本身利益，也要来参加斗争，加入赤色工会。工友都认为小头脑来参加斗争是好的，加入工会就不行。并且都知道小头脑

---

① 《继续向前开展人力车工友大斗争》，《红旗日报》1930 年 10 月 6 日。
② 《继续向前开展人力车工友大斗争》，《红旗日报》1930 年 10 月 6 日。
③ 《继续向前开展人力车工友大斗争》，《红旗日报》1930 年 10 月 6 日。

只是为的本身利益，很容易动摇的，一旦经资本家收买利用，便可做压迫工友的工具。因此小头脑参加斗争，大家都赞成，但一面则严密监视他们的行动。

双十节近了，工友斗争情绪更高，现各区都已开过代表会，决定明天发动更有组织的行动，扯起红旗，张贴大标语，并携带铁棍木器，准备与敌人战斗。现在互济会及各革命团体，均纷纷起来援助、募捐、送面包、号召罢工援助等等。人力车斗争更是活跃的向前发展云。①

在人力车工持续不断的斗争行动中，位于法租界康悌路贝勒路西首的金九林公司，又发生小头脑殴伤工友事件，激起了车夫公愤，他们随即罢工抗议。其详细情况如下：

该公司有小头脑名陈如文者，放车十多辆，平日专靠剥削工友维持生活。现在他的下面有工友名朱小二者，自从加租以来，每天拉来的钱不够交租，因此天天借印子钱，债台高筑，从昨天起，为积极反对加车租，拒绝拉车，小头脑竟强迫朱小二子上街拉车，朱小子始终不答应，继而在小头脑的淫威之下，只得暂允把车子转租别人，陈如文硬要朱小二子自己上街去替他赚钱，但是朱小二子斗争的意志非常坚决，无论怎样都不承认，非达到减车租目的不罢休。陈如文便咬使他的兄弟（看弄堂的巡捕）来发狗威，顿时拳脚齐飞，把朱小二子殴打起来，打得伤势很重。后陈如文怕消息漏出了去，激起工友公愤，更妙想天开的把朱小二子藏在自己家里，不使朱小二子回家里去。

奈事机不密，消息流散得很快，小二子家里人和许多工友们都一齐赶到，法南区人力车工会分会更积极的领导他们斗争，向小头脑资本家一起进攻，当场决定次日（十号）正午十二时开群

① 《继续向前开展人力车工友大斗争》，《红旗日报》1930 年 10 月 6 日。

众大会，提出条件四条，并要推出代表，为受伤工友抱义气，一致对付小头脑，如果条件不马上答复下来，决定进一步的实行罢工。他们的条件如下：（一）要医药费一百元；（二）反对增加车租；（三）一切大小头脑不得打骂工友；（四）减少车租三成！目下总罢工委员会将这一事实，告诉全上海人力车工友，以见大家不起来团结斗争，真是无法过活。并印就人力车快报，争取条件的胜利云。①

从上面可知，人力车工认为这件事不仅是朱小二子一个人的事情，他们决定召开大会提出条件向资本家交涉，其后因该地草棚发生大火，遂改期召集。"可是当夜打浦一带，突然发生一场大火，烧去了草棚一百多间，这中间住的人力车工友最多，在这一浩劫之余，工友们生活更形不安，大都流离失所，因此到了开会时间，到的人数特别减少。群众要求暂时改期，便更充分地扩大朱小二子事件的宣传工作，发动各区人力车工友一致斗争，向各革命工会及其他团体，求实际的援助，以争取大家的条件胜利。"② 但资本家利用工头，自行向工友们说情，要他们体念同乡交谊，不要斗争，于是朱小二子大为动摇，其后自知上当受骗，又向巡捕报告，法帝国主义当然置之不理。可见，只有在中国共产党的领导之下，建立"自己的工会"，团结起来罢工抗争，才能取得胜利。

1932 年 7 月 17 日，在中共地下党组织领导下，上海各反日团体大会借沪西胶州路共和大戏院召开江苏全省反帝代表大会，对外称上海民众援助东北义勇军反对上海自由市代表大会。③ 国民党当局获悉情报后，派出大批军警、特务，会同租界巡捕包围会场，当场捕去肖明等 88 人，并押解至南京国民党军政部军法司，

① 《强迫拉高租车 黄包车小头脑打伤工友》，《红旗日报》1930 年 10 月 11 日。

② 《黄包车斗争昨讯》，《红旗日报》1930 年 10 月 12 日。

③ 熊月之主编：《上海名人名事名物大观》，上海人民出版社 2005 年版，第 309 页。

交南京警备司令部审讯。在敌人的威逼利诱下，叛徒出卖了肖明，供出肖万才。① 国民党当局对他们多次审讯和严刑拷打，一无所获；为了革命事业，肖万才严守党的秘密，全家被捕，一人担当，最后献出自己宝贵的生命。

肖万才（又名肖志义），江苏阜宁人，出生于 1880 年，人力车工人。1932 年加入中国共产党，曾任上海南洋肥皂厂党支部书记、闸北区民众反日救国联合会发行部长和党的秘密交通员。1932 年 7 月，因叛徒出卖被捕，同年 10 月牺牲于南京雨花台。上海解放后，中共上海市委和上海市人民政府于 1952 年追认其为革命烈士。

早在 30 年代初，肖万才以拉人力车为职业掩护，在闸北区大洋桥一带，搞党的地下交通工作。当中共地下党需要将重要文件、宣传品分发到其他地区时，总是让他去完成，而他每次都能出色地完成任务。那时，经常在晚上召开会议布置第二天举行飞行游行集会等活动，肖万才就在清晨以挑菜上市出卖为掩护，将党的工作步骤和文件机智及时地送到目的地，保证飞行游行集会等活动能顺利地进行。在肖万才的影响下，他的儿子和女儿也先后走上革命的道路，其妻子全力支持协助丈夫做好党的各项工作。他的家成为中共江苏省委秘密联络点之一。②

1934 年 10 月，中共江苏省委决定将上海人力车工作列入中共江苏省委直接领导之下，并组成人力车夫工作委员会，由范某、张某等 3 人主持日常工作；另据 1934 年 10 月 9 日《江苏省委关于党在上海黄包车夫中工作的报告》中截止 9 月底的统计，共有

---

① 中共中央党史研究室科研管理部编：《中国共产党革命英烈大典》（上卷），红旗出版社 2001 年版，第 459 页。

② 上海市出租汽车公司党史编写组编：《上海出租汽车、人力车工人运动史》，中共党史出版社 1991 年版，第 125 页。

中共闸北、共和、小沙渡等 7 个人力车党支部，党员 46 名。①

中国共产党把人力车工组织起来，引导他们起来为自己的生存权利而斗争。因主客观方面原因，虽然大多数罢工并未取得预期目标，但中共党组织没有放弃领导车工斗争，很快制订下一步罢工方针，争取实现各项要求。当然，在斗争过程中提出过一些脱离实际的要求，在报上公开登载罢工时间、集合游行示威地点，给国民党当局镇压罢工斗争提供了信息，给罢工斗争带来了巨大的损失；还有罢工车工的生活问题没有得到应有的重视，影响了罢工斗争的深入。②

三、动员车夫斗争的成效分析

中国工人，大多数靠筋肉劳动为生，除少数技能工人外，似乎都可称为苦力工人。③ 都市苦力工人是指人力车工人、码头工人、粪夫、清道夫等在城市"恃筋肉劳动"，而"无规定工作"的雇佣工人；他们与产业工人一样，是中国工人阶级的一个重要组成部分，其数量甚至曾超过产业工人，同时也是城市社会的一个重要组成部分，但是他们又有自己的特点。④ 对都市苦力工人，中国共产党人给予了重视并做出了一定的努力，但效果不尽人意。为什么会出现付出与收获不成正比的情况呢？有研究者指出，中国共产党克服困难，对都市苦力工人开展启蒙、组织工作，但没有取得预期成效，有以下两点原因：一是都市苦力工人分散、散漫、不关心政治，二是都市苦力工人受到帮头、封建把头、资本

---

① 上海市出租汽车公司党史编写组编：《上海出租汽车、人力车工人运动史》，中共党史出版社 1991 年版，第 114 页。

② 上海市出租汽车公司党史编写组编：《上海出租汽车、人力车工人运动史》，中共党史出版社 1991 年版，第 98 页。

③ 刘明逵、唐玉良主编：《中国近代工人阶级和工人运动》（第一册），中共中央党校出版社 2002 年版，第 696 页。

④ 刘秋阳：《论都市苦力工人的阶级属性与特点》，《中国劳动关系学院学报》2008 年第 5 期。

家等势力的层层压制。①

作为苦力工人之一的人力车夫群体，深受多重压迫，生存异常艰难，具有进行革命的思想动机。和其他苦力一样，人力车夫的收入很低，每天的工作又非常辛苦，却只能换来维持最低生活水平的收入，有时候甚至会入不敷出。"窃世界劳工，最苦莫过于车夫，夏则晒于烈日之下，冬则寒于朔风之中，虽酷暑熏蒸，雨雪冰霜，在常人纳凉乘凉，重皮炉暖，独车夫光头赤脚，枵腹露体，此何为耶，非为衣食乎！"② 中国共产党成立初期将工作重点放在城市，很早就关注包括人力车夫在内的都市苦力工人，并认识到城市下层的力量，希望把人力车夫的潜在力量转化成现实的革命力量，但在实际动员车夫的过程中也面临着诸多挑战。

第一，文化程度低下。人力车夫生活艰难，仅免冻馁，忧患之不暇，更不必说教育了，所以大部分人失学，沦为文盲。这也使他们对当时的政治形势感知迟钝，缺乏参与的兴趣。"一般车夫文化水准颇低，十分之八是不识字，能看看书报的极少。他们对于社会、政治多不了解，只是凭了自己的生活经验与人们的口头传说而知道一些。"③ 车夫简直谈不上娱乐，他们有空，除睡眠外，多数以赌博为唯一消遣（纸牌、挖花、牌九、麻将），此外，则到茶馆去吃茶、听书，或者去看看江北小戏。④

第二，流动性及分散性特点。人力车夫行动上流动不定，分布上相对不集中，不易组织。对此，毛泽东也指出，人力车夫"不及产业工人的集中和在生产上的重要"。城市苦力工人虽然不像产业工人那样集中与生产上占重要地位，但其经济地位与产业

---

① 刘秋阳：《中共发展都市苦力工人运动艰难的原因分析》，《党史文苑》2008 年第 18 期。

② 《人力车夫之乞援》，《申报》1926 年 1 月 25 日。

③ 《本市人力车业调查》，《申报》1945 年 5 月 21 日。

④ 朱邦兴、胡林阁、徐声合编：《上海产业与上海职工》，上海人民出版社 1984 年版，第 677 页。

工人一样低下。① 人力车夫的流动性表现在许多车夫从未摆脱他们的农民身份，在灾荒年份或农闲时，他们纷纷进城谋生，灾荒过后或农忙时节，他们又可能会返乡。"江北农忙时期，车夫大都返乡耕作，及至回沪，则已失去登记机会，而无法拉车，此种失业车夫，为数约二三万人，生计失所依赖，情状至为惨苦。"②"在冬天，厂主们能全部租出他们的车子，但到夏天，人力车夫们就不租车而到郊区农村做收割短工去了"。③

第三，受到帝国主义、国民党、资本家等层层的压制。上海的统治大权，一部分（租界）操在帝国主义手中，一部分操在军阀手中，他们都是受国内外资本家的委托，保护资本家的利益，镇压工人的反抗行动。因此，帝国主义租界内的工部局和中国军阀的警察厅，必然对工人改善生活的要求和斗争进行残酷的镇压。④ 上海工人第三次武装起义时，中国共产党在车工中组织了纠察队，约有3万名车工参加了起义；"四一二"政变后，人力车党组织遭到严重破坏。⑤ 中国共产党对上海人力车工人的工作并没有取得预期成效，上海总工会在总结五卅运动后上海各业工人运动发展情况时称，"其余粪夫工会、黄包车工会、救火工会等工作散漫，尚无多大成绩"⑥ 资本家大小头脑、巡捕警察之压迫剥削车夫又是怎样呢？有记者把它详细写出来，"真是人间才知有活地狱，人的生活原是有比牛马还可怜的，资本家大小头脑以及巡

① 刘明逵、唐玉良主编：《中国近代工人阶级和工人运动》（第一册），中共中央党校出版社 2002 年版，第 627 页。

② 《人力车公会请车委会补登记缓检查》，《申报》1936 年 7 月 26 日。

③ 宋钻友、张秀莉、张生：《上海工人生活研究（1843—1949）》，上海辞书出版社 2011 年版，第 39 页。

④ 中华全国总工会中国工人运动史研究室编：《中国工会历次代表大会文献》，工人出版社 1984 年版，第 218 页。

⑤ 张玲：《苏北人与上海革命运动（1921—1949）》，人民出版社 2016 年版，第 237 页。

⑥ 中华全国总工会中国工人运动史研究室编：《中国工会历次代表大会文献》，工人出版社 1984 年版，第 215 页。

捕警察之压迫剥削车夫，真是还有比吸血鬼还要残酷的!"① 当时的车工迫于生活，几乎都要向车行老板和大小把头借高利贷；借一元钱，一星期的利息就是一角，这样连本带利地滚雪球，使车工们难以偿还清，最后成为资本家和大小把头的"奴隶"，听任他们摆布。②

当黄包车工人在马路上健步飞跑的时候，每一脚印都蕴含着无限辛酸的血泪。他们起早摸黑，栉风沐雨，劳动强度甚大，而社会上却称之为"黄包车夫"，语含贬意，但因由来已久，便习以为常。他们本身无力购置车辆，所拉车子都是从车行或车主处租来，每天须交车租费，日租金总在当时通用的银圆一元以上。这是很大的数字。黄包车夫一天疲于奔命，汗水所得除交付车租外，所余无几，一家老幼长年累月挣扎在饥饿线上，生活备极艰辛。③

为了保障自身权益及进行自救，人力车夫也曾成立过各种互助组织和工会，但由于受到帝国主义、国民党、资本家的暗中破坏，这些组织和工会或者最终无形解散，或者被官方所控制，有的甚至根本没得到批准而无法成立。

自 1932 年至全国抗日战争时期，中国共产党在进行工人运动时，把人力车夫作为重点发动对象，希望在上海"工人阶级中受压迫最重要的群体中打开局面"，但结果并不如意。在国民革命时期，由于有中国共产党的组织、引导，人力车夫在历次斗争中表现活跃，知晓民族大义；但大革命失败后，白色恐怖加剧，人力

---

① 《资本家大小头脑巡捕警察重重压迫剥削下的人力车夫》，《红旗日报》1930 年 8 月 26 日。

② 上海市出租汽车公司党史编写组编：《上海出租汽车、人力车工人运动史》，中共党史出版社 1991 年版，第 91—92 页。

③ 虞廷芳：《黄包车在上海》，载《20 世纪上海文史资料文库》(9)，上海书店出版社 1999 年版，第 361 页。

车工人看不到胜利的希望，加之生活极度匮乏，为了生存而终日疲于奔命，于是重新陷入了消沉保守状态。① 1935 年，"红色工会"国际东方殖民地部在关于中国革命工会运动的报告中说："中共（六届）五中全会以来，特别是在上海，赤色工会发生了一系列暴露事件，但是党和中华全国劳工联合会得以在上海、天津、满洲里等城市的大工厂重新建立和加强工会小组和赤色工会。在上海，在海员、码头工人、公共汽车工人、人力车夫、电气工人、邮政职工、纺织工人和铁路员工当中，以及在军工企业工作的工人当中，都有了赤色工会组织，每个组织拥有数十、数百甚至数千会员（如在码头工人当中）。"② 同年，法租界人力车夫爆发反对登记的斗争，影响较大。在这次斗争前，上海工联成立了"黄包车"（人力车）委员会，由郑文卿领导；他们组织了一个 60 多人的"弟兄会"，倡导"有福同享，有祸同当"，为维护人力车夫的切身利益而进行斗争。③ 但事实上，在这次风潮中，中国共产党并没有发挥出它应有的作用，有研究者指出：（1）党组织未能统一领导、协调上海两个租界的人力车夫的斗争，所以共青团江苏省委才提出要"动员英租界车夫罢工援助，实现同盟罢工"；（2）要求"在短期内建立法租界车夫支部"，也就是说当时在法租界的人力车夫中尚未建立中国共产党的基层支部。④

人力车夫也受帮会控制。中共早期领袖瞿秋白指出，上海的工人之中，差不多一大半是属于青帮、红帮等类的秘密组织；工厂工人尚且如此，苦力更不必说了。⑤ 1924 年，李立三到上海后

---

① 张玲：《苏北人与上海革命运动（1921—1949）》，人民出版社 2016 年版，第238 页。

② 《联共（布）、共产国际与中国苏维埃运动（1931—1937）》（第 14 卷），中共党史出版社 2020 年版，第 403—404 页。

③ 沈以行、姜沛南、郑庆声主编：《上海工人运动史》（上卷），辽宁人民出版社 1991年版，第 605 页。

④ 邵雍：《1935 年上海法租界人力车夫罢工初探》，《社会科学》2009 年第 1 期。

⑤ 《瞿秋白文集》（政治理论编）第四卷，人民出版社 1993 年版，第 470 页。

担任上海地委工人运动委员会书记，他"研究了上海工运的历史情况，觉得不理不行，加入也不行，就采取另外办法，研究青帮中徒弟是被压迫的，因此联合下层，反对老头子，把阶级斗争在帮会中搞起来"[①]。五卅运动中，中国共产党工人运动早期领导人、时任上海市总工会委员长的李立三，成功地与闸北青帮团体进行了合作，中国共产党和总工会十分"策略"地与顾竹轩及江淮旅沪同乡会结成了联盟。[②] 1927 至 1937 年间，上海青帮势力有了空前的发展，这种发展就其外部而言主要是由于国民党政府的扶植，租界当局的支持和大量农村破产人口流入城市。[③] 车夫为环境所迫，他们拜老头子的很多，综计约占百分之九十；因为车夫不经过这种手续，到处要受人欺侮（其实拜老头子亦同样受人欺侮压迫）。[④]

中国共产党是一个组织严密且具有强大动员能力的革命政党，但在幼年时期同样需要一个成长的过程。[⑤] 从现有的资料来看，中国共产党希望把包括人力车夫在内的城市社会下层群体转化成现实的革命动力，虽然面临诸多挑战，但在很多方面还是取得了一定的成效。

一方面，人力车夫民族觉悟进一步提高。

人力车夫群体在民族危机中，民族意识表现得更为明显、强烈。"五四"运动开始后，人力车夫一改往日专为经济利益而实施

---

① 上海社会科学院历史研究所编：《五卅运动史料》（第一卷），上海人民出版社1981 年版，第 144 页。

② 张玲：《苏北人与上海革命运动（1921—1949）》，人民出版社 2016 年版，第 272页。

③ 周育民、邵雍：《中国帮会史》，上海人民出版社 1993 年版，第 528 页。

④ 朱邦兴、胡林阁、徐声合编：《上海产业与上海职工》，上海人民出版社 1984 年版，第 677 页。

⑤ 张仰亮：《中心城市的革命——中共上海地方组织及其工人动员（1920—1927）》，上海人民出版社 2021 年版，第 274 页。

暴力的行为，其爱国热情被调动。① 为了表示爱国热忱，上海人力车夫曾一律拒绝日人雇车。"黄包车工人齐结团体，不为日人服务。昨日即十四号，虹口吴淞路一带，已发现黄包车夫齐结团体，凡遇某国人雇坐车辆，概不拖拉，以表爱国热忱一致之意。此等苦力穷民，亦知大义，殊属可敬。"②

黄包车工人一律拒绝日人雇车。本埠各界人士自抵制日货后，黄包车夫亦具爱国热诚，一律拒绝日人雇坐，令人钦佩。昨（二十五日）午后有日本人甲、乙两名由杭州乘坐火车来申，迨抵南站，欲雇黄包车往北，竟无一人应雇。甲、乙不得已，只得徒步至大东门中华路间，不觉乏力，复又唤车二辆前往虹口，每辆愿出大洋五角，无如各车夫颇为爱国不为利动，仍置不睬。甲、乙无奈，仍只步行往北。各车夫有此热心爱国之举，实可敬佩。③

1931 年，沪西一名人力车夫因为拒绝替日军拉运枪械子弹，被日军痛打，头上流血最多，最终因伤重死去。上海总工联呼吁工友，扩大反日运动，团结反日力量："这个事实更其证明帝国主义侵略中国，屠杀中国人民，首当其冲者只有我工人劳苦群众耳！刻下全上海黄包车车夫工友，公愤激昂，组织追悼会，并筹备公葬，望我全上海工友一致参加此种工作，扩大反日运动，团结反日力量，工人解放，实利赖焉！"④ 淞沪会战爆发后，上海市抗敌后援会曾向人力车同业公会要求发车送往前方应用，由同业公会发放车辆三百部，并征车夫五百名，送往前线服务。自战事西移

---

① 张玲：《苏北人与上海革命运动（1921—1949）》，人民出版社 2016 年版，第 235 页。

② 刘明逵、唐玉良主编：《中国近代工人阶级和工人运动》（第三册），中共中央党校出版社 2002 年版，第 115 页。

③ 刘明逵、唐玉良主编：《中国近代工人阶级和工人运动》（第三册），中共中央党校出版社 2002 年版，第 116 页。

④ 上海市档案馆编：《上海工会联合会》，档案出版社 1989 年版，第 505 页。

后，车夫只有二百人左右回沪，重操旧业，其余三百名车夫，随军西撤，这也是值得赞许的车夫的光荣历史。[1] 有研究者指出，在抗击日本侵略者的斗争中，上海人力车夫反应迅速，热情很高，干劲很大，一度成为中国共产党倚重的力量。[2]

人力车夫民族觉悟的增强在抗议水兵打死同伴中体现明显。1946 年 9 月 22 日，在上海发生人力车夫臧大咬子被美国水兵殴伤致死事件，这一事件激起了上海各界对美国侵略者的愤慨，他们组织后援会，提出依法惩凶的要求，向受难者家属捐款。但是，国民党政府和美国侵略者沆瀣一气，仅将西班牙兵赖令奈判处徒刑一年 9 个月，而凶手饶得立克却由美国军事法庭判决无罪。[3]

人力车夫，盐城人，张（臧）大二（咬）子，又名志诚，现年 48 岁，向依拉车为活，前晚十一时左右拉一西班牙人"赖令奈"者到溪口路华都舞厅，讵赖在下车后，未付车资，即昂然入内，臧遂等候该舞厅门首，久之该西班牙人偕一美国水兵跟跄而出，察彼等举动，似已烂醉如泥，臧即趋前向赖索取车资，不料钱未到手，反触怒彼等，该美籍水兵竟不问情由，挥拳向臧猛击，以致臧大咬子顷刻受伤倒地，不省人事，顿引起旁观者之不平，群将该美兵与西班牙人围在核心，在群情愤激之下，曾有人图以石块掷击美兵，斯时经附近街警第五九一二号闻讯赶到，入内排解，并嘱令群众勿予动武，正互相纷扰之时，忽有美军巡逻吉普卡一辆，前往该处，车上美兵即排众入内，略一询问之后，竟将该肇事美兵带上汽车，疾驰而去，乃由五九一二号警士据情报告局方，一面将伤者飞送仁济医院，终以伤势沉重，延至昨日黎明

---

[1]　朱邦兴、胡林阁、徐声合编：《上海产业与上海职工》，上海人民出版社 1984 年版，第 678 页。

[2]　张玲：《苏北人与上海革命运动（1921—1949）》，人民出版社 2016 年版，第 238 页。

[3]　刘明逵、唐玉良主编：《中国近代工人阶级和工人运动》（第十三册），中共中央党校出版社 2002 年版，第 562 页。

五时身死，局方为明了肇事内容，故将在场目击之另一车夫陈学东及该西班牙人一并传案侦讯。此一幕美兵殴毙人命惨剧，其又将成为悬案乎？①

"臧大咬子"事件发生后，上海各人民团体组织"臧大咬子惨案后援会"，要求严办凶手和赔款。社会各界人士和进步舆论的谴责和呼声，推动上海"美军退出中国周"活动进入高潮，斗争矛头直指国民党政府。② 对此，国民党上海市党部十分恐慌，既不敢反对民众追查事实真相、惩办杀人凶手的要求，又不敢得罪美国军方，只得秘密地命令有关机构："日后凡有关美军酗酒肇事，及其他在我国风习上可能视为'有伤风化'，而本质上仅是'开玩笑'之新闻，绝对禁止发布，以免市民对美军更加恶感，致而妨害中美邦交。"③ 当时中国共产党在主办刊物上发表大量文章，揭露美军在华暴行的实质，抨击了国民党政府出卖国家政权，掀起了反美反蒋的人民民主运动。

另一方面，人力车夫的阶级觉悟进一步提高。

人力车夫在斗争中不断提高政治觉悟，总同盟罢工日益增多起来。在帝国主义、国民党、资本家大小头脑连环敲鞭下的人力车工人是上海无产阶级中最痛苦与最受压迫的一部分。在其较大规模的罢工斗争中，斗争的主要锋芒也是指向帝国主义资本家的，如1915年租界人力车夫的罢工。④ 五卅运动发生后，"飞星人力车公司系外人设办，车夫等已议决从今日起，全体罢工，加入罢

① 《美军又一凶案 酗酒殴死车夫》，《文汇报》1946年9月24日。
② 上海市出租汽车公司党史编写组：《上海出租汽车、人力车工人运动史》，中共党史出版社1991年版，第107页。
③ 《美军酗酒闹事 新闻竟禁发布》，《文汇报》1946年10月18日。
④ 复旦大学历史学系、上海社会科学院历史研究所：《1927年前的上海工人运动史》，上海社会科学院出版社2021年版，第50页。

工团体，以尽国民一分子的天责"①。

面对日益扩大的车工罢工斗争，中共上海地下党成立了罢工委员会。1930年9月，为反对增加车租，要求减轻车租，争取工作自由，在市政总工会领导之下，南北市及公共租界的代表举行会议，通过了斗争纲领，并发表大会宣言，一致决议拥护中国共产党对时局的宣言。"一向散漫无组织的人力车工人，在他们本身虽然有种种弱点，但是残酷生活的压迫，终于使他们不得不一致走上革命斗争的道路。"② 同时要求，全上海的革命团体，对于上海人力车夫的斗争必须加以深刻的注意，要努力争取全上海人力车工人大罢工的实现。

第一，各各团体必须加紧鼓动宣传，来号召上海整个工人阶级以及全上海贫民群众的注意，同样要使每一个人力车夫都来参加斗争。

第二，上海人力车夫的罢工委员必须猛烈扩大与加紧自己的组织，要使总罢工委员会真能成为战斗的中心领导。在罢工斗争中，必须十二万分注意建立赤色工会广泛的群众基础。在每一次大罢工中，我们组织上的发展，总是跟不上我们政治影响的扩大，这是值得我们万分严重注意的问题，在这一次人力车工人准备同盟罢工的时候，我们必须学习这一教训。

第三，人力车工人斗争的急剧发展中，帝国主义、国民党一定要用其极端残酷的白色恐怖来镇压罢工，同时，一切资本家大小头脑都会积极雇用大批流氓，组织法西斯蒂的队伍来破坏斗争。在这严重关头中，总罢委及各区办事处，必须坚决的迅速的，猛烈发展与扩大工人纠察队，号召广大群众加入纠察队，这不仅是

---

① 上海社会科学院历史研究所编：《五卅运动史料》（第二卷），上海人民出版社1986年版，第44页。

② 《组织上海十二万人力车夫的同盟罢工》，《红旗日报》1930年9月23日。

抵抗帝国主义、国民党压迫，防止流氓法西斯蒂破坏的最有力的工具，而实是罢工持续扩大□有力的基础。所以在斗争中，必须发展纠察队的组织，同时更须加紧训练，使真能成为保卫罢工及工人斗争，准备武装暴动的更有组织的有战斗力量的队伍。

第四，我们在组织发动这一同盟罢工中，必须以工人纠察队为中心，切实的布置分区群众大会，举行罢工，同时更要积极准备人力车工人的政治总示威。自然，人力车工人的总罢工、总示威，我们必须更切实的更广泛的动员广大群众，号召全上海各种产业工人都提出自己的要求，与援助人力车工人的罢工密切的联系起来。①（见图 33）

图 33　"组织上海十二万人力车夫的同盟罢工"

图片来源：《红旗日报》1930 年 9 月 23 日

人力车工会罢工委员会在接到上级组织的工作指示后，颁布全上海人力车工罢工令，"后因罢工组织布置尚须猛烈扩大准备，故又临时改期"，但罢工委员会拟定于 9 月 26 日举行总罢工总示

---

① 《组织上海十二万人力车夫的同盟罢工》，《红旗日报》1930 年 9 月 23 日。

威，并且制定了更为详细计划："（一）吸收各区中之积极工人充实区罢委；（二）建立各区分办事处；（三）更进一步地扩大工会组织，吸收新会员，及二十六总罢工中之战略；（四）各区集中地点的指定；（五）区指挥和总指挥的推定；（六）总集合后的示威路线等都已详细规定。"① 租界当局和国民党政府早已获悉罢工委员会组织罢工的计划，并做了准备；车行老板和地痞流氓也进行捣乱破坏，致使车工未能按照罢工委员会的计划进行罢工和示威游行。② 总罢委对罢工未能成功的原因进行了分析，认为客观上是敌人的顽强，但在主观上也有许多的缺点：（一）工友有的还怕罢工没有饭吃，而没有认清坚决罢工向资本家要饭吃，更没知道，罢工下来还有全上海五六十万工友援助；（二）号召罢工的鼓动宣传，并没普遍深刻；（三）工友还没有严密的组织，有些领袖临时动摇，不能坚决领导工友与帝国主义、国民党、资本家作勇敢决死的斗争。但是，总罢委也认为罢工造成的政治影响是很大的，工友个个承认罢工委员会的斗争纲领，"个个都感到非斗争没生路"，并制定了继续发动全市斗争的具体方针：

昨日，有许多工友罢下工来从很远跑到新世界，其积极要干，可见一斑。因此罢工委员会昨日决定继续发动全市斗争，具体方针如下：（一）晚上各区开分区代表会，立即分头号召全体工友罢工；（二）立即扩大纠察队，集中起来，作行动中心；（三）号召工友坚决冲破白色恐怖，罢工示威，在上海五六十万工友共同奋斗之下，誓死争取条件的胜利，并要打倒黄色工会；（四）号召工友大家齐心干，严防领袖分子动摇。决定后，即已分头进行。③

----

①　《更加猛烈扩大准备中的上海人力车总罢工》，《红旗日报》1930 年 9 月 25 日。

②　上海市出租汽车公司党史编写组：《上海出租汽车、人力车工人运动史》，中共党史出版社 1991 年版，第 97 页。

③　《在敌人严重压迫破坏中　人力车罢工昨日部分实现》，《红旗日报》1930 年 9 月 27 日。

抗战爆发后，中国共产党认识到应该努力引导人力车夫走上革命道路。"在这民族抗战的大时代中，如能把这十万车夫加以组织训练，改善他们的生活，提高民族意识，灌输抗日教育，使他们都有政治的觉悟，那么这伟大的力量，将变成一支民族革命的洪流，一座坚强的堡垒，会吓得敌人丧胆落魂。"[1] 1932年"一·二八"抗战期间，上海民众组织了中国共产党的外围组织"民反义勇军"，人力车工人参加了"民反义勇军"组织的运输队，专为十九路军运送食物、武器和军用物资。[2]

受帝国主义、国民党、资本家的压迫与剥削，人力车夫的团结斗争意识进一步增强。在敌人的白色恐怖下，共产党人并没有被吓倒，他们继续发展党员，壮大党的力量，组织人力车工中的积极分子同帝国主义、国民党进行不屈不挠的斗争。在这一过程中，人力车夫的团结斗争意识进一步增强。1925年6月22日，人力车夫在闸北体育场召开大会，其目的在于把上海全体人力车夫组织起来，在上海总工会领导下成立一个工会。"在星期六（二十日）和星期天（二十一日）两天里，到处散布劝告黄包车夫加入新工会的传单。这些传单是对上海全体黄包车夫而发的，同罢工运动中其他宣传品一样，措词非常激烈。除痛陈英日帝国主义者屠杀中国人民事实外，还劝告所有人团结起来反抗帝国主义。"

传单继续指出："我们可怜的黄包车夫受国际帝国主义者的压迫较任何人为甚。外国巡捕每天殴打我们，侮辱我们，但是我们从来不敢抗议甚至不敢申诉我们的痛苦。现在，当全国发动反帝运动的时候，我们应当组织起来成立工会力图复仇，借使罢工得到圆满解决。"传单最后恳求所有的人去参加大会并附发业经上海

---

① 朱邦兴、胡林阁、徐声合编：《上海产业与上海职工》，上海人民出版社1984年版，第673页。

② 张玲：《苏北人与上海革命运动（1921—1949）》，人民出版社2016年版，第237页。

总工会赞同的组织计划草案。依照这个计划，黄包车夫每十人组成一个小组，每组选举小组长一人。每十组成立一个支会，支会设五人委员会。总会则设九人执行委员会分别主持会务。①

中国共产党是一个"善于宣传"的无产阶级的政党，一方面宣传的即时效果好，另一方面中共在长时间内宣传能力坚韧。②中国共产党在领导车夫罢工斗争中，根据车工人员分散的特点，还刊印《人力车工人特刊》，报告各区每天的斗争消息，鼓舞车工的斗志，增强了他们团结斗争意识。

在宣传工作上，因为人力车工人数量的众多，地域的辽阔遥隔，现在也决定了新的具体办法。（一）自即日起实行印发人力车工人特刊一种，以每日斗争消息为主要的内容，动员群众起来共同斗争。同时，在动员群众的当中，除提出实际要求条件外更添上了很多政治口号和人力车工人的最中心要求。例如：（一）反对巡捕逮捕工友，释放被捕工友；（二）反对挠烂活；（三）反对大小头脑；（四）反对暗杀工友；（五）反对车行老板大小头脑勾结强盗偷车子，反对帝国主义国民党的白色恐怖，工人武装起来等等的口号。③

面对日日飞涨的车租，人力车工人也团结一致反对，要求降低车租。1946 年 1 月，人力车工人们强烈要求稳定车价，保障生活，为此，国民党社会局曾出面和车商、人力车工人代表签定日车租金为 550 元。可是到了 3 月底，黑市车租竟涨到 2 500 元，有

---

① 上海社会科学院历史研究所编：《五卅运动史料》（第二卷），上海人民出版社1986 年版，第 94—95 页。

② 瞿骏：《助产"主义时代"：〈中国青年〉的定位、推广与阅读（1923—1927）》，《中共党史研究》2020 年第 6 期。

③ 《大罢工形势迫近中　人力车工会加紧工作》，《红旗日报》1930 年 9 月 20 日。

些车商又准备在 4 月份将车租涨到 3 000 元。① 对此，车工爆发了震动上海的全市车工"罢拉"斗争。这次"罢拉"斗争，是在中国共产党所倡导的要求民主、反对内战的人民民主运动形势下发生的，其斗争矛头不仅指向乱涨车租的不法车商，而且也指向国民党当局。

总之，近代人力车夫多是城乡破产的劳动人民，除了拉车卖苦力别无生路，他们大都是一天不拉车挣钱，全家都要挨饿。因此在帝国主义、国民党、资本家的压迫与剥削下，人力车夫进行了各种各样斗争活动。中国共产党从成立起就关注包括人力车夫在内的都市苦力工人，并认识到城市下层的力量，希望把人力车夫的潜在力量转化成现实的革命力量。有研究表明，虽然也不乏有人力车夫在革命中做出了贡献，但实际上他们所发挥的作用始终有限，经济处境、工作性质以及文化水平等众多因素的合力，使得他们始终未能在更大领域和更高层面发挥令人期待的作用，他们更多地给人一种"昙花一现"的感觉；但也应该承认，在动员人力车夫群体的过程中，中国共产党播下了"劳工神圣"的种子，传播了"工人阶级不应受剥削压迫"的理念。② 需要指出的是，因受资料限制，中国共产党对车夫动员的成效，仍需要更多资料的支撑。就目前有限的资料而言，中国共产党在动员车夫的过程中面临着诸多挑战，虽然很多方面取得了一定的成效，但仍然是在较低的水准上。人力车夫自身确实存在一些不足，这在一定程度上限制了人力车夫的革命性，他们只是作为近代中心城市潜在的革命力量存在。

---

① 上海市出租汽车公司党史编写组编：《上海出租汽车、人力车工人运动史》，中共党史出版社 1991 年版，第 100 页。

② 李伦：《中共早期在人力车工人群体中的动员》，华中科技大学硕士学位论文 2021 年，第 72 页。

结　语

　　城市交通变化的历程，在某种程度上能够体现城市发展的历程，这是一个从轿子到马车、小车、人力车，再到电车、公共汽车的过程。这些交通工具的产生有助于人们的出行，影响着当地的社会生活，也在很大程度上推动着城市的发展。如果没有交通的发展，便没有上海这座城市，也不会出现上海的繁荣昌盛，而上海城市的形成、发展和繁盛，也促进了上海交通的进一步发展。作为近代交通工具的一员，人力车给上海都市居民生活留下了独特印记。

　　近代上海处于"三界四方"的格局之中，三界并存，多权并立的奇特局面，造成市政也是被分割的。租界是上海的"国中之国"，它们拥有自己的立法、行政、司法等权力，而不受上海地方政府的管辖。租界关于人力车的管理，是通过制定各项管理章程来进行的，这些管理制度基本上就是把西方一套管理系统移植到租界。租界内的行政管理制度和管理组织模式的变化也冲击了华界的市政当局，在租界的"示范作用"下，无论在交通方面还是在治安方面，华界开始效仿租界的管理模式。从这个角度上来说，这种管理模式推动了上海近代市政机构出现，也加快了租界以外上海市政近代化进程。公共租界、法租界、华界当局从管理者的角度，对人力车进行登记、限制，但它们没有考虑到实际情况，不仅触及车商的利益，也影响到车夫的生计，引起车商、车夫的反对。

　　很显然，近代上海的市政管理机构并没有处理好人力车问题。

就市政当局对待人力车夫管理方式而言，无论是自下而上还是自上而下，都没有能够很好地整合社会的各种力量，具体表现在以下几个方面。第一，公共租界、法租界、华界在各自辖区内对人力车夫进行管理，各自界内基本是有序的，但对整个上海，却形成了全局无序状态。不可否认的是市政当局实施的社会管理，在保持城市社会稳定，维护人力车秩序等方面发挥着基础性作用。但是，这种"碎片化"的管理方式，由于自身固有的缺陷，产生了一系列的问题，导致社会管理效率低下。第二，市政当局在参与救济人力车夫的同时，无法找到彻底解决问题的对策。"存"则违背人道主义，"废"则无视社会实情。而且市政当局在人力车政策上模棱两可：一方面要救助人力车夫，另一方面又以消灭人力车相标榜。这些救济只是杯水车薪，范围极其有限，有些举办车夫福利的措施并没有得到真正落实，成为一纸空文。尤其是各方在救助车夫时并没有能够较好的合作，政策的游移与歧异，一定程度上决定了对车夫的救助只能流于形式。第三，市政当局、车商与车夫之间关系较为紧张。在人力车问题上，市政当局有市政当局的考虑，车商有车商的利益，车夫亦有车夫的生存底线。市政当局在对待人力车问题上，有强制控制的一面，也有弹性控制一面，但始终没有能够较好地处理人力车问题，甚至有时把人力车夫推向生存的边缘，引发了多次的人力车风潮。车商作为车夫的又一管理者，虽然客观上保障车夫的利益，但是他们大多数时候为了自身利益，不断地提高车租，引起车夫的激烈反抗。市政当局、车商都以"救济车夫相标榜"，他们又为各自的利益而互相争斗，这在一定程度上也降低了对人力车夫的伤害，使得人力车夫的权益得到张扬。由于市政当局、车商与车夫之间经常出现权利的失衡，三方之间在协调过程中，市政当局常常处于尴尬的境地。

近代上海人力车夫受尽了剥削和压迫，为了生存，他们进行了各种各样的斗争活动，给租界当局和国民党政府以沉重打击，展现了人力车夫英勇顽强和不屈不挠的革命斗争精神。人力车夫群体革命意向是在反抗帝国主义、国民党反动政府、资本家的剥削和压迫基础上逐渐产生的。为了能够活下去，近代上海人力车夫群体早期进行了自发的斗争，包括游行示威、罢工、捣毁车辆等。中国共产党成立后，开始关注和引导人力车工；在车工中发展党员、建立党的组织，发动人力车工利用各种不同的形式开展斗争。在这一斗争过程中，中国共产党加强对车工的领导，尤其是在动员工人、组织工会、领导罢工方面取得了一定效果。中国共产党希望把包括人力车夫在内的城市社会下层群体转化成现实的革命动力。从实际看，人力车夫为改变自身的命运也做出了努力，在党的领导下，他们的民族觉悟、阶级觉悟有了进一步提高，但由于经济处境、工作性质以及文化水平等众多因素，其革命性有限。因此，他们只是近代中心城市潜在的革命力量。

参 考 文 献

（一）著作（以出版时间排序）

1. 刘长胜等：《中国共产党与上海工人》，劳动出版社 1951 年版。

2. 邓中夏：《中国职工运动简史（1919—1926）》，人民出版社 1953 年版。

3. 邓云特：《中国救荒史》，三联书店 1958 年版。

4. 庄星编：《"五四"运动在上海》，上海人民出版社 1959 年版。

5. 上海社会科学院经济研究所城市经济组编：《上海棚户区的变迁》，上海人民出版社 1962 年版。

6. 邹依仁：《旧上海人口变迁的研究》，上海人民出版社 1980 年版。

7. 上海社会科学院历史研究所编：《五卅运动史料》（第一卷），上海人民出版社 1981 年版。

8. 蔡良骥：《文艺枝谈》，浙江人民出版社 1982 年版。

9. 上海市档案馆编：《上海工人三次武装起义》，上海人民出版社 1983 年版。

10. 朱邦兴、胡林阁、徐声合编：《上海产业与上海职工》，上海人民出版社 1984 年版。

11. 中华全国总工会中国工人运动史研究室编：《中国工会历次代表大会文献》，工人出版社 1984 年版。

12. 徐雪筠等译编：《上海近代社会经济发展概况（1882—1931）——〈海关十年报告〉译编》，上海社会科学院出版社 1985 年版。

13. 刘明逵编：《中国工人阶级历史状况（1840—1949）》（第一卷第一册），中共中央党校出版社 1985 年版。

14. 刘惠吾：《上海近代史》，华东师范大学出版社 1985 年版。

15. 上海社会科学院历史研究所编：《五卅运动史料》（第二卷），上海人民出版社 1986 年版。

16. 胡焕庸主编:《中国人口》(上海分册),中国财政经济出版社 1987 年版。

17. 上海市交通运输局公路交通史编写委员会主编:《上海公路运输史》(第一册),上海社会科学出版社 1988 年版。

18. 中央档案馆编:《中共中央文件选集》(第一册),中共中央党校出版社 1989 年版。

19. 夏林根:《旧上海三百六十行》,华东师范大学出版社 1989 年版。

20. 唐振常主编:《上海史》,上海人民出版社 1989 年版。

21. 胡祥翰:《上海小志》,上海古籍出版社 1989 年版。

22. 上海市档案馆编:《上海工会联合会》,档案出版社 1989 年版。

23. 杨文渊主编:《上海公路史》(第一册),人民交通出版社 1989 年版。

24. 金风:《中国第一次罢工高潮》,新华出版社 1990 年版。

25. 《毛泽东选集》(第一卷),人民出版社 1991 年版。

26. 上海市出租汽车公司党史编写组编:《上海出租汽车、人力车工人运动史》,中共党史出版社 1991 年版。

27. 上海市公用事业管理局编:《上海公用事业(1840—1986)》,上海人民出版社 1991 年版。

28. 沈以行、姜沛南、郑庆声主编:《上海工人运动史》(上卷),辽宁人民出版社 1991 年版。

29. 费成康:《中国租界史》,上海社会科学院出版社 1991 年版。

30. 上海市总工会编:《抗日战争时期上海工人运动史》,上海远东出版社 1992 年版。

31. 上海市政协文史资料委员会等编:《列强在中国的租界》,中国文史出版社 1992 年版。

32. 陈旭麓:《近代中国社会的新陈代谢》,上海人民出版社 1992 年版。

33. 阮仁泽、高振农主编:《上海宗教史》,上海人民出版社 1992 年版。

34. 周育民、邵雍:《中国帮会史》,上海人民出版社 1993 年版。

35. 陈达:《我国抗日战争时期市镇工人生活》,中国劳动出版社 1993 年版。

36. 张洪祥:《近代中国通商口岸与租界》,天津人民出版社 1993 年版。

37. 顾炳权:《上海洋场竹枝词》,上海书店出版社 1996 年版。

38. 张仲礼主编:《东南沿海与中国近代化》,上海人民出版社 1996 年版。

39. 池子华：《中国近代流民史》，浙江人民出版社1996年版。

40. 忻平：《从上海发现历史：现代化进程中的上海及其社会生活（1927—1937）》，上海人民出版社1996年版。

41. 《上海工运志》编纂委员会编：《上海工运志》，上海社会科学院出版社1997年版。

42. 刘明逵、唐玉良主编：《中国工人运动史》（第一卷），广东人民出版社1998年版。

43. 郁慕侠：《上海鳞爪》，上海书店出版社1998年版。

44. 王立民：《上海法制史》，上海人民出版社1998年版。

45. 上海图书馆编：《老上海风情录》，上海文化出版社1998年版。

46. 熊月之主编：《上海通史》，上海人民出版社1999年版。

47. 《20世纪上海文史资料文库》（9），上海书店出版社1999年版。

48. 中共上海市委党史研究室：《中国共产党上海史（1920—1949）》，上海人民出版社1999年版。

49. 葛壮：《宗教与近代上海社会的变迁》，上海书店出版社1999年版。

50. 陈伯熙：《上海轶事大观》，上海书店出版社2000年版。

51. 《上海公用事业志》编纂委员会编：《上海公用事业志》，上海社会科学院出版社2000年版。

52. ［美］霍塞：《出卖上海滩》，越裔译，上海书店出版社2000年版。

53. 梁玉魁：《早期中国工人运动史》，吉林科学技术出版社2000年版。

54. 蔡丰明：《上海都市民俗》，学林出版社2001年版。

55. 《上海租界志》编纂委员会编：《上海租界志》，上海社会科学院出版社2001年版。

56. 上海市档案馆编：《工部局董事会会议记录》，上海古籍出版社2001年版。

57. ［美］裴宜理：《上海罢工——中国工人政治研究》，刘平译，江苏人民出版社2001年版。

58. 吴友如等：《点石斋画报》（第二册），上海画报出版社2001年版。

59. 池子华：《中国流民史·近代卷》，安徽人民出版社2001年版。

60. 刘明逵、唐玉良主编：《中国近代工人阶级与工人运动》，中共中央党校出版社2002年版。

61. 王金海：《旧上海百丑图》，上海科学技术文献出版社 2002 年版。

62. 郭绪印：《老上海的同乡团体》，文汇出版社 2003 年版。

63. 熊月之、高纲博文主编：《透视老上海》，上海社会科学院出版社 2004 年版。

64. 汪仲贤、许晓霞：《上海俗语图说》，上海大学出版社 2004 年版。

65. ［美］卢汉超：《霓红灯外——20 世纪初日常生活中的上海》，段炼、吴敏、子羽译，上海古籍出版社 2004 年版。

66. ［美］韩起澜：《苏北人在上海（1850—1980）》，卢明华译，上海古籍出版社 2004 年版。

67. 熊月之主编：《上海名人名事名物大观》，上海人民出版社 2005 年版。

68. 李文海主编：《民国时期社会调查丛编》，福建教育出版社 2005 年版。

69. 邢建榕：《车影行踪》，上海文化出版社 2005 年版。

70. 陈橹：《民国时期上海苏北人问题研究》，中国文史出版社 2005 年版。

71. 吴健熙、田一平编：《上海生活（1937—1941）》，上海社会科学院出版社 2006 年版。

72. 罗苏文：《近代上海都市社会与生活》，中华书局 2006 年版。

73. 吴果中：《〈良友〉画报与上海都市文化》，湖南师范大学出版社 2007 年版。

74. 刘秋阳：《近代中国都市苦力工人运动》，湖北人民出版社 2008 年版。

75. 葛元煦：《沪游杂记》，上海书店出版社 2009 年版。

76. 马长林：《上海的租界》，天津教育出版社 2009 年版。

77. 宋钻友、张秀莉、张生：《上海工人生活研究（1843—1949）》，上海辞书出版社 2011 年版。

78. 《马克思恩格斯选集》（第一卷），人民出版社 2012 年版。

79. 《李大钊全集》（第一卷），人民出版社 2013 年版。

80. 《李大钊全集》（第五卷），人民出版社 2013 年版。

81. 《陈独秀文集》（第一卷），人民出版社 2013 年版。

82. 何卓恩编：《胡适文集》（自述卷），长春出版社 2013 年版。

83. 张仲礼主编：《近代上海城市研究（1840—1949 年）》，上海人民出版社 2014 年版。

84. 张玲：《苏北人与上海革命运动（1921—1949）》，人民出版社 2016 年版。

85. 严昌洪主编：《近代中国城市下层社会群体研究——以苦力工人为中心的考察》，湖北人民出版社 2016 年版。

86. 赵英兰：《民国生活史话》，东北大学出版社 2017 年版。

87. 聂家华：《近代华北城市下层社会研究》，齐鲁书社 2018 年版。

88. 张致森：《徘徊在城市边缘：二十世纪三四十年代成都人力车夫研究》，湖北人民出版社 2018 年版。

89. 熊月之：《上海租界与近代中国》，上海交通大学出版社 2019 年版。

90. 《联共（布）、共产国际与中国苏维埃运动（1931—1937）》（第 14 卷），中共党史出版社 2020 年版。

91. 张仰亮：《中心城市的革命——中共上海地方组织及其工人动员（1920—1927）》，上海人民出版社 2021 年版。

92. 复旦大学历史学系、上海社会科学院历史研究所：《1927 年前的上海工人运动史》，上海社会科学院出版社 2021 年版。

93. ［美］史谦德：《北京的人力车夫：1920 年代的市民与政治》，周书垚、袁剑译，江苏人民出版社 2021 年版。

（二）论文（以出刊时间排序）

1. 熊月之：《略论上海人形成及其认同》，《学术月刊》1997 年第 10 期。

2. 张培德：《民国时期上海租界问题述论》，《史林》1998 年第 4 期。

3. 孟邻：《新文学早期的人力车夫形象》，《郑州大学学报（哲学社会科学版）》1998 年第 6 期。

4. 熊月之、罗苏文、周武：《略论近代上海市政》，《学术月刊》1999 年第 6 期。

5. 王印焕：《民国时期的人力车夫分析》，《近代史研究》2000 年第 3 期。

6. 文茵：《人力车发明史》，《寻根》2001 年第 4 期。

7. 邱国盛：《北京人力车夫研究》，《历史档案》2003 年第 1 期。

8. 王印焕：《交通近代化过程中人力车与电车的矛盾分析》，《史学月刊》2003 年第 4 期。

9. 马陵合：《人力车：近代城市化的一个标尺——以上海公共租界为考察点》，《学术月刊》2003 年第 11 期。

10. 邱国盛：《从人力车看近代上海城市公共交通的演变》，《华东师范大学学报（哲学社会科学版）》2004 年第 2 期。

11. 陈文彬：《1927—1937 年上海失业人群再就业状况述略》，《安徽史学》
　　 2004 年第 3 期。

12. 邱国盛：《人力车与近代城市公共交通的演变》，《中国社会经济史研究》
　　 2004 年第 4 期。

13. 孔祥成：《现代化进程中的上海人力车夫群体研究——以 20 世纪 20—30
　　 年代为中心》，《学术探索》2004 年第 10 期。

14. 刘秋阳：《民主革命时期中共对城市社会下层的认识与启蒙——以对人力
　　 车夫的认识启蒙为例》，《党史文苑》2006 年第 20 期。

15. 刘秋阳：《中共领袖与人力车夫》，《湖北广播电视大学学报》2007 年第
　　 3 期。

16. 刘秋阳：《人力车夫与五四运动》，《档案》2007 年第 5 期。

17. 严昌洪：《近代人力车夫群体意识探析》，《华中师范大学学报（人文社会
　　 科学版）》2007 年第 6 期。

18. 汤蕾：《战后汉口人力车夫的生存合力（1945—1949）》，《华中师范大学
　　 学报（人文社会科学版）》2007 年第 6 期。

19. 何兰萍：《晚清上海公共租界的交通管理及其启示》，《河南科技大学学报
　　 （社会科学版）》2008 年第 3 期。

20. 刘秋阳：《论都市苦力工人的阶级属性与特点》，《中国劳动关系学院学
　　 报》2008 年第 5 期。

21. 严昌洪：《从弱势群体特征看民国时期人力车夫救济制度》，《江汉论坛》
　　 2008 年第 10 期。

22. 刘秋阳：《中共发展都市苦力工人运动艰难的原因分析》，《党史文苑》
　　 2008 年第 18 期。

23. 邵雍：《1935 年上海法租界人力车夫罢工初探》，《社会科学》2009 年第 1 期。

24. 阎建宁：《试论工人运动中的人力车夫——以民国时期的上海为中心》，
　　 《湛江师范学院学报》2009 年第 1 期。

25. 严昌洪：《马路上的对抗——民国时期人力车夫管理问题透视》，《湖北大
　　 学学报（哲学社会科学版）》2010 年第 2 期。

26. 何建国、谢永栋：《近代城市发展中的规范与危机：1934 年上海人力车纠
　　 纷探析》，《兰州学刊》2011 年第 2 期。

27. 杜丽红：《从被救济到抗争：重析 1929 年北平人力车夫暴乱》，《社会科学
　　 辑刊》2012 年第 1 期。

28. 郑忠、王洋：《城市边缘人：民国南京人力车夫群体探析》，《南京师大学报（社会科学版）》2012年第3期。

29. 杨齐福：《民国时期城市苦力的多维研究——以沪宁杭城市人力车夫为考察中心》，《福建论坛（人文社会科学版）》2013年第6期。

30. 蔡亮：《近代上海人力车产业的兴衰探微》，《都市文化研究》2016年第1期。

31. 郭世强、武颖华：《陪都西京时期西安人力车夫救济研究》，《历史教学问题》2017年第2期。

32. 徐希军：《1930年代安庆人力车夫生活实态研究》，《安徽史学》2017年第6期。

33. 田彤：《行政管理与劳资关系的调适——以1934—1942年沪公共租界人力车业改革为论例》，《近代史学刊》2018年第1期。

34. 马陵合：《近代人力车业治理的理念与制度困境》，《中国高校社会科学》2019年第2期。

35. 贺江枫：《中共领导上海工人运动的革命策略（1945—1949）》，《中共党史研究》2019年第8期。

36. 任吉东：《近代中国城市苦力百年研究》，《福建论坛（人文社会科学版）》2019年第8期。

37. 张玲：《近代上海苏北人无法成为中国共产党的倚重力量吗？——兼与〈上海罢工〉作者裴宜礼商榷》，《社会科学》2020年第12期。

38. 杜丽红：《近代中国的城市治理：以北京人力车夫问题为中心》，《区域史研究》2021年第1期。

39. 芮嵘：《中国现代文学视野下的人力车夫形象》，《汉字文化》2021年第11期。

40. 胡承广：《传统与现代之间的城市政治——读史谦德〈北京的人力车夫：1920年代的市民与政治〉》，《中国研究》2022年第1期。

41. 张雨新：《底层视角下的民国时期人力车夫群体探析》，《中国区域文化研究》2022年第1期。

42. 严锴、严昌洪：《中共武汉地方组织与1921年汉口人力车夫大罢工》，《广东社会科学》2022年第5期。

（三）学位论文（以出刊时间排序）

1. 汤蕾：《多重权力网络下的近代中国人力车夫——以1945—1949年的汉

口人力车夫为中心》，华中师范大学硕士学位论文，2006 年。

2. 张小阑：《上海公共租界人力车业改革研究（1934—1936）》，华东师范大学硕士学位论文，2011 年。

3. 应聂萧：《中共职工学校对上海苏北人的政治动员（1924—1927）》，上海交通大学硕士学位论文，2011 年。

4. 李伦：《中共早期在人力车工人群体中的动员》，华中科技大学硕士学位论文，2021 年。

后　记

　　时光荏苒，岁月如梭。回首自己博士研究生毕业已经十二年，早打算把博士学位论文尽快出版，但是因为各种的原因，一直耽搁到现在，学术界对这一问题的研究已积累了丰硕的成果，这不得不使我重新思考研究的视角。

　　毕业后，我一直在马克思主义学院从事研究和教学工作，这促使我思考能不能从中国共产党与车夫关系的视角进行修改。确定想法之后，自己就利用闲暇时间，到处收集资料，奔走于上海市档案馆、上海市图书馆以及各高校图书馆，但是关于这方面的资料留存极少，直到偶然发现《红旗日报》刊发有中国共产党关于发动人力车夫斗争的大量内容。当然因为各种原因，《红旗日报》出版时间很短，资料有限，又促使我寻找其他资料作为补充。尽管如此，本书仍受到资料限制，因此只是对这一问题作初步探索。

　　这本书从定题到定稿，都倾注了我的导师邵雍教授大量的心血。他的指导与帮助让我克服了在追求学术道路上碰到的困难。他严谨的治学态度、高尚的人格是值得我永远学习的。还有特别感谢秦淑娟教授、庾向芳教授、徐光寿教授对书稿提出了宝贵的修改意见。也要感谢很多师友的指正和帮助以及责任编辑的热情鼓励和精心编辑。

　　最后，还要感谢我的家人。求学二十年，父母一直在用微薄的收入默默地支持我，帮助我一步一步地实现自己的梦想。感谢我爱人以及岳父岳母对我的写作给予的充分理解，并给予生活上的周到安排，尤其是岳父岳母早晚接送孩子上下学，非常辛苦，正是因为你们的帮助，让我有时间修改书稿。

本书在撰写过程中，参考、借鉴了许多学界同仁的研究成果，这里无法一一列举。

虽然本书对于资料极尽考证，但限于自己的学术水平和资料条件，挂一漏百甚至错误之处在所难免，期盼专家学者和广大读者不吝指正。

罗国辉

2022 年 12 月 10 日